战争就是这么回事儿

这么回事儿

袁腾飞讲二战 上

袁腾飞 /著

湖南人民出版社　博集天卷　CS-BOOKY

图书在版编目（CIP）数据

战争就是这么回事儿：袁腾飞讲二战. 上 / 袁腾飞
著. —长沙：湖南人民出版社，2012.11
ISBN 978-7-5438-8907-1

Ⅰ.①战… Ⅱ.①袁… Ⅲ.①第二次世界大战 – 通俗
读物 Ⅳ.①K152-49

中国版本图书馆CIP数据核字（2012）第 262609 号

战争就是这么回事儿：袁腾飞讲二战. 上

作　　者：袁腾飞
出 版 人：谢清风
责任编辑：胡如虹
特约策划：徐　杭
监　　制：一　草
策划编辑：李吉军
特约编辑：华　艳
营销编辑：张　宁

出版发行：湖南人民出版社〔http://www.hnppp.com〕
地　　址：长沙市营盘东路 3 号
邮　　编：410005
经　　销：新华书店

印　　刷：三河市中晟雅豪印务有限公司
版　　次：2013 年 1 月第 1 版
　　　　　2019 年 2 月第 9 次印刷
开　　本：787mm×1092mm　1/16
印　　张：20.5
字　　数：310 千
书　　号：ISBN 978-7-5438-8907-1
定　　价：38.00 元

若有质量问题，请致电质量监督电话：010-59096394
团购电话：010-59320018

自序：了却一桩"心头大事"

热衷于"纸上谈兵"，酷爱战争史

每个人，人生都有一件大事。对我来说，就是能够出版一套讲述战争史的书。这是我长久以来挥之不去的愿望，此愿望之强烈，连我自己都不敢相信。也许，这就是真正的"热爱"吧。

"醉卧沙场君莫笑，古来征战几人回？"男人的情怀！

"黄沙百战穿金甲，不破楼兰终不还。"男人的霸气！

一直觉得，男人可能天生就是军事发烧友。小时候家里没有闲钱买玩具，父亲便用木头给我削了把手枪。每次玩"打仗游戏"时，我都挥舞着这把木枪冲锋陷阵。受战争题材电影的影响，那时我认为打仗是件很好玩的事儿，完全不晓得战争的残酷。

随着年纪渐长，不能再挥舞木枪，于是便爱上了"纸上谈兵"。平时读书，除了看历史就是看军事，尤其喜欢读各种战争史。可以说，我现在的知识储备，70%是战争史方面的。

对战争史的热爱，已经渗透到了我的骨子里。

因诸多限制，往往使人不能尽兴

对于战争史，我不但爱看，更爱给学生讲。在中学课堂上，限于《教学大纲》，往往不能展开了讲。每次讲到兴起处，一看手表，不得不戛然而止，实在是不过瘾！在精华学校授课时，鉴于学校的私立性质，不像公立学校有那么多条条框框限制，因此对于自己了解得比较多的东西，还是可以多讲几句的。

现在的高中历史选修课中，有一门课叫20世纪的战争与和平。这门课程的人教版教材，我也曾参与了编写，但北京市并没将其列为必修课。精华教育的廖中扬、李峰学两位老总，也是军事爱好者，他们曾想让我专门在精华学校讲这门课，以便录制下来作为学校的特色选修课。但我觉得现在中学生的课业负担比较重，恐怕没时间听一门跟高考完全无关的课程，因此便婉言谢绝。两位老总又劝我将自己所擅长的战争史讲出来，并整理成书，这样便可以不再受中学《教学大纲》的限制，还可以使中学生以外更多的人看到，对战争史的普及也有好处。所以，我便动了心。

什么叫"史话体"？我有自己的定义

现在市面上有关战争史方面的书很多，我觉得大体上分为两类：学院派和戏说体。学院派所讲的战争史过于严肃，一大堆外国人名、地名、军队的番号，从这个格勒进攻那个斯克等，往往看得人晕头转向。除非手边随时准备着世界分区地图，左图右史，才能看明白是怎么回事。这样的战争史，更适合做军事院校的教材，不太适合非专业人士阅读。而戏说体又过于调侃，不怎么讲史实，大多是作者的评述，让人感觉信息量不是很足，干货太少。

因此，我和这套书的特约策划徐杭先生研究之后，决定结合学院派和戏说体的长处，尽量避免其不足，将这套书定义为史话体。

什么叫"史话体"呢？说白了就是在叙述大事的同时，照顾细节——讲故事、讲段子。比如讲"二战"时，不按年代把发生的战役一一陈述，而将大事交代清楚之后，多讲战争中鲜为人知的故事，比如苏联吞并波罗的海三国、泰国在二战中的角色、波兰海军在战争中的英勇战斗、大战中敌对双方的情报活动等。这些细节，在严肃的战争史中往往是看不到的。

术业有专攻，我只讲自己最擅长的

古今中外，有关战争史的资料浩如烟海，我只是爱好者，并非军事方面的专业人士。因此，如有谬误之处，敬请指正。有关中国的战史，因写作的人较多，加之我平时涉猎又浅，所以就不敢在各位面前班门弄斧。我这套书计划出版六本，其中"二战"两本、"一战"一本、"世界近代战争"两本、"世界中世纪战争"一本，讲述的重点是外国战争史，涉及中国战史的部分，一般不会着墨太多。

这套书之所以能够顺利出版，要特别感谢精华教育的廖中扬、李峰学两位老总，他们为我联系到了博集天卷；非常感谢博集天卷的领导层，他们不以拙作鄙陋，愿意让它付梓；感谢博集天卷的部门总监一草和编辑李吉军，为拙作做了大量工作；感谢拙作的特约策划徐杭先生为我搜集材料、编定大纲、整理文字；此外，还要感谢许多为拙作出版提供了帮助的朋友。

衷心希望这套书能让您了解一段不同于以往的战争史，并希望能够得到您的认可与喜爱。

袁腾飞

2012年11月4日

目录
Contents

第四章

旌旗高扬欲称霸
（德军的闪击战）

第五章

双峰对峙万骨枯
（苏联大清洗，苏德战争）

第 六 章

剑舞黄沙洒热血（决战北非战场）

第七章

硝烟正浓鏖战急
（亚洲、太平洋战场）

战争就是这么回事儿：
袁腾飞讲二战·上

第一章

熙熙攘攘争名利

（巴黎和会、华盛顿会议）

别信那些傻话，最勇敢的人最先死去，活到最后你才能看到真相。

——题记

01. 问天下谁有我"惨"

老兵很不服气

战争是世间最残酷的游戏，第二次世界大战（下文简称"二战"）是人类有史以来最大规模的战争。传统观点认为，二战由德国首先挑起。有位叫朱维毅的旅德中国学者，写了名叫本《寻访"二战"德国兵》的书。在这本书里，有个德国老兵发问，你们公认的二战爆发的标志是什么？得到的回答是德国打波兰。那个老兵很不服气地说，打波兰可不是德国一家干的，还有苏联！他认为，是德国跟苏联一块儿发动了二战。

亲历者的观点往往和教科书不一样，其中虽有立场问题，但对这些观点，我们不能完全忽视。今天，中国流行的观点，依然认为德国闪击波兰是二战爆发的标志。

凄惨的德国

德国为什么要挑起二战？第一次世界大战（下文简称"一战"）就是德国挑起的，但它没有获胜，过了20年，它又发动二战，为什么？二战中，意大利与日本都与德国结了盟，为什么这几块料儿会凑到一起？实际上，跟这几个国家一战后的经历有非常大的关系。

一战以同盟国的战败而告终，同盟国就四个国家：德国、奥匈帝国、土耳其和保加利亚，这四个国家全部战败。德意志帝国、奥匈帝国、奥斯曼帝国在这次战争之后解体，德国延续了数百年的霍亨索伦王室①下台。当时的德国是什么状况呢？可以说真的像到了世界末日，人心惶惶，百业凋敝。持续时间共四年零三个月的一战，不光战败国伤痕累累，战胜国也都损失惨重。以英国为例，英国自维多利亚女王以来几十年的积累荡然无存。战胜国都这样，你想德国作为一个战败国，得什么样？

丘吉尔参加过一战，他在回忆录中记载，一战即将结束时，德国的状况令人沮丧，伴随着日益加剧的听天由命之感，德国人开始感到不寒而栗。德意志民族已经开始绝望，士兵们慢慢地显示出他们的郁郁寡欢。恶性事故时有发生，逃兵增多，度假士兵不愿归队。仗打到了这地步，一般的德国士兵，甚至老百姓，都看出同盟国没戏了。

一战进行到第三年和第四年时，德国兵的思想就从胜利转为保命。除了极少数顽固分子之外，大部分人都能明白现在是种什么样的状况。1916年，德国城市里粮食就供应不上了，冬天人们啃蔓菁，有点类似于咱们的腌咸萝卜，连面包都没有。如果这场战争有胜利的希望，如果这场战争能得到很大的好处，我们至于吃不上面包吃蔓菁吗？所以，度假不归的士兵数量大为增加。我好不容易度一回假，你再让我回去上前线，那不是去送死吗？我当然不愿意去了！

要有贵族气派

有个德国士兵回忆，苏俄根据《布列斯特—里托夫斯克条约》释放的战俘，在回国前就染上了"列宁病毒"。什么是"列宁病毒"呢？简单点说，"列宁病毒"就是布尔什维主义。俄国"十月革命"爆发后，列宁说要变帝国主义战争为国内战争，号召人们推翻本国的资产阶级。可想而知，被苏俄释放

---

① 欧洲的一个王室，为勃兰登堡—普鲁士（1415~1918）及德意志帝国的主要统治家族。

公认的二战爆发的标志是什么？德军闪击波兰

的战俘一回到德国，自然拒绝再上前线，那军官怎么办呢？只能通过打骂、责罚士兵，让他们上前线。这个德国兵回忆说，反对军官无辜责骂士兵的活动开始蔓延，为什么呢？因为那些军官虽然严格训练我们，但在物资匮乏的时候，不与我们同甘共苦。

军官们如此表现是有原因的。德国军官大部分是贵族出身的世袭职业军人，爸爸、儿子、孙子，沿袭下来。他们特别强调贵族气派，即便生活质量再不怎么着，也要穿军礼服，用银制餐具，得这样体面地活才行。跟士兵一块儿爬冰卧雪，啃土豆，喝袋装咖啡，门儿都没有，人家不干。鉴于这种情况，士兵们一看，你平时教导我们玩命，赶着、踹着，轰羊似的，让我们学打仗，等真打到没吃没喝的时候，你还吃香的喝辣的，可我们连土豆都吃不上，我为什么还要去卖命？这样，德国普通士兵与军官之间就产生了矛盾。

越打越吃力

除士兵这个群体外，当时德国的老百姓是怎么看待这场战争的？有个德国妇女回忆起当时的情况，说大战之前，人们认为战争即使真的打起来，也不会持续太久。一战时，德国皇帝威廉二世送士兵出征，说树叶飘落之前你们就可以返回来。大战1914年8月爆发，欧洲很冷，9月份就掉树叶。威廉二世承诺一个月就让人回来，他想象的还是拿破仑时代的战争，速战速决，一场混战顶多三天，死不了几个人。可让威廉二世没有想到的是，大战进行了四年多。

战争打到这份儿上，进入了一种胶着状态，人们又难以相信它会结束，整天缺胳膊断腿的人往下运，我们与正常的生活好像被一条鸿沟所隔开。可是，在我方已无法取胜之后，这战争还有意义吗？这时连德国普通市民都已看出，战争对于德国来说毫无希望，物资匮乏、人力匮乏。在拼人力时，法国可以招非洲人，甚至招越南人来当兵。但德国没那么多殖民地，所以越打胜算越小。但德国怀着复仇的使命仍坚持战斗，德国人到这时候不打不行。随着英国的封锁，德国主要生活用品的供应被切断。因为打仗和被封锁，德国人的元气耗尽。此时对于战争的抵触，便成为千百万人公开的意见！

02. 齐聚巴黎开个会

舰队送死去

在1916年大家啃蔓菁时，德国只有少数人抱怨战争，大多数人还相信战争能打赢。而此时大家已看到再打下去，弄不好自己的民族就要灭亡。同时德国军队也无力再战。不过，德军当时的情况具有某种迷惑性，因为你从表面上看不出来。一直到1918年，德军在西线仍然保持着进攻态势——这种态势和后来的越南战争、苏军入侵阿富汗很相似——你赢得了每一场战斗，但输掉了整个战争。

在一战当中，德国200万人死于前线，150万人伤残，还有100万人死于饥饿和瘟疫。德国国力已经支撑不住，青壮年男子基本上消耗殆尽。特别是那个时代的军官，基本上都是贵族，军官的大量死亡，也就是国家精英的大量死亡。这对整个德国是个很沉重的打击。

1918年10月1日，德国的鲁登道夫[1]将军跟高级军官们讲，最高统帅部和德国军队已经完了，战争无法取胜，彻底的失败即将到来。鲁登道夫是一战中的英雄，德军的灵魂人物，他都坦言德国已经完了。可德国统帅部并不正视现实，于1918年10月25日下令基尔港的公海舰队出海。当时公海舰队的司令官是

---

[1] 鲁登道夫（1865~1937），德国将军。1908年任陆军总参谋部处长，在总参谋长小毛奇领导下，对修改"施里芬计划"曾起到重要作用。

曾指挥过日德兰大海战的舍尔，他让舰队出海攻击英军，提出的口号很逗：要么辉煌地胜利，要么光荣地沉没！

实际上，德国海军在此之前已经很久没出海了，日德兰大海战之后就一直在军港里闷着。1916年都打不赢，到1918年了连燃料都没有，还想去打败敌人？打鸟粪呀！你让水兵们要么辉煌地胜利，要么光荣地沉没，毫无疑问，那肯定是光荣地沉没，不可能辉煌地胜利。这时候连傻子都看出来德国没戏了，你还让舰队出海送死去，这怎么可能呢？没有意义。

成立共和国

公海舰队不愿去送死，所以水兵起义，爆发"十一月革命"，成立了苏维埃。德皇威廉二世仓皇逃往荷兰，直到1941年去世，都待在荷兰。这样，霍亨索伦王朝就倒台了。

在霍亨索伦王朝倒台之后的1919年2月，在歌德、席勒、李斯特的故乡——德国小城魏玛，人们通过宪法，成立了魏玛共和国，这是德国历史上对于共和制的第一次尝试。其实，魏玛共和国在德国历史上是一个不存在共和党人的共和国。德国在一战后选择共和制，这并不是由于大众民主意识有所提高，而是德国在帝制崩溃后，对西方强国政体无可奈何的一种机械模仿。

灰溜溜的首相

魏玛共和国一成立就赶上了一件恶心事儿——巴黎和会。一战打完之后，战胜国得分赃，瓜分战败国。巴黎和会特有意思，说是五巨头：英、法、美、日、意，但和会主要讨论的是欧洲问题，日本不感兴趣。英、法、美、意这四国派来的都是政府首脑和外交部长：美国总统、国务卿；英国首相、外交大臣；法国总理、外交部长；意大利首相、外交部长，只有日本派来的是前首相和前外长，因为它对这事儿不感兴趣，所以和会上讨论欧洲问题时它不说话，被称为沉默的伙伴。但一说到中国山东的归属问题，它就开始说话了，说得很多，只有涉及自身利益的时候它才发言，一般情况下不说话。因此，和会的主要参与国就是英、法、美、意这四国。

意大利在战争中的贡献是负的，瓜分战利品的时候，不把你瓜分就不错了，你还要什么好处？所以意大利也就没什么可说的，而且意大利对德国不感兴趣，它对奥匈帝国感兴趣，想要的领土都在原来奥匈帝国的亚得里亚海沿岸。同时，英、法、美也不拿意大利当回事儿，这使得意大利首相奥兰多很生气。这哥们儿很有个性，一生气就回国了——这会我不开了。他回去没人挽留，不是说你走了这会就开不成，你走你的，走了更好，少一个白吃饭的，饭票省了。

他一回去，国内议会问，你从巴黎带回来什么了？他说什么也没带回来，那哥儿几个气我，我回来了。议会不干了，你给我回去接着开。他又回到法国来，回来也没人表示出惊喜，没人说哎哟，你可回来了，正等着你呢。没有，你愿意走就走，愿意来就来，多你一个不多，少你一个不少。他的境遇，跟意大利的国力联系很紧密。

一开会就吵架

在巴黎和会上，最逗的事儿就是英、法、美三国各有各的要求，任何一国都跟另外两国有矛盾，而任何两国都可以联合起来对付另一国。比如说，美国谋求世界霸权，1894年人家工业产量就是世界第一，当了20年老大，它不甘心再做欧洲的小伙伴，由着欧洲人呼来唤去。问题是，当时在经济方面美国是老大，但它的军事力量不行，政治还是以欧洲为中心。美国说是1917年参加一战，其实它是训练了一年多，1918年才开始打的，而且武器都是法国的。与其说一战美国出的钢，不如说它出的人，100万棒小伙子，它主要出的是这个。

美国要谋求世界霸权，而法国呢，想法很单纯——欧陆霸权。法国就希望把德国肢解，最好让德国再回到俾斯麦①统一之前的混乱状态。英国想要殖民霸权和海上霸权，还希望维持欧洲大陆的均势。

美、英、法三国的要求一放到一起，就显得特别有意思，为啥呢？美国要谋求世界霸权，英、法肯定不干，所以美国和英、法有矛盾，英、法联合起来对付美国，咱哥们儿新大陆开辟以后称雄500年，它北美野牛凭什么当老大？咱哥们儿是中心。法国要欧陆霸权，肢解德国，英国不干，美国也不干，谁愿意欧洲大陆再出一个"东方不败"，不听我们的？英国要谋求殖民霸权和海上霸权，法国、美国又不干。这样一来，就剩吵架了，用老百姓的话讲就是"在那儿扯淡"。

巴黎和会是1919年1月召开的，地点在巴黎凡尔赛宫镜厅，为什么要在这地方？因为普法战争结束后，普鲁士国王威廉一世是在这儿加冕的。对此，法国总统得意扬扬地说："48年前德意志帝国诞生在这间大厅里，因为它生于不义，所以它死于耻辱！"明显看得出来，法国是心存报复。

03. 把我们卖了也赔不起

俩老头要决斗

在巴黎和会上，法国为了维护自己的利益，便跟英国人有争执。有一次，法国总理克里蒙梭指责英国首相劳合·乔治一再说谎。这时候劳合·乔治蹦起来了，抓住克里蒙梭（当时其已70多奔80岁，头发、胡子、眉毛全白了，外号老虎总理），要求他向自己道歉。这就很不礼貌了，英国首相应该比法国总理

---

① 俾斯麦（1815~1898），普鲁士宰相兼外交大臣，是德国近代史上杰出的政治家和外交家，被称为"铁血宰相"。

小很多。美国总统威尔逊（美国唯一大学教授出身的总统）比较有风度，赶紧把他俩拉开，结果克里蒙梭说要跟劳合·乔治决斗。决斗是很古老的习俗，19世纪初，政治家之间的决斗已很少见。克里蒙梭提出，用手枪或剑都可以。

还有一回，法国想要德国的萨尔①，萨尔盆地是产煤的。普法战争之后，阿尔萨斯—洛林地区被割让给了德国。现在德国战败，就得把这地区还给法国。法国说，我的地盘你占了50年，我也得占你一块，算作利息。但英国不乐意，英国不愿法国实力太强。结果呢，克里蒙梭拿着德国地图满世界追劳合·乔治，说你得把萨尔地区给我。他一直追到厕所里去，劳合·乔治很不高兴，说我这儿尿尿呢，你是绅士不是？克里蒙梭说，我等着你，你必须答应把这块地儿给我，不答应你甭尿，憋死你！

固执的反对者

克里蒙梭与劳合·乔治真是棋逢对手，劳合·乔治这人很讲原则，从某种程度上说非常固执。他曾反对英国跟南非布尔人开战，当英国向布尔人宣战时，他便在伯明翰演讲，公开反对这场战争。但英国当时群情激奋，愤青遍地，没人愿听他的话，愤怒的人群拥向讲台，差点没把他揍死。

可这给他带来了巨大的政治回报，英布战争打得磕磕绊绊，英国伤亡惨重，很多英国人都后悔了。这场战争结束后，劳合·乔治反而成了国家领袖。所以，要做国家领袖得有点定力，只会当墙头草不行。

狮子大开口

在巴黎和会讨论战争赔款时，情况就更逗了。克里蒙梭要德国赔多少呢？他张嘴说了一个数：1320亿金马克。金马克不贬值，相当于值1320亿

---

① 面积约2600平方公里，是德国除不来梅州、汉堡和柏林外最小的一个联邦州，煤储量约28亿吨。

马克的黄金。德国代表一听就乐了，说没问题，为什么呢？因为你就是把我们卖了，把德国人的骨髓都抽出来卖，也值不了这个数，所以你随便要，你要8000亿也没关系，反正我们给不起。最后还是英、美打圆场，特别是美国，说我们美国一分钱不要，这样吧，让德国先交200亿，咱别杀鸡取卵、敲骨吸髓啊。

克里蒙梭这么做，也情有可原，说白了战胜国这么干都是受国内舆论的影响。这些战胜国也是惨胜，死伤太重了。尤其法国北部是主战场，法军伤亡最重。而且法、德两国仇太大了，50年了，好不容易有个报复的机会，能不狠宰德国一刀吗？

04. 啥玩意儿都不能有

和约真苛刻

《凡尔赛和约》经过长时间的争吵之后，终于公布了出来。德国人一看，这和约对德国来说，简直就是奇耻大辱，为什么呢？因为按照和约，德国丧失了八分之一的领土和十分之一的人口。在威廉皇帝时（即德意志第二帝国时期），德国的领土是70万平方公里，到希特勒上台时只有58万平方公里——这也就是说，魏玛共和国时领土比威廉皇帝时少了不少，其实细究起来，还不止八分之一呢。

除此之外，德国还丧失了全部的海外殖民地——在非洲的，英、法、比利时瓜分；在太平洋上的，像俾斯麦群岛、帕琉群岛①、马里亚纳群岛，都归日

① 又称帕罗群岛，是西太平洋加罗林群岛西部的岛群，由200多个火山岛和珊瑚礁组成，陆地总面积489平方公里。

本了。

而更为苛刻的，是对德国军事的限制。根据和约规定，德国陆军只能保留7个师，不能超过10万人。坦克、重炮都不能有，甚至不能有重机枪。这样德国就等于剩一支警察部队，只能对内镇压，甭说对外扩张，连对外防御都成问题。德国海军不能超过1.5万人，潜艇、航母、战列舰都不能有。当然有几艘威廉皇帝时造的老战列舰——前无畏舰，但整体水平跟海警差不多。德国公海舰队的舰只被拉到英国海军锚地，自沉销毁了。同时，德国还不能有空军，飞机全都毁了。协约国恨不得德国除了风筝，什么都不能飞。

像德国这样一个强悍的国家，你这么对待它，割地、赔款、裁军，协约国真的是挺不明智的，太贪了。和约是可以限制德国这不能有那不能有，但德国人自己会想办法的。现在特别流行的一种通用机枪，安上两脚架是轻机枪，安上三脚架是重机枪，这就是德国人发明的。不是不让我搞重机枪吗？咱这是轻机枪，但安上三脚架就变成了重机枪。

国土被割裂

像德国这样的国家，你要么别招它，你要招它，就把它招死，索性就如法国说的把它肢解。当时协约国没把它肢解，等到二战后盟国才吸取了这个教训，将其肢解——英、法、美、苏分区占领，弄出了两个德国，东部大片领土并入波兰，这下德国就没戏唱了。德国就是一只猛虎，你没把它招死，它回去磨爪子舔伤口，好了之后就会再来咬你！这点很明显地反应在德国人对《凡尔赛和约》的看法上，他们觉得，这个和约对他们非常不公平——我们有什么罪啊？大家都是帝国主义，我们不就是打了败仗吗？下次我们打赢就行了。听听，这想法多可怕！

一战之后的德国，从地图上看形状非常奇怪，一个波兰走廊把东普鲁士与德国本土隔开。东普鲁士是霍亨索伦王室发祥之地，理应属于德国，但波兰复国了，波兰是一个内陆国，要给它留一个出海口，所以就弄了个波兰走廊。弄的这个波兰走廊，一下就把德国国土分成了两个不连接的部分。

受了伤要报复

据说出席《凡尔赛和约》签订仪式的德国代表，是1919年4月份才接到通知的，而不是巴黎和会一开德国代表就赶了来，这就跟李中堂签《马关条约》似的，没有讨价还价的余地。德国代表到达之后，住的地方是一间四面有铁丝网的小屋，类似于战俘收容所。宣布和约的日子是1919年5月7日，这是一战时"卢西塔尼亚"号邮轮被德国潜艇击沉的纪念日。

克里蒙梭主持和约签订仪式，等和约宣布之后，德国代表往外走，这时有位德国代表问克里蒙梭："历史将对此有何话说？"意思就是你们这么瓜分德国，咱们大家都不干净，将来历史怎么评价这件事呢？结果老虎总理回答："它绝不会说比利时入侵德国！"从这里可以看出，克里蒙梭还是有种受伤之后要报复的心理——确实，像比利时这样的小国，不可能侵略德国。

据说，德国有位代表布罗克多夫在签约的时候，说过一段话，大意是咱们大家都不干净，之所以我在这儿被迫签约，不是因为德国有罪，而是因为我们打败了。

怀着这种想法，德国不伺机报复才怪。

05. 你们就可劲儿压榨我

被人捅了一刀？

《凡尔赛和约》公布之后，德国军人从心理上对和约难以接受。你想啊，1918年3月，刚刚跟苏俄签订了《布列斯特—里托夫斯克条约》，这个条约相当苛刻，德国占领了苏俄大片领土。在西线，当时德军还占领着比利时和法国北部的一部分领土，德军在战场上仍保持着攻势，因此德国人觉得怎么可能有占领大片敌人领土的战败国呢？这不像二战时盟军打进了德国本土。现在是德军还占领着别国领土，而你说我战败了，你让我投降——德国军人感觉这个和约太离谱了。

但是，德国军人忽略了交战双方已经卷入总体战中，前线的局部战术优势，无法扭转德国在战略上的失败。他们看不到这一点，坚持认为是"十一月党人"在背后捅了他们一刀！他们觉得今后只要加强团结，重整旗鼓，就能卷土重来。

甭想限制我

《凡尔赛和约》签订后，德国军队只允许保留10万人，但这10万人都是霍亨索伦王朝留下的，多是军官，最差的哥们儿也当过班长，这等于是走精兵路线，情况有点类似于今天的日本三军自卫队，自卫队员都叫自卫官，啥意思呢？这25万人全是官，最差的人也能当班长，一旦打起仗来，扩充军队，一个班长怎么也能领12个人吧？按这样计算，10万德军就能扩充到120万，甚至200多万人，只要武器装备够用。

协约国不让德国造飞机，德国就成立了航空俱乐部，民用总可以吧。会开运输机，练练就能开战斗机，运输机那么大都能开，战斗机能不会开吗？同时，你不让我造潜艇，我可以给荷兰造，给西班牙造，造完图纸我留一套，然后我自己就能生产。因此，光限制是限制不住的。你可以把它的工厂炸掉，可以把它的机器设备全搬走，但人脑中的智慧你是弄不走的。

就是不给你钱

德国军队虽然可以像刚才讲的那样搞，但德国经济却没法儿弄，长期处于低迷状态。这主要是战争赔款给压的，比如说我给不了钱——给不了钱可以，给机器设备也行。就这样，德国赖以生存的很多生产、生活用具全被协约国拿走了，德国人活不下去了，很多人失业，工厂大量倒闭。德国说，我没钱了，拒绝支付战争赔款。

由于德国拒绝支付战争赔款，1923年，法国、比利时出兵占领了鲁尔。鲁尔是德国的核心工业区，占领鲁尔导致了德国经济崩溃，经济崩溃之后通货膨胀达到了什么程度？有个德国老兵叫迪特·马亨唐茨，他说到1923年，1美元可以换4万亿德国马克，你想这是什么概念？我见过的最大面额的钞票，是20世纪90年代南斯拉夫发行的，单张5000亿第纳尔，4万亿是什么概念？当时一个面包是1000亿马克，一升牛奶3000亿马克，小孩都把钞票当玩具玩儿，当积木摆。德国当时人人腰缠万亿，可惜不是富翁，是负翁，肚子里咕咕叫，饿得要命。

20年休战

有位作家曾说过一句名言："纳粹主义的诞生地不是在慕尼黑，而是在凡尔赛。"据说当时的协约国军总司令、法国陆军元帅福煦[①]，看到《凡尔赛和约》的内容后仰天长叹，说："这不是停战，而是20年休战。"果然，1919年签订《凡尔赛和约》，1939年德军就闪击波兰，二战爆发。从这儿看，福煦元帅整个一半仙儿，会算。

因此，二战爆发的一个重要原因，就是德国对凡尔赛体系非常不满。除德国之外，二战法西斯元凶还有意大利、日本，意大利更多的是充当一个小丑角色。如果战争史缺了意大利，那战争就只剩下血腥了，有了它挺好玩的。从这个角度看，二战的法西斯元凶其实主要就是欧洲的德国、东亚的日本。

秩序得到了调整

巴黎和会确立的"凡尔赛体系"，调整了帝国主义国家在欧洲、中东、北

[①] 法国元帅，一战最后几个月的协约国军总司令，公认是协约国获胜的最主要领导人。

一旦打仗，一个班长带12人，10万德军就能扩充到120万

非的关系。比如德意志帝国、奥匈帝国、俄罗斯帝国、奥斯曼土耳其帝国解体，一系列新兴民族国家建立，在俄罗斯帝国的废墟上，建立起了芬兰、波兰、爱沙尼亚、拉脱维亚、立陶宛；奥匈帝国解体之后，出现了奥地利、匈牙利、捷克斯洛伐克。

巴尔干半岛的斯洛文尼亚、克罗地亚、塞尔维亚、马其顿、黑山、波斯尼亚—黑塞哥维那，后来合并成了南斯拉夫王国。这样，欧洲秩序就得到了调整。

06. 两个国家最失落

有了矛盾须调解

凡尔赛体系虽然调整了欧洲秩序，但并没有调整帝国主义在远东的秩序。那么，远东秩序调整靠的是什么？靠的是1922—1923年召开的华盛顿会议。华盛顿会议又是怎么回事儿呢？其实，一战说是世界大战，但战场主要在欧洲，亚洲就在西亚，非洲是在东非，西亚和东非战争规模小得可以忽略不计。在当时的帝国主义六强中，有两个国家基本置身事外，这两个国家就是美国和日本。这两个国家均不在欧洲，美国到1917年才对同盟国宣战，参战是1918年。而日本呢，一战时主要在中国青岛作战，除此之外就是派了一支舰队到欧洲给协约国护航。这样，日本、美国在一战中都没什么损失。

一战之后，别的帝国主义国家势力都被削弱，唯独这两个国家实力增强。于是，这两国趁欧洲列强无暇东顾之机，开始在亚洲大肆扩张，特别是在中国和太平洋地区。这样两国自然就有了矛盾，还很激烈，这个矛盾需要调解。

在远东太平洋地区扩张，最需要的是海军，而海军在三军当中是最烧钱的。按今天的话来说，一辆坦克几百万；一架飞机几千万；一艘军舰至少上亿，核潜艇得十几亿，航母得几十亿。在当时那种情况下，甭管是英、法还是日、美，实际上对军备竞赛都有点力不从心。刚打完仗，谁不愿意和平啊？能不打就别打了，打完仗再扩军备战，有点逆历史潮流而动。所以由美国牵头，哥儿几个聚到华盛顿来开会。

就不许你傍大款

出席华盛顿会议的共有9个国家，不像巴黎和会有27国。这次会议来的国家比较少，分别是英、法、美、日、意、中、比、荷、葡，为什么是这9国来呢？因为这些是《辛丑条约》的签字国。当时《辛丑条约》是跟11国签的，加上被迫签约方中国，因此《辛丑条约》涉及的国家总共是12国，3个国家来不了——俄国革命了，德国战败了，奥匈帝国战败解体了，所以出席华盛顿会议的国家变成了9个。

其实，中国问题虽然很重要，但美国一上来要讨论的是什么事儿呢？是调整跟英、法、日在太平洋地区的矛盾，讨论的结果是签订了一个英、法、美、日《四国条约》。

《四国条约》签过之后，从表面上看，彼此之间的矛盾是调整了，谁都不许扩军，哪儿是你的势力范围，哪儿是我的势力范围，都进行了明确的界定，谁都不许针对其他地方采取敌对行动。这《四国条约》实际上很逗，逗在哪儿呢？美国人这么干的目的是要结束英、日同盟。1902年英、日结成同盟，这对日本的好处是大大的。日本人自己都说，对于这件事儿，我们的感觉就像佃农的儿子过继给了地主。你想，日本当时的国力还不如大清，能跟横行300年的老牌帝国结盟，日本能不感觉自豪吗？而且，这是英国第一次跟外国结盟，英国向来是不跟任何国家结盟的。这次是为了什么呢？为了能在远东牵制俄国。之后1907年英、俄协约了，俄国成哥们儿了，用不着牵制了，但英、日同盟还可以对付德国。

到一战结束，德国也战败了，英、日同盟对于英国来讲，没有任何意义了。相反日本是非常乐意继续维持英、日同盟的，抱住世界第一强国大粗腿，对日本来说是非常有好处的，所以它死乞白赖地想要延长同盟的时间，因为同盟的有效期是20年，到1922年正好期满。

美国能愿意英、日继续结盟吗？当然不愿意，可美国又不能说，我看你俩结盟不爽，你俩给我散伙，不能这么说。美国人聪明，把小两口变成了小四口，光你俩有什么意思？我跟法国也掺和进来。小两口能过日子，可小四口咋过啊？所以四国同盟一签订，实际上英、日同盟就被瓦解了。这是美国外交的一个巨大成功，日本外交的一次巨大失败——日本好不容易傍上大款英国，结果被美国给搅黄了。

钩心斗角几时休

华盛顿会议签订的第二个条约是英、美、法、意、日《五国海军条约》，这个条约意在限制相互拥有的战列舰和航空母舰比例，其实就是限制主力舰总吨位的比例。按当时的规定，英、美、日、法、意之间的比例为5∶5∶3∶1.75∶1.75，这就是说，英、美并驾齐驱了，这是美国的巨大胜利。因为英国一直是世界第一海军强国，以往它的海军一直保持着双强标准——我是世界第一，我的总吨位是老二老三之和，这样可以保证老二老三联合起来都打不过我，而现在美国跟它并驾齐驱了。

今天看美国海军，都不知道是几强标准了，后面老二老三老四老五，可能加上老J老Q老K都没它多，它光一艘航母就10万吨。而在当时，日本非常希望自己的海军总吨位能保持在美国的70%，它认为最低限度应是对美七成，这样跟美国交战才有把握，那时候日本已经把美国当成假想敌了。结果，折腾了半天才六成。据说，根据《五国海军条约》，日本两艘在建的战列舰要拆毁，这让日本很生气。法国跟意大利倒无所谓，它们还没到那比例呢——你让我1.75，我现在可能才1.43，还可以接着造。

在华盛顿会议上矛盾也很多，据说英国不让法国造潜艇，因为英国在一战中吃了德国潜艇的亏。英国海外殖民地多，得多造巡洋舰保卫自己的殖民地，而法国则反对英国造巡洋舰。法国代表在会议上跟英国代表酸溜溜地讲："无敌于天下的大英皇家海军，造了那么多巡洋舰，想必是用来捕鱼的。"这意思就是说，你不是号称爱好和平吗？你这巡洋舰肯定是用来捕鱼的。"那你为什么不允许可怜的法兰西保住一艘潜艇，来观察一下海底生物呢？"

列强之间钩心斗角，你损我、我损你，最后勉强达成了《五国海军条约》中那么一个比例。这又是美国外交的成功、日本的失败。

挑起二战有缘由

接下来对日本的打击更重，出席华盛顿会议的九国签署了《九国公约》，这公约全称叫《九国关于中国事件应适用各原则及政策之条约》。《九国公约》承认中国主权独立，领土完整，任何国家都别想染指，门户开放、利益均沾。这很明显是针对日本的，因为1915年日本逼迫中国签署《二十一条》，想独占中国，当时欧洲列强顾不上，美国想在欧战中卖军火发财，也没顾上，让日本暂时占了便宜。但日本这个便宜没占多久，美国马上就玩了这么一手，将日本所占的便宜又给剥夺掉了。所以，这同样是美国外交的成功和日本外交的失败。

整个华盛顿会议，可以看成是巴黎和会的延续。所以一战后至少头十年，维持世界格局的是"凡尔赛—华盛顿体系"。在凡尔赛体系下最失落的是德国；在华盛顿体系下最失落的是日本——我好不容易傍上了英国，可你美国竟给我拆散了，把我们小两口变成了小四口；我海军弄了半天还是二流，你倒跟英国并驾齐驱了；我想独霸中国，你却给我弄成了"门户开放、利益均沾"——这都什么玩意儿啊！

所以，从以上所讲中可以看出，为什么是德、意、日三国挑起了二战。特别是小日本，德国另说，意大利是跟班——日本挑起二战，配吗？为什么它这么不知死活？这是因为，一战后的国际关系体系对它们不利。一战后国际关系体系的如此调整，为二战的爆发埋下了伏笔。

战争就是这么回事儿：袁腾飞讲二战·上

第二章

山雨欲来风满楼

（希特勒发迹、纳粹掌权）

最伟大的圣人历来是那些具有超凡作恶能力的人，最凶恶的人有时也难免会有点圣洁之情。

——题记

01. 童年确实很不幸

到底属于哪个民族？

希特勒这个人，按他自己的话讲，是雅利安人①。以咱们现在的知识看，印度人和伊朗人也属于雅利安人，不知道他们跟希特勒是不是一个祖先。

不过呢，按照希特勒族人的说法，希特勒家族有摩拉维亚人血统。摩拉维亚人是什么人呢？在公元5—6世纪时，斯拉夫人②西迁，到达了今天的捷克和斯洛伐克地区，摩拉维亚人就是这批人及其后裔。

要按希特勒族人的这种说法，希特勒应有斯拉夫人血统。但是，希特勒后来打苏联的时候，他认为跟苏联的战争是种族之战，是优秀的雅利安民族跟劣等的斯拉夫民族之战。如果希特勒确有斯拉夫人血统，那就是说他的祖先出身于劣等民族。

希特勒他爹的身世

1889年4月20日，希特勒出生于靠近德国边境的奥地利小镇，那小镇叫布劳瑙。他本人身世并不离奇，身世离奇的是他爹。希特勒他爹，也就是老希特

① 属高加索人种（白色人种），该人种身材较大，皮肤浅白，面长多毛，使用印欧语系语言，被认为是印欧语系民族的共同祖先。
② 欧洲各民族和语言集团中人数最多的一支，其分布范围主要在欧洲东部和东南部，语言属印欧语系。

勒，生于1837年，他奶奶生他爹的时候已经42岁，而且他奶奶当时没结婚，这就是说，希特勒他爹是一个私生子。他奶奶给他爹做出生登记的时候，父亲那一栏是空白的，所以这就成了个谜。那么，希特勒的爷爷到底是谁呢？

据推断，希特勒的爷爷可能就是临近村子里的，因为农业社会嘛，不可能交往太远，出门很不方便。那时不像今天可以网恋，北京的找广州的，那会儿不可能，想都甭想。据说，希特勒的爷爷可能是一个有钱的犹太人，叫弗兰肯伯格，或叫弗兰肯雷德。因为希特勒的奶奶，在那户犹太人家里当过用人，让希特勒他奶奶怀孕的人，最有可能的就是主人家年轻的儿子。按这么说，希特勒又有犹太血统了。

小痞子希特勒

1885年，希特勒的父亲结婚了，老希特勒娶了自己漂亮的侄女。当然，在西方人语言里，辈分不像中国人分得那么清楚，也有人说是外甥女，因为舅舅、叔叔在英文里都叫Uncle。

希特勒父母的关系不像一般夫妻，希特勒的父亲只是一个海关小吏，按现在的话说就是基层公务员。但在他的家乡，很多人一辈子务农，所以他这也算出人头地了。因此，希特勒他妈就把丈夫看得高人一等，她是从女佣到情妇再到妻子，对于一个普通农村姑娘来说，这条路走得很艰辛。她管自己的丈夫叫叔叔，或舅舅，她一直这么称呼自己的丈夫。

希特勒他爸非常严厉，对希特勒成长有很大的影响，对他性格的影响也很大。希特勒的父亲很严厉，属于标准的严肃老爷们儿，说一不二，性格古怪，难以接近，对子女的管教特别严，以至希特勒同父异母的哥哥受不了，离家出走了。哥哥离家出走以后，希特勒就成了父亲管教的对象。希特勒他哥那一支的后代，也就是他的侄子，二战时到了美国，加入了美国国籍。

根据希特勒妹妹的回忆，希特勒小时候每天都挨揍，他总是惹父亲发火。

希特勒小时候每天都挨揍，他总是惹父亲发火

在他妹妹眼里，希特勒是一个不受管教的小痞子。不管老希特勒如何打他，如何教训他，如何让他对政府公职感兴趣，他都我行我素，一点儿也听不进父亲的意见。同时，母亲对他又非常溺爱，尽量想用慈母之心，使希特勒感受到家庭的温暖，从而减少因丈夫粗暴而对希特勒产生的不良影响。

性格决定命运

希特勒为了表示对父亲的反抗，想走他哥哥的老路——离家出走。没想到，老希特勒知道了他的这个计划，为了不让这个儿子再离家出走，老希特勒就把他锁在楼上。到了晚上，希特勒想从窗户的铁栏杆里钻出去，欧洲建筑都是窗户外面有层铁栏杆。因为个子矮，够不着窗户，希特勒只好把衣服脱下来，去钩那个铁栏杆。正当他钩住栏杆、马上就要奔向自由时，老希特勒上楼了。听到脚步声响，希特勒赶紧退了下来，由于衣服在铁栏杆上钩着，所以他当时光着身子，情急之下只好用桌布把自己给围了起来。

老希特勒进来一看，儿子光着身子围了块桌布。他这次没拿鞭子抽希特勒，而是放声大笑，然后叫希特勒他妈也上楼来，看穿着"宽袍"的儿子。对希特勒来讲，这种讽刺、挖苦对他的伤害更深，比打他还令他难受。他曾私下跟自己亲近的人讲，花了"好长时间才总算将这件事忘掉"。多年以后，他对自己的一个秘书说，不怕疼是有勇气的表现，"我于是便下定决心，父亲打我时我永不再哭"。

很快，检验他决心的机会来临了，他爹又一次揍他，把他妈吓得跑到门外躲了起来，看来这次揍得挺狠。希特勒一边挨打一边在那儿数数，默默地数他爹打了他多少棍。可能是老希特勒一看这小子太倔，感觉到这么大的男孩子再打不合适，而且这小子容易记仇，说不定到时候恨自己。据说自这件事之后，老希特勒再没打过他。

希特勒就是在这种环境中长大的，在这种环境中长大的希特勒，会有怎样的性格呢？明显是早熟、缺乏安全感——他不知道什么时候自己就要挨一顿揍，缺乏安全感的人很难找到幸福。为什么希特勒上台之后，会实行许多非成即败的极端措施？因为他对社会没有同情，缺乏感恩，而这跟他的成长环境大有关系，他继承了老希特勒一些变态的人格。

02. "维漂"混得很差劲

终于不再受管教

1903年，希特勒终于获得了解脱，为什么呢？因为他爹死了。这年的一天，他爹一大早离开家去喝酒。此时老希特勒已退休，退休以后的老希特勒天天喝酒，结果这次喝酒的时候，他刚到桌边坐下，就说身体不舒服，不一会儿人就完了。根据症状，老希特勒患的很可能是心脏病，突发心梗。

有些书里写老希特勒一死，希特勒他们家就穷了。实际上，老希特勒给家里留下了2420克朗的养老金，这比一个小学校长领到的薪水都多。老希特勒一死，希特勒家最大的变化就是独裁者没了，紧张气氛消失了。这时候，希特勒还不到14岁，但成了家庭的主宰。

儿子14岁了，将来怎么发展呢？希特勒他妈想让儿子当公务员，捧铁饭碗，但她不知道该怎么劝服希特勒，所以只能靠哀求——乖儿子、宝贝，你就干这个吧。当然，哀求希特勒是没有任何作用的，不管希特勒他妈什么时候问他："儿子，你想干吗？你总得有个事儿做吧。"希特勒都回答："我要当一名伟大的画家。"看来，他完全活在梦想的世界中。

因为父亲不在了，希特勒初中毕业就不念书了，从16岁起，他就开始到处自由自在地游逛，并且藐视权威。没有了父亲的管教，他就变成了这么一个人。

难得的温情

1907年，希特勒的父亲死后四年，他母亲身体不适去看医生。医生是个犹太人，在当地有"穷人的医生"之称，看病不多收钱。希特勒他妈告诉医生说胸口疼，疼得一晚一晚地睡不着觉。医生诊断的结果是"肿瘤"，实际上就是癌症，但他没有将此告诉病人。第二天，医生将希特勒和他妹妹叫去，告诉他们说，你们的母亲得了癌症，唯一可行的方案就是做手术。

希特勒的反应使医生特别感动，那医生回忆说："他那蜡黄的脸因悲伤而扭曲，双眼滚出泪珠，问他母亲还有没有办法挽救，只有在那时，我才意识到他们母子间的爱是何等的深沉！"由此看来，希特勒也不是纯冷血动物，他有时候也充满人性。打那以后，希特勒全心照料母亲，跟他的妹妹、婶婶分担家务。他将母亲安置在厨房里，因为厨房里全天有火，比较暖和。然后希特勒将碗橱抬走，搁了张床，自己也睡在那儿，照顾母亲，还帮助母亲做饭。为此，希特勒他妈曾骄傲地跟别人讲，说她的胃口从来没那么好过。言外之意，就是说自己儿子做的饭很好吃。提到自己的儿子时，她苍白的脸上竟然出现了一些血色。看来在母亲病重期间，希特勒还是给她带来了相当多的快乐。

有一天到了午夜，希勒特他妈的最后时刻来临了，这时候也甭去看医生了，医生也帮不上忙。1907年12月21日，在希特勒母亲的病拖了将近一年之际，按希特勒的说法，在圣诞树彩灯光芒的照耀下，母亲安静地离开了人世。天亮时，医生来到他们家，准备为希特勒的母亲签署死亡证书。医生看到希特勒坐在母亲身边，脸色惨白，在画母亲的遗像，以便作为将来的纪念。即便看惯了死亡的医生，看到这一幕也很感动，说："我从未见过有谁像阿道夫·希特勒那样悲痛。"

生活很困窘

至此，希特勒父母双亡，这时他19岁，准备向维也纳进发，以实现他作为一名画家的梦想。用希特勒自己的话讲，那时他手中提的是一只装满衣物的箱子，心中装着的是不屈不挠的信念。从这句话看，他那时还有只装满衣物的箱子，应该不算特别穷。但由于他自己的原因，在接下来的四年里，希特勒过得十分糟糕。他画的画，至今还流传下来不少，很多人认为他画得不错，但问题是希特勒擅长画建筑，不会画人体，在西方国家不会画人体是不行的。因此，希特勒的画当时能卖出去的很少，而他对做生意又一无所知，这就造成了他的生活很窘迫，他只能不停地换工作，以期能改变现状。咱们现在有"北漂"这个说法，他那时就是个"维漂"。他曾帮人掸地毯、扫雪、在车站推箱子，住极便宜的旅馆，吃免费或廉价提供的没什么营养的食物……所以有人说，正是他的遭遇，造就了他对社会的不满和仇恨。

日子过得那么困窘，希特勒不觉得是自己能力不够或水平达不到，相反，他认为是社会不公造成的。

03. 勇敢的下士

这个士兵很勇敢

正当希特勒在维也纳混得很差劲时，一战爆发了。一战爆发，对希特勒来说是个好消息，尽管出生在奥地利，但他从小就受到了德意志民族主义的熏染——奥地利也说德语，他骨子里是一个德意志民族主义者。

一战爆发后，希特勒觉得自己大显身手的时候到了！他报名参加奥匈帝国的军队，结果体检不合格。于是，他又去慕尼黑报名参加巴伐利亚王国的军队，也就是德军。那时德国打仗正缺人，不挑食，就把他接收到军队里，在巴伐利亚第16后备步兵团服役。

据说希特勒在战场上表现出了惊人的勇敢，勇敢到了什么程度呢？他在半年内就从一个传令兵升到了下士，两次因为英勇受到表彰，第二次受到表彰时，他被授予了一枚一级铁十字勋章，这种勋章一般是不授给士兵的。希特勒后来做德国元首，在公开场合出现时，他一般身穿制服，扣子上别着二级铁十字勋章绶带，左胸佩戴三枚证章——最上面的是纳粹党的金制党徽，中间的是一级铁十字勋章，底下的是他的战伤勋章。希特勒做元首时穿戴比较朴素，他佩戴那些证章并不是为了炫耀，他不像戈林那么爱炫耀。

毒气在蔓延

希特勒在战场上除了勇敢，运气还很好，他曾对一位英国记者说："有一次我在战壕里与几位战友一起吃晚饭，突然好像有个声音在对我说，'快起来到那边去'。声音清晰，不绝于耳，我只好机械地服从，好像它就是一道军令似的。我手里捧着饭盒，立刻起身，沿着战壕行进了约20码。当我坐下来继续进食，还没吃几口时，只见火光一闪，从我原来待过的地方传来一声巨响，一颗流弹在那里爆炸了，留在那里的人全被炸死了。"

对于这段话，不排除有希特勒自吹的成分，不过他运气真的一直很好，直到战争结束时，他只负过一次伤。那是在一次战斗中，希特勒所在的第16后备步兵团被打得抬不起头来。阵地上到处是弹坑，士兵们蜷缩在战壕里，老兵全身麻木，新兵魂不附体。猛然间，一团被炮弹掀起的尘土，带着刺鼻的烟味涌进了战壕。不知谁喊了一声："毒气！"那团被炮弹掀起的尘土中，混杂有芥子气[1]。这是希特勒所在的第16后备步兵团首次遇到芥子气。对于这种毒气，有人闻着很香，有人闻着辛辣刺鼻，但人人的感觉相同：这玩意儿不利于人。

士兵们慌忙戴上防毒面具，弯腰曲背，一动不动地靠着战壕的土墙。几个小时过去了，防毒面具内的空气已变得混浊不堪。有个新兵憋不过气来，将面具取下，想呼吸些新鲜空气，但吸进的是毒气。毒气一进入他的喉咙，他便仰身倒地，口吐白沫，慢慢地死去。

失望的希特勒

到了拂晓，毒气才慢慢消散。可毒气一消散，炮击又开始了。在敌人炮击的过程中，第16后备步兵团的士兵们摘下面具，大口地呼吸着清晨的空气。"空气中还带着芥子气味，"有个人写道，"还充满了火药味，但这对我们来说，已算是极好的了。"

炮击之后，空气中又充满了毒气。第16后备步兵团来不及戴面具的士兵，立即翻身倒毙。那些侥幸逃过一死的士兵，个个成了瞎子——只有一人除外，那人仍有一点模糊的视力。他时众人说，大家彼此抓住衣尾，由他领路逃生。就这样，第16后备步兵团的士兵们排成单行，半瞎的领着全瞎的，跌跌撞撞地前行，一直来到急救站。

从令人窒息的死亡中被营救出来的士兵里，有一名年轻下士，他就是阿道夫·希特勒。

希特勒被送往战地医院，等他眼睛上的纱布拿掉之后，一战已经结束。这使希特勒特别痛苦，他立刻坠入了失望的深渊——他可能觉得一战不结束，他

---

[1] 糜烂性毒剂，对眼、呼吸道和皮肤都有作用，中毒症状有全身不适、疲乏、头痛等，中毒严重时可引起死亡。

就能做到军官了，没准儿还能升将军呢。战争结束等于他又失业了。战场满足了他对成功的渴望，包括别人对他的肯定。

04. 从此有了党组织

加入纳粹党

一战结束后，希特勒就失业了。根据《凡尔赛和约》，一战后德国只能保留10万陆军。在这种情况下，当然不可能给连德国国籍都没有的希特勒留一个位置。于是，希特勒又开始了游荡生活。在游荡之际，他还有一份不定期的薪水，那就是为德军情报部门工作，当密探。当密探主要做什么呢？因为当时德意志帝国崩溃，各种社会思潮蜂起，政党和社会组织特别多，军方想刺探这些政党和社会组织在干什么。

有一次，希特勒受命打入一个不满百人的小党——德国工人党，以刺探这个党的活动。刺探的地点是在慕尼黑的一家酒馆里。希特勒的上级怀疑德国工人党这帮人要颠覆现在的政权，所以就让希特勒去调查。在当时，任何对现状不满的人都想聚集起来，组成一个新政党，所以类似的组织在德国各地如雨后春笋般建立。这些组织建立得快，消失得也快，不久大部分就会消失得无影无踪。

希特勒看不起德国工人党，他当时是怀着一种蔑视的心态去参加这个政党活动的。他在当密探之前曾受过训练，所以才能勉强把这个政党演讲的枯燥内容听下去。等演讲一结束，希特勒便感觉轻松，觉得自己已经完成了刺探任务。等进入这个政党的自由讨论时间时，希特勒就想走，他觉得这帮人是在那儿瞎侃，没啥意思。

这时候，有个主张巴伐利亚独立的教授站起来发言，他想把巴伐利亚从普鲁士德国分离出来。这下希特勒急了，他是坚持大德意志帝国观点的，因此他不由自主地冲上去痛斥这个教授。希特勒以干练的口才、精辟的论点，足足讲了15分钟。那个教授在希特勒把话说完之前，就像一条落水狗，夹着尾巴离开了那家酒馆。

希特勒的发言极具逻辑性，使得这个党当时的领导人德莱克斯勒对其产生了深刻印象。德莱克斯勒跟秘书（这个党一共不到100人，居然还有秘书，真是麻雀虽小、五脏俱全啊）讲："这人有种，咱们将来可以好好用用他。"德莱克斯勒走到希特勒近前，先进行了一番自我介绍——我是谁，我曾干过什么……虽然他进行了自我介绍，可希特勒竟然连他的名字都没记住。不管怎样，他发现了希特勒。他将自己写的一本小册子，一本只有40页、粉红色封面的小书，硬塞给了希特勒，说你必须好好读一读，读完之后请你再来。

结果，希特勒竟然加入了德国工人党。根据党证编号，希特勒是这个党的第97名成员，他去之前已有96人，真是个不满百人的小党啊。希特勒加入之后，就把这个党的名称改成了"民族社会主义德国工人党"。它的中文简称应该叫民社党，但因为德文的缩写是NAZI，音译过来就是纳粹，所以这个党就被译成了"纳粹党"。

这个政党在壮大

民族社会主义德国工人党，你要乍一听，还以为是马克思建立的呢。实际上，这个组织既不是工人的政党，也不是社会主义性质的政党。按照希特勒自己的定义，什么叫民族社会主义呢？一个人只要理解了我们伟大的民族，德意志高于一切，在他眼里，德国、德国人民和德国领土比什么都重要，那他就是一个社会主义者。所以，这个政党实际上是一个极右翼的民族主义政党，跟社会主义、工人运动根本不沾边。

　　除了更改党名，希特勒还亲手设计党的标志。毕竟人家是学美术的，画家出身，有老底子，甭管入流不入流。从1920年起，希特勒开始负责纳粹党的宣传工作，他意识到党需要一个明显的标志，以区别于其他政党，所以他准备设计一面党旗，让人看一眼就忘不了。据说希特勒从一个牙医那里得到了灵感，希特勒说那个牙医的旗帜很不错，跟自己的想法很接近。希特勒要求纳粹旗帜的背景是红色的，并且必须比共产党镰刀斧头旗的红色更深。他觉得，只有这样才能得到工人的支持——你红，我比你更红！你左，我比你更左！

　　纳粹的标志是"卐"，有人读"万"，实际上不是。佛教的"卍"才读"万"，纳粹的"卐"跟佛教的"卍"方向是反的。为什么要选择这个"卐"字呢？希特勒有一个很清晰但却是伪造的解释，他说这个"卐"字跟基督教的"十"字一样。希特勒小时候在一些古老的教堂里见过这个标志，这个标志被很多民族的祖先看成是太阳或好运的象征，比如印度的雅利安人就崇尚"卐"，今天佛祖塑像胸口上也有"卍"，但是反着的。按照纳粹的理论，雅利安人是德国人的祖先，希特勒把"卐"归结为永远反犹，他认为这是雅利安人胜利的完美标志。不论这个符号设计得多么稀奇古怪，希特勒在宣传鼓动方面都很给力。

　　因为纳粹的旗帜非常漂亮，红底，白圆圈，中间一个黑色的"卐"，特别醒目，再加上希特勒的宣传鼓动，所以反犹主义者和失业工人很快就聚集到这面旗帜下，甚至连纳粹的反对者都认为这个"卐"字符具有催眠效果。像《第三帝国的兴亡》的作者威廉·夏伊勒就说，那个弯钩十字，似乎在召唤那些一直在战后混乱的岁月里、痛苦挣扎的没有安全感的中下层人民。

希特勒天生是一个会鼓动的人，在他的带领下，纳粹党迅速壮大。

靠印钞票度日

纳粹党那种华丽醒目的仪仗、制服和徽章，对渴望安全、稳定的人们，具有巨大的吸引力。德国人本来就有服从权威的传统，他们就喜欢参加这种气派、威严的组织。甭说德国人，今天咱们参加民间组织，一帮老大妈在街上扭秧歌，穿着自己的衣服，腰里系一条绸带，你肯定不参加；如果都穿统一的制服，你一看就感觉挺正规，像那么回事，说不定你就参加了。希特勒曾说过，要把制服设计得帅气好看，这样才能吸引年轻人。当时纳粹党的制服，是褐色的衬衫、长裤、长靴、法式平顶帽、黑领带，再加上鲜艳的旗帜，对年轻人有很大的吸引力。纳粹党的势力不断壮大，而对于希特勒来说，他当时希望的是用暴力夺取权力。

纳粹党是1920年2月成立的。纳粹党成立一年多之后，1921年4月，协约国就德国的一战赔偿问题达成一致，要求德国赔偿1320亿金马克。以前是4马克兑1美元，现在降到75马克兑1美元，而且汇率还在狂降。到1923年末，40亿马克才能兑1美元，马克购买力为零，失业人口超过百万，成千上万的人排着队去买面包——排到你这儿没了，那你今天就得饿着。鉴于这种情况，希特勒曾说，政府在一声不吭地印着废纸，哪天不印钞票了，政府也就维持不下去，破产了——我们要将政府的无能曝光。

马克现在已经这么不值钱了，你还印它干吗？所以，希特勒跟追随他的人讲，相信我，得永生。如果按照政府这么搞下去，我们的苦难会越来越深重。如果人们注意到他们怀揣上亿元的钱，却不得不饿死，那他们就应该得出这样一个结论——我们不应该继续服从这样一个无能的政府。

05. 将法庭变成演讲台

啤酒馆暴动

希特勒特别渴望获得权力，以实现自己的抱负。由于对权力的极度渴望，他迫不及待地发动了一场政变，即啤酒馆暴动。希特勒的想法是用暴力手段推翻政府，自己上台执政。

1923年11月8日晚，巴伐利亚的一个地方官冯·卡尔，在慕尼黑一家名叫贝格勃劳凯勒的啤酒馆发表演说时，大约600名纳粹分子和右翼支持者包围了啤酒馆。希特勒带人冲进了大厅，跳上桌子，挥舞着手枪，朝天花板开了一枪，说国民革命开始了。这就是啤酒馆暴动的开始。

希特勒的副手戈林，后来的第三帝国元帅，向惊呆了的群众解释，说纳粹这么做的目的是善意的。戈林是一战的王牌飞行员，空军英雄，连他都加入了纳粹党中，可见当时纳粹党的影响力有多大。巴伐利亚的陆军司令、警察局局长和冯·卡尔这个行政长官，被希特勒等人用手枪逼着赶到了另一间屋子里，希特勒让这三个人承认，他是巴伐利亚政府的领导人。这仨人都懒得搭理他——你威胁我们，我们就跟没听见一样，你根本不配跟我们说话。

希特勒一看这仨人不搭理他，就回到大厅说："巴伐利亚政府已经向我们交出了权力，我们要组织一个新政府，这个政府要干的第一件事，就是要为柏林的混乱局面组织一场游行，以拯救德国人民，明天你们要么发现我们组织了新政府，要么会见到我们的尸体。"希特勒实际上在骗人，他说巴伐利亚地方官员已经答应把权力移交给他们了，其实根本没这回事儿。而大厅中的纳粹党徒和不明真相的群众，见他这么说，当然就要欢呼。

被希特勒关着的那哥儿仨，听到纳粹党徒和群众的欢呼，还真以为希特勒这么有群众缘，这么有群众基础，于是就默认了希特勒的要求。希特勒当时很不成熟，稍后就把那哥儿仨给放了，去处理纳粹党跟别的反对派之间的斗殴。那哥儿仨一出来就明白了怎么回事，于是立刻开始纠集反纳粹的力量。

政变行不通

啤酒馆暴动的第二天，正好是德意志联邦共和国国庆。这天早上11点多，3000多个纳粹党徒聚集在啤酒馆外面，在希特勒、戈林和鲁登道夫的带领下，向慕尼黑市中心进发。鲁登道夫将军是一战时德军的副总参谋长，很有号召力，这次暴动有他在背后操纵，跟希特勒相互借力。

纳粹党徒向慕尼黑市中心进发时，遇到了警察的阻拦，因为他们这么干属于反政府叛乱行为。警察一拦，戈林首先跳出来，说要杀死前一天控制的人质。实际上他这是虚张声势，人质都放了，还杀个屁呀？警察不知情，只好让道，他们继续往前走。到达歌剧院广场时，他们再一次遇到了警察的阻拦。这时候希特勒的一个保镖跳出来，说不要开枪，尊敬的鲁登道夫将军阁下来了。因为鲁登道夫毕竟是民族英雄，所以把他抬出来了。希特勒挥舞着手枪，大喊："投降！投降！"他让警察投降。

这时候也不知道谁开了一枪，可能是走火，于是双方就打了起来。戈林第一时间就中弹了，大腿、小腿都被打中了，幸亏他皮糙肉厚，是一个400磅的大胖子。1磅相当于中国的9两，你算算他有多重！枪一响，希特勒立刻趴到地上。鲁登道夫将军无动于衷，继续往前走，因为不会有人朝他开枪，警察闪开一条道让他过去了。

最后，一共有16名纳粹党徒和3名警察被打死，希特勒被捕。当然，鲁登道夫也被捕了。

啤酒馆暴动虽然失败了，但纳粹从中吸取了重要的教训。戈林就曾说，我们再也不会发动政变，我们只需要把国内的局势搅得更糟，这样人们就会要求民族主义者来统治。这就是说，他们也意识到了"靠暴力推翻政府"这条路走不通，人家还没出动军队，刚一出动警察，就把我们干趴下了。

坚决否认有罪

希特勒被捕后，法庭就要审判他，但希特勒把这次审判变成了他的演讲舞台，变成了他发表政治宣言的场所。

在庭审过程中，第一个被叫上被告席的就是希特勒。从审判一开始，希特勒就成了审判庭上众人瞩目的中心人物。从开口辩护起，他就想当铁锤！他出庭是想当原告，而不是当被告。他以浓重的男中音，阐述了"被迫"发动起义的理由。他谈到了暴动，谈到了游行，他说唯一令他后悔的，"是未能与被屠杀的同志们，遭受同样的命运"。他承担了这次起义的一切责任，说鲁登道夫仅是与自己合作，但他否认自己有罪。他说，他活着的任务，就是要率领德国重现昔日的荣耀，重新确立德国的世界地位，他这样的人怎么能被当成罪犯呢？他这番话表达了自己"希望使德国重现强盛"的虔诚信念，主持审判的矮个子法官和检察长，因他的这番话，表情都起了变化。

妇女争相来献花

希特勒擅长辩论，在最后一次庭审中，他的雄辩达到了高潮。他的这次发言，一部分是训示，一部分是勉励，一部分是谩骂，自始至终都引人入胜，且特别有效。按照德国法律，被告有最后发言权，所以法官还不能阻止他。

希特勒对仅称他为民族主义运动中的一名政治鼓手，和发动政变仅出自其个人野心之说断然否认，并说指控他想当部长是荒唐可笑的，"从一开始，我的目标就比当一名部长高出一千倍，我要的是粉碎马克思主义，我要完成这一大业，部长这个头衔与之相比是何等的荒唐可笑。"片刻后，希特勒暴露出内心深处的愿望："生来就是独裁者的人，是强迫不了的，他自觉自愿，他不是被人驱赶向前，而是他驱使自己前进，这没什么可谦虚的……觉得自己是被召唤来统治人民的人，是无权这样说的。如果你们需要我或召唤我，我就合作，否则，我有我的责任！"

他对法庭说，起义虽然败北，但人们必须尊他为德国未来的领袖，因为军队和起义者及支持者注定是会和解的，"我相信，今天在街上举起'卐'字旗的群众，与向他们开枪的人们团结一致的时刻，终将到来。我坚信，这次的流血，不会永远将我们分开。"

希特勒不顾法官的驳斥，继续抑扬顿挫地高声说完了最后几句话："我们建立的军队正日渐强大。即使在此时此刻，我本人也骄傲地希望，终有一天，我们的原始新兵将会由连发展为营，营发展为团，团发展为师，昔日的帽徽将会被从泥潭中拾起，昔日的旗帜将在我们面前飘扬；到那时，我们就将在'审判的法庭'——'上帝的法庭'——获得和解；到那时，我们准备出庭；到那时，唯一有权审判我们的法庭的声音，将从我们的残骸中、从我们的坟墓中响起。因为，先生们，对我们宣布判决的不是你们，只有永恒的历史法庭，才有权对我们的起诉做出判决。"

当检察官准备宣判时，他发现法庭内挤满了为她们的偶像希特勒献花的妇女。检察官下令将花清除掉。很多追随希特勒的女人，竟要求准许她们在希特勒的澡盆里洗澡，以表达对希特勒的崇拜之情！

06. 抓住时机大翻身

服刑期间在写书

从妇女到法庭上为希特勒献花，就可以看出当时德国的一些女性崇拜希特勒到了何种程度——敢情都出来练"贱"了。经过审判，希特勒获得了减刑，最终在监狱里待了八个月。

在服刑期间，希特勒著书立说，俨然已成了职业政治家。据说早在被捕之前，他就已在酝酿写一本《犹太史》。现在，他已有了更好的主意。他这部书原定是一本普通的历史著作，在第一卷里，有篇文章叫《四年半以来与谎言、愚蠢和怯懦斗争的情况》。这篇文章叙述了希特勒的童年、在维也纳的岁月、赤色革命，以及党在慕尼黑的初期活动等。于是，它便成了一个苦孩子受政治教育的励志故事，同时也给希特勒提供了一个良好的机会，使他不仅能够讲述犹太人、马克思主义和种族主义这三个问题，而且还能论述议会政府的无用性、艺术的衰落、君主政体，以及战争失败的责任等。

将政治理论付诸笔端，本身就是一个自我教育的过程。在牢房安静的环境中，希特勒用从典狱长①那里租来的打字机，吃力地将手稿打出来。他还有一个得力的助手鲁道夫·赫斯。这个人当时也参加了啤酒馆暴动，后来自首了，跟希特勒关在一个牢房里。赫斯帮希特勒出主意，想办法，记录希特勒的口述，甚至还帮希特勒打字，这极大地方便了希特勒。

竟在狱中办集会

不光著书立说，希特勒在争取狱卒方面也做得很出色。他已将监狱的大部分工作人员都争取到了国家社会主义这边来，连典狱长也允许希特勒房中的灯光亮到午夜以后。看守工作变得松弛起来，犯人们竟自己发行了打印的地下报纸。这份报纸办得既轻松，又严肃。头版头条的文章，一般都由希特勒撰写，

---

① 在古代，监狱中的犯人都会由监狱最高长官编排并列出相应名册，上交长官（中国等东方国家为刑部，在西方国家为掌管法规、刑罚的执政大臣）阅览，核对之类的工作则多由文书和差役协助完成。这部名册叫狱典，负责记录名字的叫典狱，故监狱长又称为典狱长。

他也经常为这份报纸画讽刺漫画。

除了为犯人自办的这份报纸写文章、画漫画，希特勒竟然还在监狱里组织晚间集会，连派来偷听的看守都被他的演讲迷住了。一般集会结束时，希特勒总是高喊"万岁"，每当这时，人们便会不约而同地唱起在起义那天唱的歌：

即使他们将我们出卖，

或将我们当牲口虐待，

我们深知我们的事业，

忠诚祖国，责无旁贷。

胸怀之希特勒精神，

永不磨灭，

永不磨灭！

希特勒冲锋队，

东山再起终有期！

采取新的策略

1924年12月，希特勒出狱了。1925年，《我的奋斗》首次出版；同年2月，纳粹党重建，希特勒再任党的领袖。此后几年，纳粹党几经起伏，终于等到了最好的机会。

人们生活得越差，对纳粹党来说机会就越好——这个最好的机会，就是发生于1929—1933年的世界经济危机。这场经济危机发生后，德国惨到了什么地步呢？这场经济危机使得德国1933年的经济规模，跌到了1896年的水平，倒退了将近40年，直接退回到19世纪威廉二世时代。整个德国有几百万人失业，经济一片萧条。当时的情况比法国人制造鲁尔危机时还惨。有个德国老兵叫戴林，他回忆说，1933年以前，自己的全部记忆就一个词——饥饿，一家五口，就靠父亲工作，而父亲又老失业。那时候，全家每个星期从政府领到的救济金只有七马克，每天只能花一马克，而这一马克要管五口人一天三顿的饭食，所以我们那时长期吃不饱肚子。当时，德国至少有一半人受到这场经济危机的影响而活不下去。人们能买得起的食品，就是数量少得可怜的土豆和面包。母亲把土豆煮得稀烂，捣成泥、拌上盐，让我们抹在面包上吃，新鲜蔬菜、水果一点儿都没有，人的生长发育你说能好得了吗？

从这个德国老兵的叙述中，我们可以清楚地看到当时德国社会的凄惨状态，而魏玛共和国对此无能为力，国际社会也不对其进行救助。残酷的现实把德国逼向了绝境——德国需要强人，时势造英雄，谁能把德国从危机中拯救出来，谁就会成为大众拥戴的领导者。而这时，希特勒的策略也在调整。他宣布，鉴于目前的情况，党必须采取新的策略，党的前途不在于武装政变，而在于投票箱。希特勒说："我相信，这是我们的最佳策略，因为国内形势发生了根本的变化。"

老元帅的尴尬

为了执行新的策略，希特勒到处演讲，到处拉选票，纳粹党的国会议席在经济危机中不断增加。希特勒发挥口才优势，庄重承诺：如果纳粹党上台，将给德国人民带来一个令人着迷的、幸福的未来！他用社会主义吸引下层人民；他许诺恢复德国经济，拓展生存空间，以获取大资本家的支持。德国的各阶层他都尽力笼络，在这种情况下，纳粹党咸鱼翻生的机会就到了。

1932年4月，德国总统大选，希特勒和兴登堡[1]同台竞选。兴登堡是一战时

---

[1] 兴登堡（1847~1934），德国陆军元帅和政治家，魏玛共和国总统。在其任期内，政治不稳定，经济萧条。1933年，他任命希特勒为总理，使之上台掌权。

的德军元帅，又是第二帝国重臣，一直对威廉皇帝忠心耿耿，桌上随时摆放着威廉皇帝的照片。但他毕竟年事已高，跟希特勒完全是两个时代的人。居然要跟这小子一起竞选？老元帅打心眼里看不起这个一战下士，可实际情况是，兴登堡经过两次投票，才击败了希特勒。

兴登堡虽然再次当选为总统，可他面临这样一个局面——纳粹党在国会中的席位逐渐增多，这局面使得兴登堡不管是否情愿，最后都必须让希特勒染指权力。

07. 终于当上了总理

不让当总理？没门

1932年7月，纳粹党成为国会第一大党，得票数比两个最大的竞争对手——社会民主党和共产党的得票总和还多出50万票。纳粹党的得票数占总投票数的37.3%。在这种情况下，按照魏玛共和国的政治体制，国会第一大党的党首应该出任政府总理。问题是，希特勒没有任何管理政府的经验，他是靠街头暴力起家的，从来没治理过国家，此前连科长都没当过。因此，总统兴登堡拒绝当时的总理巴本辞职，只答应让希特勒当副总理，为什么要这样呢？

因为历史上的变革，总共有这么几种情况：一种是新司机走老路，还是那条老路，只不过换了个新手，中国历史上的那些农民起义，推翻旧的王朝，建立新的王朝，都是这种类型；第二种呢，是老司机走新路，路是新的，虽然不知前途是否凶险，因为以前谁都没走过，但我是个老司机，经验丰富，可以把车开得又好又稳，日本的明治维新就属于这种；第三种是新司机走新路，这种是最危险的，司机既没经验，又不知道前途如何，中国的辛亥革命就属于这种。

希特勒呢，属于第三种，典型的新司机走新路。他没有任何从政经验，想干的事又是以前体制内没人干过的，"盲人骑瞎马，夜半临深池"，这是最不靠谱的。而总统兴登堡则属于老司机走新路，多少还靠点谱。所以，兴登堡拒绝任命希特勒为总理，希特勒当然不干。

就不让你当总理

其实，希特勒曾考虑过接任副总理，但后来还是没答应。他不想吃半块面包，要来就得来整个的。他在与巴本争吵时说："在向罗马进军后，意大利国王是否提出让墨索里尼当副总理？"这话体现出他想学墨索里尼，因此他举了这个例子，而墨索里尼是当了总理的。

当希特勒会见兴登堡时，他再次要求担任总理。兴登堡非常瞧不起希特勒，大喊道："不行，不论是在上帝面前，或是在良心和祖国面前，这都是不行的。"兴登堡是老司机、老派军人，看不上希特勒。

愿望是美好的，现实是残酷的，希特勒跟兴登堡会晤之后，不但没当上总理，甚至连报纸都发出号外，说总统斥责了希特勒，把他骂了一顿。为此希特勒非常恼怒，一度离开了柏林。不过，希特勒已经预感到，自己离胜利只差"一里路"。于是，他调整行动策略，对纳粹党进行重新包装，使纳粹党徒改变了以往好斗的街头打手形象。当新国会开幕之后，纳粹党徒表现得非常平静，反对派发言时，他们只是静静地坐着，没在国会里大吵大闹。这样得体的行为，使戈林当选了国会议长。

戈林当选为国会议长，这对纳粹党来说是件好事儿。不过这个时候还有一件好事儿，正中希特勒下怀，令希特勒又惊又喜——共产党向巴本政权提出了《不信任案》。对此，希特勒下令纳粹党不要反对共产党的这个提案，结果

《不信任案》获得了通过，巴本下台，这等于帮了纳粹党的忙。这之后举行了议会选举，纳粹党丢掉了200多万票，少了34个议席。从表面上看，德国人民对纳粹党的狂热正在消退，实际上，这时让希特勒出任总理的请求信不断向总统府涌来，其中包括像克虏伯、西门子这样的实业巨头，就连刚退职的巴本都开始支持希特勒。1932年12月，兴登堡却出人意料地任命施莱彻尔为总理，这是德国自1890年俾斯麦去职以来，第一位被任命为总理的将军。

为了控制纳粹，施莱彻尔希望实行"军事专政"，但被兴登堡拒绝。这个消息泄露出去之后，主要政党都把施莱彻尔当成了人民的敌人，因此施莱彻尔很快就被抛弃。1933年1月底，施莱彻尔内阁辞职。

我还是当上了总理

施莱彻尔内阁辞职后，兴登堡再次提议巴本出任总理。但总统顾问告诉他，唯一可能的选择是希特勒，兴登堡这才同意有条件地任命希特勒为总理。兴登堡的条件是，由巴本出任副总理，并指定一名国防部长。希特勒同意了这些条件，但也提出了自己的条件——发布《授权法》，授予他超越恺撒的总理权力！

完事之后，正当纳粹党欢庆希特勒即将出任总理时，可能发生兵变的消息传来。事实证明，这只是一场虚惊。

1933年1月30日，希特勒被正式任命为总理。由于厌烦，兴登堡并未亲自委任希特勒为总理，总统这样瞧不起总理，还是首次。他也没对新内阁致辞以表示欢迎，甚至连未来的任务也没交代。宣誓仪式极为简短，就像强迫的婚礼。然而，希特勒并未让如此具有历史意义的时刻在无声无息中度过。希特勒发表了演讲，在庄严地宣誓将维护《魏玛宪法》后，他保证，将在国会中找到多数，使总统不必再签署紧急法令。同时，他还承诺将解决经济危机，使被痛苦和争吵搞得四分五裂的德国重新凝聚为一体。他在快说完了的时候停下来，等待兴登堡能来几句赞扬的话，但这位元帅似乎让部队解散似的，只是说："现在，先生们，与上帝一同前进吧！"

希特勒——这个连高中都没上的人，这个未能考取美术学院的人，这个在维也纳街头当过流浪汉的人，于1933年1月30日当上了德国总理。他曾说："永远不要轻视一个年轻人，因为他有一个不可预知的未来！"这话虽出自恶魔之口，但意思是对的。

08. 想方设法巩固自己

究竟谁是纵火犯

在希特勒被任命为总理的那天晚上，2.5万名纳粹党徒手持火炬，在总理府前的广场上举行火炬游行，用火炬摆出了纳粹的弯钩十字。当游行队伍经过总统府时，兴登堡总统站在阳台上往下看，说："哎哟，看来孩子们抓了不少俄国俘虏，打胜仗回来了。"这说明什么呢？兴登堡总统这时候已经老糊涂了，颠倒时空了，他居然把纳粹党徒的火炬游行，想成了是一战的胜利游行！

希特勒担任总理之后，准备采取一系列手段干掉对他不满的反对派，他首先要解决的是德国共产党。于是，纳粹制造了"国会纵火案"。这里有个特别有意思的笑话，发生在1933年2月27日，即希特勒上台不到一个月。这天晚上，国会议长戈林的副官上气不接下气地跑进戈林的办公室喊："部长先生，国会大厦着火了！"戈林看了一下表，吃惊地摇了摇头，说了一句："这么早？"作为国会议长，国会大厦着火了，你应该很着急地赶紧去救火，你冒出哪句也不该是这句。这个笑话说明，很多人心里已经认定，国会大厦的这把火，就是纳粹党自己放的。

不过，针对这个著名的国会纵火案，现在有另一种说法，说整起案件是前共产党员卢勃个人做的，跟纳粹、共产党都没关系，希特勒事前并不知情。但这也有疑问，那么大的国会大厦，那个年代又没有现代炸药，靠一个人就能把国会大厦点着了？这姑且算一家之言吧。

消除你的痛苦

对于国会纵火案，纳粹党进行了充分的利用。希特勒对现场采访的记者说："让上帝保佑这是共产党干的勾当。" 这说明，他还不敢肯定是共产党干的，只是希望如此。他接着对记者说："你现在看到的，将是德国一个伟大历史时期的开端。这场大火是个开端，如果共产党控制了欧洲，两个月，全大陆都会像这座大楼一样陷入火海。"

这件事就像共产党对巴本提的《不信任案》一样，给希特勒帮了大忙。他整垮共产党、社会民主党这些左翼政党的机会来了。希特勒借着这场大火，颁布了《国家紧急法》，又叫《消除国家和人民痛苦法》。那究竟怎么个消除法呢？就是取消《魏玛宪法》所赋予的公民权，公民权里所包含的言论自由、出版自由、通信和电话谈话保密、集会结社自由、私人财产不可侵犯等，通通都被取消了，你什么自由都没有了，你就不痛苦了。这让我想起了一件事儿，记得我小时候，老师上课时经常会贬损西方民主，那会儿觉得民主是资产阶级的东西，老师说："你看他们的选举什么玩意儿啊，把希特勒给选出来了。"

这个太保不一样

《国家紧急法》一颁布，人民的自由被剥夺了，德国其他政党的力量亦被削弱，这样纳粹专制统治就建立了起来。纳粹统治的一个突出表现就是，成立秘密警察组织，这个秘密警察组织被称作盖世太保。这个"太保"跟《水浒传》里的神行太保不是一概念，它就跟纳粹一样，是音译的。那这个盖世太保是怎么回事儿呢？

盖世太保由党卫军控制，是党卫军最著名也最骇人听闻的机构，同时也是纳粹党对本国人和占领国人民进行特务统治的工具。它最初被称为秘密警察处，随着纳粹统治全欧洲的需要，人数逐渐增多，到1944年盖世太保已有4.5万名成员，他们的职责就是镇压任何反对帝国的行为。历史上，所有的独裁政权都实行这种秘密的特务统治。党卫军还有一个安全情报机构，德文缩写是SD。SD有几万名职员，另外还有十多万名告密者。

党卫军的诞生

说到盖世太保，就不得不提到盖世太保的领导人，也就是党卫军的头目希姆莱。

希姆莱生于1900年，比希特勒小十几岁。他是一个没有领路人的追随者，一个孤独的探索者，一个被剥夺了大战机会的军校学生。后来他找到了自己的人生导师，这个人生导师就是纳粹冲锋队的领袖罗姆[1]。罗姆领着希姆莱参加过啤酒馆暴动，但希姆莱在啤酒馆暴动中是个很不起眼的小角色。啤酒馆暴动失败后，罗姆手下的1500名冲锋队员就变成了希特勒的私人部队。希特勒又从这1500人中招了120人做他的保镖，这就是党卫军的前身。

1925年，希姆莱加入了党卫军，他在党卫军中的证件标号是168。那时候，党卫军人员已经扩充了，这表明有167个人比他资格老，但后来他成了党卫军的领袖，因为他毫无过错，野心勃勃，而且为人古板，没有乐趣，很像典

---

[1] 德国纳粹运动早期高层人士。1919年参加纳粹党；1931年初出任冲锋队参谋长；1934年6月30日，党卫军在"长刀之夜"事件中清洗了冲锋队；1934年7月1日被枪决。

盖世太保是纳粹特务统治的工具，由党卫军控制

型的德国人，做事一板一眼，没有什么幽默感。他很快就在纳粹党中得到了希特勒的赏识，可能是他跟希特勒有过类似的生活体验吧。1936年，希特勒任命希姆莱为德国警察总监、盖世太保首脑，具体组织实施法西斯恐怖统治。

希特勒看出希姆莱是一个小心翼翼的办公室管理者、高效的文字专家，而且希姆莱很清廉，就靠工资生活，不像戈林那样奢华。希姆莱还非常崇拜希特勒，他跟希特勒坐一起的时候，只坐半个屁股，非常恭敬地拿个小本，把希特勒说的每一句话都记下来。所以，不管希姆莱和希特勒的助手们怎么争权夺利，他都从来不会对元首构成威胁。中国古代也一样，在皇帝眼中，忠诚最重要。你这个人贪污不要紧，你有短儿攥在皇上手里，皇上没准儿还愿意这样。就怕你一介不取，耿直廉洁，像岳飞那样，皇上拿你没辙。

希姆莱恰恰符合忠诚。到20世纪30年代初，希特勒就让希姆莱负责建立一支党的精英部队，一支在任何情况下都可以依靠的部队。为什么要这样做呢？因为原来的纳粹冲锋队已经不可靠了，冲锋队已发展到将近200万人，到处惹是生非，口碑极差。更关键的是，冲锋队不仅跟德国国防军不和，还跟工业巨头发生冲突，而这时候希特勒已经上台了，他认为冲锋队的历史使命已经完成。可冲锋队头子罗姆想搞"二次革命"，把工业巨头的命革了，但希特勒需要这些工业巨头的资金支持。

因此，希特勒要希姆莱脱离冲锋队，另立门户。希特勒在1930年就切断了党卫军跟冲锋队之间的组织联系，之后冲锋队的领导人便没资格再对党卫军发布命令。希姆莱聪明，立刻给党卫军设计了新制服，新制服是黑色的，银色的肩章、圈银边的领章，黑白对比非常漂亮。这成功地迎合了喜爱制服的德国人。这样一来，越来越多的人加入党卫军，一支新的纳粹准军事力量就这样建立了起来。

党卫军的人数，从1931年的2000人增加到1932年的3万人，而且不断有像年轻贵族这样的精英人士加入，这些人是希姆莱这支党卫军的骨干力量，比如威廉二世的皇太子就加入了党卫军。此外，还有受过良好教育的中产阶级加入，这部分人包括可以帮助希特勒使其统治合法化的律师，以及经济学家、工程师和其他下层社会中优秀的年轻人。这样，希姆莱的实力越来越强大。纳粹党掌权之后，接连不断的麻烦使纳粹党同冲锋队摊牌不可避免。作为总理的希特勒，无法再容忍冲锋队扰乱他的计划。

共和国名存实亡

1934年6月，希特勒通过希姆莱及其助手海德里希，制造了"长刀之夜"事件，以冲锋队即将发动政变为由，铲除了冲锋队头子罗姆，解散了冲锋队，巩固了纳粹党的势力。

党卫军完全取代冲锋队之后，盖世太保更加横行无忌，纳粹党的专制统治逐渐在德国形成。之后纳粹政府修改了《魏玛宪法》，通过一系列法令来剥夺人民的权利，取缔了其他政党和工会。这样剩下的唯一政党，就是纳粹党及其附属团体，共和国已名存实亡。

09. 哄你没商量

再也没人能管住他

在武力威慑下，希特勒导演了一系列相互配合的国民投票活动。通过这些活动，他实际上是想向德国人证明民主是多余的，应该从法律上剔除，只相信他希特勒的个人统治就行。第一次国民投票是在1933年11月12日，这是为了通过希特勒已经做了的一件事——德国退出国联①。这次投票，超过95%的德国人选择了同意。

在这期间，纳粹分子进行了疯狂的宣传，像往常一样，希特勒总是冲在最前面，他声称：只要所有德国人团结得像一个人，帝国就可以获得和其他国家一样的平等权利。而且，他用自己作为号召，说："接受我当你们的元首吧，我不属于任何阶级和团体，我只属于你们！"被群众的情绪所打动，帝国内阁通过了一项希特勒提出的法令，宣布纳粹党是德国的官方代表，从此德国成为一党专政的国家。

1934年8月2日，魏玛共和国的总统兴登堡病逝。按道理说应该选新总统，因为希特勒只是总理。可希特勒在8月19日，即总统病逝两周多之后，便要求德国人民立刻通过一项匆忙制定的法令，将兴登堡的总统职位跟希特勒的总理职位合二为一。纳粹党说服了兴登堡的儿子奥斯卡，通过广播向全国发表演说，敦促所有德国人投票赞同，把其父亲的职位移交给国家元首。奥斯卡本人也是支持纳粹的。第二天，8月20日，3800万德国人投了赞成票，同意希特勒做德国元首，德国在这时候才被正式称为"德意志第三帝国"，希特勒自称"德意志国家和人民的元首"。

这会儿再也没人能管希特勒了，他的独裁统治已完全驶入快车道。但这对于德国人来说没什么，反正他们已经习惯了。因为100多年来，德国就没有议会民主的传统，民主体制的削弱，对他们来讲，并不是那么可怕的事儿。

---

① 国际联盟的简称，是一战后成立的国际组织，旨在减少武器数目及平息国际纠纷。但国联没能有效地阻止法西斯的侵略行为，二战后被联合国所取代。

热火朝天搞建设

虽然希特勒鼓动得很到位，但德国民众也不傻，他们只是更现实。纳粹党能够上台，是借了经济大萧条、人民生活困苦的机会。你上台就得解决问题，光说不练可不行。

因此，希特勒当政之后，就开始不遗余力地讨好德国人。他着力于解决就业、经济发展和人民生活水平提高等问题，他最了解老百姓想要什么。纳粹上台之后，便把物价冻结在大萧条时的水平，防止了又一次通货膨胀。同时，希特勒大规模重建武装，一方面实现对军队和资本家的承诺，一方面为上百万失业工人提供了就业机会。兴建大型公共项目，这不仅可以提供就业，还可以让德国民众真切地感受到，国家正在发生一些激动人心的变化。

针对1929—1933年的大萧条，美国采取的是罗斯福新政，德国走的是法西斯道路。甭管罗斯福新政还是法西斯道路，有一点是相通的，就是国家干预。罗斯福新政是国家干预，希特勒这一套东西也是国家干预。

国家干预的结果很明显，我建立重工业，发展军事工业，不光需要人，还需要机器设备。这些东西虽然跟老百姓的生活没关系，可重工业来钱，造一艘潜艇多少钱，烤一个面包才多少钱？所以一大力发展重工业，工厂就活了，工厂活了就需要大量人力，需要大量人力老百姓就可以加入其中。光这还不行，我还要建机场，修高速公路。最令人称道的是德国修建了全国高速公路网，2000多英里，汽车可以以每小时50英里的速度行驶。希特勒还许诺给每个劳工家庭配一辆汽车，大众牌的，大众这个名字就是希特勒起的。

国家这样大力兴建各种项目，如果你还是找不到工作，那好吧，德国在扩军，你可以加入德国国防军。

通过这一系列运作，纳粹党执政后对国家治理的效果很快就显现了出来，一年后失业人数下降到300万，是原来的一半；到1937年，下降到110万；到1938年，基本上就没有失业工人了。纳粹党执政五年就解决了全民就业问题，而且劳动力供不应求，飞机、坦克、机枪成千上万地从德国的流水线上生产出来。当然，也生产了些高质量的照相机和玩具，你得满足人们的需要。

得到的好处多

其实，老百姓普遍有个认识——谁当皇上，我不是在家炒土豆丝呀，只要你能让我炒得上土豆丝就行。希特勒这时候不光能让你炒土豆丝，还能让你炒牛肉丝。希特勒的备忘录中记载，最引起他关注的，就是德国失业的劳工阶级。

希特勒把全国的工会团体变成了一个大团体，叫德国工人阵线，就是德国全国总工会的意思，任命罗伯特·李——这是一个极端纳粹分子——来管理工人阵线，他这名字有点像美国南北战争时南军总司令的名字。

罗伯特·李把自己扮演成穷苦农民的儿子，声称自己深知穷困和资本主义剥削给人们带来的痛苦，并承诺将为大众工作。他要求雇主不能再随便解雇工人。这是什么意思呢？意思就是任何一个老板，不经政府同意不能再解雇工人。这个买卖是你的，但用人权是政府的。德国工人阵线不是真正的工会组织，而是政府下辖的一个机构，级别可能是正部级。

德国工人一周的工作时间，由原来的60小时延长到了72小时，但很少有工人抱怨。因为工人那时候一周的平均工资达到了35马克。1932年领失业救济金的时候是每周7马克，现在是35马克，他们的收益涨了，得到好处了，当然没人抱怨。但是，工人工资总数中的一成半到三成半要用来缴税及缴党费，即便你不是纳粹党员，因为你要感谢纳粹党，也得缴。没有纳粹党，你能过上今天的美好生活吗？

但工人们还是觉得削减的部分很少，得到的多数是好处。另外，德国工会头子罗伯特·李经常鼓吹：人们精神的满足比物质的满足更重要。所以，希特勒政府就为人们提供一些精神方面的东西，比如延长工人的休息和娱乐时间，这是工人非常欢迎的。除此之外，纳粹党还能让人们去度假，去听音乐会，去看体育赛事和剧场演出，票价都十分低廉。欧洲人跟咱们可能不太一样，咱们过去温饱问题是最主要的，而欧洲人精神上的追求更多一点。怎样证明你是一个贵族？不是看你满身LV你就是贵族，你得欣赏得了歌剧，看得懂芭蕾。因此，欧洲即便是产业工人，在精神方面的需求也是很多的。在这种情况下，纳粹党给工人提供这些，工人当然非常高兴。

就是欺骗你

不过，羊毛出在羊身上，你以为都是低票价比赛、免费音乐会？哪儿那么多白吃包子的事啊，你要想上桌吃饭，就得下厨帮忙。实际上，这些成本都已从工人工资当中扣掉了，而且不管你愿不愿意参加。你说我不懂歌剧，那不管，票钱已经从你工资里扣了。纳粹党给这些活动做了个概括，叫"娱乐带来力量"！这些活动的覆盖面，到20世纪30年代末，已达到2500万人，德国当时的人口是6500万。

纳粹党所倡导的娱乐还包括坐游轮，德国的工人家庭可以坐游轮出去旅行。纳粹党提出消除所有阶级差异，将坐游轮又推向另一个高潮。怎么个消除法呢？就是乘客不论身份、地位，皆抽签决定你的舱位，这不像"泰坦尼克"号似的，贵族小姐在头等舱，小混混在末等舱，你所属哪个舱位，完全由抽签来决定。对工人来说，这最公平了，你抽到好签就可以坐头等舱。1934年5月1日，有个工人和海德堡大学校长一起驾着一辆四轮马车，奔驰在海德堡大街上。当时罗伯特·李就曾说，工人会看到我们在很严肃地对待"提升他们社会地位"这个问题。

但这都是假象，德国的新闻机构都受到严格控制，只准说好听的，不许报道负面新闻。比如纳粹党的《人民观察家报》告诉读者，捡垃圾的是劳动者中的贵族，理发师任务更艰巨。希特勒本人曾当过建筑工人，他表面上给人们尊严，实际上纳粹是在残酷压榨工人，压榨农民，但由于纳粹在宣传中将人们的地位抬得很高，这便使得工人、农民死心塌地，不知反抗地为纳粹党服务。纳粹党付出了一些蝇头小利，挠你最痒的地方，你最想要什么就给你什么，特别会挠老百姓的痒痒肉，但这实际上是欺骗。

10. 一切为了战争

遍地都是青年军

实施诸多措施后，德国的产业阶层已完全被纳粹党控制住。接下来纳粹党要控制的，就是国家的未来——青少年。希特勒曾毫不掩饰地说，他要依靠孩子们，来实现德意志的千年帝国梦。在希特勒当上总理之前，他就已开始讨好青年。1926年，作为一个还在考虑如何扩大本党影响的纳粹党领袖，他就批准在党内建立了一个叫"希特勒青年军"的特别组织。1931年，他把这个组织交给了一个名叫席拉赫的青年纳粹，当时席拉赫才21岁，很适合担任青年军首领。他出身于贵族家庭，从小在一种培养军事领袖的环境中长大，他妈是美国人，祖上参加过南北战争，还负过伤。

纳粹党一上台，1933年4月，席拉赫便带领50名希特勒青年军成员，向柏林政府进发，占领了政府办公室，并对那里的官员发号施令。这个出人意料的大胆行动，让席拉赫轻而易举地掌握了600万德国青年的资料。比如他们的年龄、背景、爱好，是擅长讨论宗教问题，还是擅长乐器演奏，或者擅长爬山，等等。这次行动发起之前，希特勒青年军只有10多万人，行动之后就变成了300万。当时，德国每个村子里都有纳粹党青年军的组织，一个城市或一个省区里有很多这样的组织。

对孩子进行洗脑

同时，纳粹党也实现了对教育的控制，这种控制连幼儿园都不放过。在德国的学校里，不管是谁，即使是年纪最小的孩子，他的一天也是从向希特勒敬礼开始。当时，德国内政部规定，学校在每堂课开始前，所有班级都要起立，老师要站在全班同学面前，高举右手喊："嘿！希特勒。"全班学生要回敬："嘿！希特勒。"当时，有位名叫加伦的主教，是个伯爵，在布道中反对希特勒对少年儿童进行思想控制。于是有人插话，喊道："一个没有孩子的人，怎么能有资格谈论青少年的教育问题呢？"加伦马上回答道："我不允许有人在我的教堂里，批评元首本人！"这样敢于含沙射影地揭穿希特勒，是需要很大勇气的，但事实上，谁也没能阻止纳粹党对教育的控制。

纳粹理论甚至还充斥到各门学科的教学中，连童话故事里都有。比如灰姑娘的故事被描述成，纯德国血统的女仆和异族继母之间史诗般的斗争，灰姑娘是德意志血统，她的继母老虐待她，为什么呢？因为她是异族，这样故事就变成了反抗外族侵略。灰姑娘为什么能够从她悲惨的命运中被拯救出来呢？因为同样拥有纯德意志血统的王子，凭着直觉，受到血的召唤，才把她拯救出来。连童话都被纳粹利用了，不过却很有效。

另外，在生物课上，德国学生还被教育——你金发碧眼，那就证明你是雅利安人，你比斯拉夫人和犹太人优越。但问题是，希特勒也是黑头发，希特勒不也可能有斯拉夫血统吗？这个他们视而不见。不仅如此，历史课中更是充斥着种族主义。老师教育学生说，德国历史上有一条连绵不断的线，从查理曼大帝延伸到弗里德里希大帝，再到阿道夫·希特勒——把希特勒的名字，跟德国所有伟大英雄的名字并排放。地理课则强调德国需要生存空间，我们需要向外扩张。

这还不算，最令人感到惊异的是，竟然连数学课上也充斥着纳粹的种族理论。比如说，有本小学数学教科书上问了这样的问题，一个家庭必须有几个孩子，才能确保德意志民族血统的延续。希特勒给出的回答是，得有四个孩子。还有一道题，说政府养一个精神智障人士每天花4马克，养一个瘸子5.5马克，养一个罪犯3.5马克。据准确的统计知道，德国境内有30万人在公共医疗机构接受护理，而每对夫妇结婚要借贷1000马克。如果不救助智障、瘸子和罪犯，那我们每年可以省出多少钱，来贷给需要贷款结婚的夫妇呢？算出这道题的答案需要一些时间，但这里面所隐含的意思，人们一眼就能看出来。

从小在这种教育环境中长大的人，纳粹理论和教条肯定会深入他的血液当中。希特勒当权三个月，就把德国所有年龄在10~18岁的青年，团结在希特勒青年军周围，男生要加入希特勒青年军，女生要加入德国女生联盟。年轻人要接受一套为了将来服务德国而从精神上、肉体上强健自己的课程。他们要在德国的边境森林安营扎寨，帮助农民收割庄稼，练习统一的步调，还要学会不断重复纳粹的口号：元首你是我们的领袖，我们以你为荣，德国是我们奋斗的目标。这才仅仅是开始，阿门。

培养目标很明确

希特勒青年军的数量，在1939年二战爆发时达到了890万人。不要小看这些人，很了不得，为什么呢？因为在纳粹德国，对于肌肉和臂力的训练要比智力重要得多。希特勒青年军也好，女生联盟也好，非常看中体育成绩。希姆莱从小体育不好，因此不能获得国家体育奖章，所以连希姆莱都曾拼命锻炼身体。纳粹非常看中身体的强健，希特勒曾说过："对智力的培养和训练作为次要目标，对于国家来说，一个智力平平但身体健康的人，要比一个受过教育但身体孱弱的人有价值得多！"元首不需要你思考，元首替你思考，你要身体健康，当一个合格的战士，这是最好的。

所以，希特勒青年军特别强调体能训练、肌肉训练。战斗游戏，这种训练时间很长，时不时就有野外训练和各种竞赛，使全德国希特勒青年军小组应接不暇。在各种竞赛中，优胜者可以获得奖杯、奖金、奖章，甚至可以面见一次元首本人——德国人很喜欢这一套。很明显，纳粹党这种有针对性的体能训练，目标就是要培养一批有朝一日能够集体为德意志而战的战争狂人！希特勒青年军有一句格言是这样讲的：让任何贬低我们集体的东西都灰飞烟灭！

而且，希特勒青年军开展的这些训练，都特别注重其潜在的军事用途。比如航海，全国范围的大航海，小孩会被带到离营地几英里远的地方，然后将你丢下，让你自己找路回家。到了后来，所有的希特勒青年军小组都成了德国正规军的分支，6.2万名希特勒青年军海军成员登上了海军的训练船。希特勒青年军的摩托车队大概有10万人，跟在纳粹突击队后面，在田野上呼啸而过。另外，还有7800名穿着整齐制服的青年，属于希特勒青年军的空军分支，他们制造飞机和滑翔机模型，在取得飞行员合格证之后，就开始驾驶轰炸机和战斗机，在空中自由飞翔。

德国人为何会打仗

德国人为什么那么擅长打仗？苏德战争爆发后，在东线如果干掉一个德国兵，就要死十个苏联兵。因为苏联兵很多没文化，没受过什么训练，甚至连枪都没摸过。在西线如果打死一个德国兵，可能要死两三个英美士兵。曾有人问蒙哥马利①元帅，以咱们现在的实力，特别是经济实力要比德国强大得多，可为什么咱们打德国还那么费劲，咱们死了那么多人，才将德国打败？蒙哥马利元帅说了一句名言："我们打仗是国家让我们打仗，他们打仗是因为他们爱打仗。"德国人不但爱打仗，还很会打仗。十几岁的孩子都受过严格训练，后来苏联红军包围柏林时，最小的反坦克火箭手才12岁，击毁了两辆苏联坦克。

除了军事训练，希特勒青年军还建立了50所学校，其中有31所是政治学院，这31所政治学院里面有28所男校和3所女校。这些学校专门培养未来纳粹的领导者，相当于纳粹的团校、党校，在这些学校里，最小的孩子只有10岁。在这种军事体制的管理下，课程包括对国家政治的思考。这些学校的学生还会被送往矿山、工厂工作，然后要求写一份报告，描述这个机构是如何运作的。如果你的孩子被选中上这种学校，那你无权拒绝——党挑中你，要培养你，这是你的荣幸，你不能不识抬举。曾有一个寡妇，拒绝校长推荐他的儿子去上这种学校，她马上受到了严厉的批评。对方威胁她说，你最好改变主意，你儿子并不是你的私有财产，他是德国人民的财产，不是你的，你说了不算。

到了20世纪30年代后期，希特勒青年军的训练就带有更明显的军事性。一个希特勒青年军小组的领导人曾说，我们想达到这样一个目标，我们用枪的手法能够像男孩子运用手中的钢笔一样自如，一个国家的人民每天花很多时间去研究书法，却不花一点儿时间讨论枪法，我们觉得这是件挺奇怪的事情。每一个德国士兵，在入伍之前就已是一个合格的战士，并且对入伍之后的集体生活、枯燥的军事训练非常适应。同时，希特勒青年军还有自己的机枪

---

① 蒙哥马利（1887~1976），英国杰出的军事家，陆军元帅。著名的阿拉曼战役、诺曼底登陆为其军事生涯的两大杰作。

学校，专门教男孩子们如何射击。战争开始后，15岁的男孩就要参加为期三周的野营，接受步兵训练，到后来，甚至不到10岁的男孩都要参加防空训练。到1945年时，曾有一个跟希特勒青年军炮兵对峙的美国军官回忆，说与其让他们投降，不如让这些男孩子战斗，直至死亡。他们已把纳粹教科书中极力渲染的法西斯教条深植于心，觉得自己一出生就是要为德意志而死。这个想法非常可怕，等于所有的青年人都被纳粹政权牢牢地控制住了。

这个部长会煽情

纳粹也很擅长对德国人进行思想控制。对人进行思想控制，首先就要剥夺人的判断力，在这个过程中，领导人的煽动显得尤其重要。而煽动是纳粹宣传部部长戈培尔①的拿手好戏，举个例子说吧：在德国全面战争开始前，他有一次演讲，历时2小时15分。戈培尔私下安排好了演说的每个细节，为他说的每句话精心设计了感情效果。他头顶上方悬挂着用巨大的黑字写的横幅"全面战争，最短的战争"。1500名听众从全国乘火车、飞机、汽车来到体育馆听他演讲。前排坐的是纳粹党和政府的精英，包括党的部长、大区的区长、政府的部长以及武装部队的指挥官，后面是戈培尔安排的来自德国各界的代表，比如艺术家、教师、工程师、办公室人员、零售商和普通士兵等。同时，他安排在东部前线受伤的老兵们以及护士，坐在演讲台前。这些老兵伤口处的绷带和护士们的红十字，在一排排黑色、褐色制服中显得非常抢眼。德意志的广播网络，已经准备好了向全德国每一个地区直播演说。

戈培尔的演讲重心，包括十个问答。这种方式使他能够很好地发挥演讲天

---

① 戈培尔（1897~1945），纳粹党宣传领袖，纳粹德国国民教育和宣传部部长，被认为是"创造希特勒的人"。

分，并使现场的观众情绪高涨。他首先说："我问你们，你们相不相信在元首和我们所有人的努力下，我们会赢得战争的最后胜利？你们是否决定为了争取胜利，愿与元首同甘共苦，甚至愿意承受最大的生活压力？"人们当然都说愿意，体育馆内回响着大家赞同的声音。然后他接着说："我问你们，为了最后的胜利，当元首命令你们每天工作10小时、12小时，甚至14小时、16小时时，你们会听从元首的命令吗？你们会竭尽全力吗？"众人再次回答："会的，我们愿意。"其实这帮人代表不了德国人民，他们只能代表他们自己。这时体育馆内旗帜飘扬，人们高喊"希特勒万岁"和"我们跟随领导人"的口号。

此时，戈培尔开始问那个最关键的问题："我问你们，你们要全面战争吗？如果这场战争比我们今天想象的还要全面、还要激进，你们还要它吗？"就这样，戈培尔问完了他的十个问题，人们站起来鼓掌欢呼。戈培尔说："你们告诉了我你们的答案，你们是德国人民的一部分，你们的态度就是德国人的宣言。"戈培尔用极具震撼性的话语进行总结，把群众的情绪带到了顶峰。他说："现在国家站起来了，冲啊！打破束缚吧！"当时一名德国记者说，如果戈培尔问，你们愿意去死吗？这些人肯定也会说愿意。几百万通过收音机听戈培尔演说的人，同样也激动不已。

11. 残酷迫害犹太人

鼓动人民反犹太

纳粹有了戈培尔这样的超级鼓动家作为宣传部长，那德国的外交政策也就可以更好地按希特勒的意图去制定。纳粹的对外政策就是希特勒的双重理论——种族论和生存空间论。种族论就是赤裸裸的反犹主义。

犹太人大概是世界历史上最命途多舛的民族，在历史上，他们不止一次亡国，亡国之后流散到世界各地。几千年来，他们保持着最独特的信仰——犹太教。他们认为犹太人（或称以色列人）是跟上帝定了约的民族，是上帝的选民，因此犹太人拒绝改宗教信仰，他们并不信奉基督教。而在中世纪的欧洲，全民几乎都是基督教徒，不信奉基督教，你在欧洲人眼里就是异教徒，你当兵、当官这些路都走不通，怎么办呢？只能经商，当时欧洲也跟中国古代似的，商人的地位不是很高。由于犹太民族命运太坎坷，他们觉得在哪儿都不安全，只有掌握财富才有安全感，所以他们一经商就拼命攒钱。犹太教有规定，犹太教徒之间借贷不能收利息，这样的话，那我就只能等非犹太教徒借贷时收高利息，其实这便是放高利贷。这就给人造成了一种印象，犹太佬特别精明，放高利贷，都吝啬，难以融合。这种印象加深了欧洲基督教徒对犹太人的仇恨，异教徒发了财，你说有天理吗？异教徒发了财之后还那么抠，为富不仁，这简直是世间最操蛋的事儿！这样一来，矛盾越来越尖锐，越来越激化，尤其在经济危机的时候。

纳粹党巧妙地利用了这一点，把仇恨引向了犹太人。实际上，1933年纳粹在德国掌权时，德国人口是6500万，犹太人还不到1%。但纳粹宣传说德国拿犹太人没办法，每一个阴谋后都有犹太人的身影，甚至一战德国投降，也是犹太人干的。犹太人控制了国际金融网络，使德国陷于贫困。纳粹分子还说，犹太人在肉体上都是令人厌恶的，他们淫秽，性欲旺盛，是生命的低级阶段，使我们心爱的德国人民成为奴隶。希特勒在国会公开就这么讲："犹太寄生虫利用我们的怜悯对国家进行掠夺，我们的人民因为这个种族的存在而陷入不幸。"戈培尔更直截了当地说："犹太人应该对所有的事情负责。"

为了对付犹太人，戈培尔的宣传部起了很大作用，他利用广播、电视、电影，甚至小人书、宣传画、传单进行鼓动，哪儿有问题哪儿的犹太人就应该被抓起来。有个笑话——要求抵制犹太商店的代言人尤里乌斯·施特赖歇尔，收到一封从北方小城发来的电报，上面写道："立即派遣犹太人来，否则无法进行抵制！"

　　虽是笑话，但足以说明纳粹迫害犹太人到了何种程度。他们为此还专门拍了一部电影叫《犹太嫌疑犯》。影片结尾，老百姓对犹太人执行了死刑，这等于是鼓励滥用私刑。这部电影在德国取得了巨大的成功，老百姓被忽悠起来了。1940年9月上映后，到了圣诞节，这部电影在柏林66家影院都已播映过。

水晶之夜并不美

　　随着希特勒权力的膨胀，反纳粹立场以及犹太裔的记者和编辑被逐出了新闻业。野蛮指责犹太人的出版物充斥着各个报亭。到20世纪40年代，纳粹老兵、希特勒的老连长马克思·阿曼领导的帝国新闻院，控制了德国70%的出版业，就连儿童读物中也充满了仇恨。在这些读物中，日耳曼人被描述成了强壮、金发碧眼的幸福的人，犹太人则水肿、黝黑、满腹祸心，是帝国最大的恶棍。

　　1933年4月，希特勒刚刚掌权三个月，纳粹就发布了一项法令，要求所有非雅利安人都退出行政事务。这是即将到来的大屠杀的一个预兆。此后，犹太人被有系统地剥夺了工作和财产。忍受暴力和残忍行为，成了他们日常生活的一部分。他们做礼拜的地方被玷污，他们的商店被洗劫，老人和年轻人被拳头、棍子打翻在地，妇女光天化日之下在大街上被调戏。一些悲观的犹太人逃离了德国，但乐观的犹太人怀着对上帝和祖国的坚定信仰，希望能够平安地躲过纳粹的迫害。不幸的是，他们大部分都死于随之而来的大屠杀，在焚尸炉里化为一股青烟。

对德国的犹太人来说，1938年11月9日是一个转折点，纳粹对待他们的方式，从压制性立法升级为有组织的暴力活动。纳粹领导人以一个犹太难民杀死了一名德国军官为借口，命令下属疯狂报复。那天晚上到次日凌晨，纳粹暴徒洗劫了所有的城市、市镇、村庄，有系统地破坏了犹太人的财产，亵渎、洗劫了191所犹太教堂，放火烧了171处公寓楼，抢劫了7500家犹太人的商店和工厂，犹太人总计损失了2500万马克，约合1000万美元。犹太人遭受了鞭打折磨，2万人被捕后被送到集中营，100人被打死，不计其数的犹太妇女被强奸。暴乱之后，德国城市的街道洒满了玻璃门的碎片，在夜色的映照下，闪闪发光。德国人把这场杀戮戏称为"水晶之夜"。

在纳粹迫害犹太人的过程中，我们也不该忘记那些犹太人中的败类。阿斯诙尔教授和科曼教授（犹太人协会的两位领导人）就是其中的代表。据说，他俩被叫到纳粹头子那儿，纳粹头子通知他们说，犹太人将被送到毒气室毒死。这俩教授听说后提出的第一个问题是："是你们提供毒气，还是由我们来办？"

12. 壮着胆子进军

重新武装德军

纳粹一方面宣扬种族论，迫害犹太人；另一方面扩军备战，要把失去的地盘夺回来。1935年3月16日，希特勒正式废止了《凡尔赛和约》中关于禁止德国军队复活的内容，宣布实行义务兵役制。从1918年以来，德国一直秘密经营，以体育活动、业余飞行俱乐部这些形式出现的德国军队开始重新武装。希特勒确信，凡尔赛诸国不会对他采取任何行动。对于对重整军备感到警觉的人，希特勒发表了一个演说，实际上就是欺骗。

他说，作为德国荣誉和利益的保护者，德国政府希望拥有足够的实力，不仅能够维护德意志帝国的完整，而且能够获得国际社会的一致敬意，并共同保护广泛的和平。因为在这个时刻，德国政府比全体德国人民，甚至比整个世界都早一步觉醒，他坚决保证绝不超出保卫帝国荣誉和自由的界限，特别是绝不会为制造一场即将来临的战争而重新武装德国。相反，他这样做是为了维护和保卫世界和平。希特勒说："通过重新武装，德意志帝国政府表达了一个满怀信心的希望，即重新获得荣誉的德意志民族，能在独立平等的基础上，有权在与其他国家自由和开放的合作中，创造出一种有利于世界和平和稳定的环境。"

这年的11月1日，希特勒要求所有1914年出生，21岁，身体健康的男性公民全部参军。义务兵役制的时间是12个月，志愿兵役制时间更长，犹太人被排除在义务之外。按照新的计划，德国军队拥有36个师，原来《凡尔赛和约》规定的是7个师，10万人，现在是36个师，55万人，而且未经国联同意。

一生最紧张的时刻

德国不仅重新武装了德军，还恢复了《凡尔赛和约》中禁止的四种武器：坦克、重炮、飞机和潜艇。虽然当时德军还远远没有准备好，还不具备发动战争的能力，但军队的训练如火如荼，看当时的纪录片，德军士兵所有的技术动作都非常熟练。

一年之内，德国的飞机产量就超过了英、法两国之和，希特勒准备让他的这支新军去试一试。怎么试呢？他让德军进入一战后被划为非武装区的莱茵地区。希特勒这么干是很冒险的，他的军队还不是英、法军队的对手。莱茵地区虽然被看成是德国的一个重要组成部分，但根据《凡尔赛和约》，它被非军事化处理了，特别是法国非常害怕在紧挨着法国边境的德国土地上出现德国军队。如果希特勒派军队进驻莱茵，这不仅是对《凡尔赛和约》的侵犯，而且也违背了《洛迦诺公约》。《洛加诺公约》是1925年前由德国跟英、法、比利时、意大利签订的。

因此，当希特勒准备进军莱茵时，有人警告他说，法国会强烈反对莱茵地区的重新军事化，这是《凡尔赛和约》禁止的。但希特勒听完之后说，法国是不会移动一英寸的。实际上，希特勒看穿了凡尔赛国家的色厉内荏。不过，在希特勒命令军队进入莱茵地区之前，他跟那支部队的指挥官讲，如果对面的法国人动手了，你就撤回来。为什么呢？因为他派去的是三个营1000多步兵、骑兵，而莱茵河对岸的法军有23个师，600辆坦克，一旦法国人动起手来，这支小小的德军就会灰飞烟灭。但法国没动手，希特勒说，他戳穿了纸老虎的面目。

后来，希特勒跟他的副官霍斯巴赫上校谈到这事儿。霍斯巴赫回忆说，希特勒讲，下达进军莱茵命令之后的24小时，是他这一生当中最紧张的时刻，他不止一次地跪下来，祈求上帝显灵保佑他。结果上帝真的"显灵"了——打这以后，希特勒对外扩张的野心大增，步伐也迈得更大。

战争就是这么回事儿：
袁腾飞讲二战·上

第三章

臭味相投俱独裁

（意、日、西班牙法西斯化）

在整个人类历史上，对人类威胁最大的就是那些自认为在做好事的人。

——题记

01. 这哥们儿喜欢暴力

父亲对其影响大

俗话说一个好汉三个帮，同理，一个浑蛋也有几个相好的。前面讲过了希特勒，那咱们现在就来说说墨索里尼。谈起法西斯专政理论，这哥们儿才是鼻祖，建立独裁政权也比希特勒早。

1883年7月29日，墨索里尼出生在意大利弗利省普雷达皮奥区，这是个远离铁路线的贫穷地方。墨索里尼家住在这个地区多维亚村一片高地上的旧石房子里。这房子两层，楼上住人，楼下是他父亲老墨索里尼的铁匠铺。他父亲是个铁匠，母亲是位老师。

不可否认，人的性格是有遗传的。老墨索里尼具有极强的叛逆心理，崇尚自由，且本能地信奉无政府主义，由于经常发表对社会不满的言论，他曾被关进大牢三年。虽然穷，可老墨索里尼乐于接济朋友，把钱看得很淡，所以他人缘特好。再加上他慷慨激昂，富有煽动性，因此在家乡小有名气，还被选为当地的社区议员。

正因如此，老墨索里尼把自己接触和主张的思想，不加筛选地灌输到儿子脑袋里。墨索里尼后来说过，父亲对他的性格及信仰影响很大。

坏小子被劝退

墨索里尼从小喜欢读书，尤其是历史书，他崇拜历史伟人，母亲将其送到了教会学校。但墨索里尼不太喜欢那里，他因拒绝早晨起床后做弥撒而遭到惩罚。更让墨索里尼不能接受的是伙食的差异，这所学校虽是慈善机构，但在伙食上分上、中、下三等，不同等级菜品不同。墨索里尼家穷，吃下等饭，而且三个等级各自吃饭，不能在一起。上帝面前人人平等，在这所教会学校不适用。这让墨索里尼很早就感受了人间的虚伪与不平，他心中感到愤懑。在这种环境中，要想磨炼出崇高的人格，确实是强人所难。

墨索里尼觉得自己受到了不公正待遇，于是选择了退学。实际上，他选择退学还有别的原因。他从小便有恶霸情结，喜欢以大欺小，谁要敢冒犯他，他绝对不会手下留情。老师讲的那些课，他也不爱学，相比之下，他更喜欢在校园里欺负同学。这就是说，他虽受到过不公待遇，但也有可恨之处。因此，他在学校里过得不愉快，不愉快的原因，不仅仅是吃饭问题。

据说，他用小刀刺伤了一名同学。刺伤同学之后，学校容不下这样的坏小子，就让他退了学。后来他转到另一所学校，还是改不了称王称霸的流氓本性，又用小刀刺伤了一名同学。不知道意大利的特产是不是刀，反正他经常拿小刀刺伤同学，别人用刀削铅笔，他用刀削同学。几次退学，给他心理造成了严重伤害。其实，他跟希特勒一样，从不反思自己有问题，总觉得社会对他不公。墨索里尼退学之后，给世界留了一句豪言壮语："我要让这个世界因我而颤抖！"别看我今天被你们劝退，早晚有一天，你们会对此感到后悔的。

本性不改很好色

墨索里尼回到了铁匠铺，这时他们家经常来一些戴着加里波第式帽子的革命者，他留意听父亲和他们讨论政治问题。他看到，意大利自统一后便开始滥用财政收入，穷兵黩武，对外掠夺殖民地，人民生活水平和统一前没啥区别，人民的不满与日俱增。当时的墨索里尼认为，不管是巴枯宁、马志尼还是马克思的思想，只要能帮助工人们把意大利变成社会主义国家，他就拥护。

墨索里尼这算是上了"社会大学"，社会比50所大学教给他的东西还多，

谈起法西斯专政理论，墨索里尼才是鼻祖

但他不愿干体力活儿，不屑做那些收入微薄的工作，因此他屡屡逃避劳动，后来他在别的地方工作时也经常被雇主解雇。不过，墨索里尼倒长得一表人才，身体也很好，经常勾引良家妇女。他将这个嗜好一直带进了棺材，他的情人们临死前还在为他争风吃醋。对于这一点，他就不像希特勒。希特勒不怎么近女色，除了狂恋过外甥女之外，后来喜欢的就只有爱娃[1]。墨索里尼跟希特勒的相同点，就是都对艺术感兴趣，希特勒爱画画，墨索里尼爱写文章，他很喜欢写，经常往报社投稿。随着社会动荡，他家乡失业的人越来越多，老有些为躲避抓捕逃到老墨索里尼铁匠铺的人。墨索里尼这时已长大，获得了小学教师资格证，但他还是找不到工作。当时，意大利有上百万人移民到了南美洲和美国。墨索里尼觉得在家乡壮志难酬，也决定出去闯一闯。

组织石匠们罢工

1902年，19岁的墨索里尼到了瑞士。当时瑞士随处可见来自意大利的移民，穷国来的移民很受当地人的歧视和虐待——这些人在国内受同族人欺负，心里不好受；在国外受外族人欺负，别是一番滋味。那时意大利是穷国，不像今天，北非国家的一些人，老往意大利偷渡。

墨索里尼经常栖身于当地意大利人开的俱乐部，当有人问起他在哪儿工作时，他说："我干过的活儿太多了，铁匠、推车工、修理工……不过目前尚无合适的工作。"但是，当大家把话题引到社会运动方面时，他便如鱼得水，侃侃而谈："平等与民主是人类的错误观念，一旦推行起来，个性的发展必然受到影响，这也就是说，平等与民主是会抑制个性发展的。"墨索里尼反对全民政治，热衷于独裁专制。他的慷慨陈词居然打动了很多听众，大家推举他为

---

[1] 爱娃（1912~1945），出生于德国慕尼黑市，是希特勒的专用摄影师，后来与希特勒发展成恋爱关系。

"洛桑建筑工人及手工业者协会秘书长"。每当一幢大楼竣工时，大家都请他到楼顶插旗帜，以示竣工。看着楼下狂欢的人群，墨索里尼尝到了受人崇拜的滋味。

1903年，墨索里尼将瑞士伯尔尼的石匠们组织起来，举行了一次罢工。警方出动大批警力，才将罢工平息。警察逮捕了一批活跃分子，审问他们这次罢工的组织者是谁。墨索里尼在慌乱中逃往了苏黎世，在那里的咖啡馆他又找到了感觉，苏黎世是当时欧洲各国革命者经常出入的避难场所。在那儿，墨索里尼才华渐露，被聘为流亡者和革命者办的《前进报》的编辑。1905年，意大利国王曼努埃尔三世宣布实行大赦，逃亡者可以回国，不再受惩罚，但条件是必须参军。墨索里尼这时才返回家乡，应征进入意大利第10特种兵团。

02. 向罗马进军

我拒绝死亡

在军队里，墨索里尼刻苦训练，跑步和跳高成绩优秀。1906年，墨索里尼服役期满，退役后成为小学教师，两年后他到了一所高中教法语。在这期间，他又组织过工人运动，积极投入社会党的活动，担任左翼报纸主编。1911年，意大利出兵占领利比亚的的黎波里。令人惊讶的是，当时的墨索里尼反对这种侵略行径。他说："入侵利比亚只意味着愚蠢和无谓的流血！白白浪费人力和财力，破坏欧洲和平，好处何在呢？利比亚是个什么鸟地方？是块不毛之地！是一片沙漠，政府吞并它想干什么？没人知道，甚至连政府自己都不知道。"墨索里尼不仅只是说说，他还和战友带领群众到火车站阻止军用列车开行，结果遭到警察镇压。墨索里尼在混乱中被砍伤，还被监禁了五个月。

当他出来后，妻子雷切尔要他答应以后别再闹事。他说："你还不明白吗？雷切尔，革命对我来说不是一种选择，而是我的命运！"1914年，墨索里尼领导了著名的"红色周"罢工，赢得了"红色周的列宁"称号，还被选进了米兰市政委员会。

同年，一战爆发。墨索里尼在报上撰文鼓吹战争。跟那些吹鼓手不同，墨索里尼自己还走上了战场。1917年2月22日，一门已经烧得过热的迫击炮在发炮时，炮身爆炸，当场炸死5人，多人受伤。墨索里尼被崩出好几米远，衣服几乎被炸光了。当战地医院的医生议论他的死亡时，他说："不！我拒绝死亡！我要活着，死亡不是我的命运！"最终，墨索里尼忍受了27次手术，活了下来。国王来到前线视察时，还看望了他，这让他感到十分荣幸。这时候，他的思想开始跟社会党出现裂痕。

向罗马进军

一战结束后，意大利是所谓的战胜国。虽然墨索里尼念念不忘重振昔日罗马帝国的雄风，但战后意大利政局动荡不安，物资奇缺，大量退伍老兵找不到工作。墨索里尼看准这机会，抬出"阵亡将士"的灵牌，指出"我们从前线归来而没有死的人，有能力有资格问鼎意大利的最高统治权"。在他的蛊惑下，一批亡命的退伍军人被煽动起来，聚集到他的麾下。

1919年3月23日，墨索里尼在米兰成立了一个叫"战斗法西斯"的组织，意欲振兴意大利，使其重获古罗马帝国的荣耀。"法西斯"一词，原意是指古罗马官吏外出巡视时所执的象征权力和威势的大棒，这种大棒中间插着一把斧头。"战斗法西斯"组织的成员都穿黑衫，又名黑衫党。墨索里尼说："黑衫是吃苦耐劳的标志。"他叫嚷：打倒一切政党，把自由主义、民主主义和布尔什维克一起清除掉。

"战斗法西斯"组织成员多半是失业的退伍军人，其中包括法西斯主义哲学家邓南遮的信徒，起初只有四五十人，到1920年时也不过150人。随着意大利国内形势的发展，该组织得到了统治阶层的资助，人数急剧增加。到1922年，法西斯党徒已达32万，基层支部遍及全国。在这期间，他将"战斗法西斯"组织更名为"国家法西斯党"，并建立起党内的个人独裁。

1922年6月，国家法西斯党公开与王国政府抗衡，宣布要夺取国家政权。墨索里尼在一篇文章中宣称："法西斯起义是不可避免的。"同年10月，法西斯代表在那不勒斯召开大会，这是夺权之前的动员大会。在会上，墨索里尼宣布："不管是政府给我们权力，还是我们去夺权，我们都要向罗马进军。"他公开要求首相一职，声称"法西斯主义者不想从奴隶的门走向权力"。

墨索里尼的黑衫党按军队形式编制。1922年10月28日，法西斯四巨头分别率领四个军团向罗马进军，墨索里尼自任最高指挥。其实，这支军队更像散兵游勇，很多人根本就没有武器，但还是进展顺利，沿途没有遇到真正的抵抗。此时，意大利的金融集团、上层贵族渴望结束混乱局面，寄希望于墨索里尼，王室重要成员也支持他。11月2日，意大利国王召见墨索里尼，请他组阁，并与他一起检阅进入罗马的法西斯"军队"。

新经济进程

1922年11月3日，墨索里尼组成新内阁。他深知法西斯党立足未稳，因此在新内阁中并未全部安插法西斯党徒。他还起用了包括左右翼其他党的成员，部长的任命也兼顾了其他党派。但这只是权宜之计，最终他连议会都取消了。墨索里尼上台后，制定了一系列迎合王室和统治阶层的内外政策。他宣布实行"新经济进程"，大力压缩政府开支，以便使大量资金用于工业投资。在军事上取缔党派武装，建立法西斯民兵，为集党政大权于一身，他建立了"法西斯大委员会"。

为了笼络工人，墨索里尼提倡翻修道路，架设桥梁，兴办学校，开设医院，建造低价的房舍以及扩大工厂。不到几年光景，意大利铁路就实现了现代化运输，粮食产量也逐年提高。他提议整顿社会治安，搞好房屋建筑规划，加强卫生设施及兴修水利等。墨索里尼这些为社会谋福利的开创性举动，为后来不少民主党派所效仿。

建筑师受尊敬

在墨索里尼时代，尽管很多人遭到了迫害，但建筑师是一个受人尊敬的独特群体。二战期间，大多数建筑师都没逃到国外，而是留下来参与法西斯政权的建筑项目。"御用建筑师"及其同事们，共同设计了墨索里尼的新城镇，为他在利比亚、索马里和埃塞俄比亚修建了殖民地风格的小社区，在意大利各个城市建造了党部大楼。

墨索里尼还准备修建一座属于自己的宫殿——威权大厦，同时将其作为法西斯党总部。大厦计划坐落在圆形斗兽场的对面。墨索里尼为此曾发起设计大赛，也得到了很多设计方案。这些设计方案相对于希特勒的总理府来说，更为现代，但其所表现的气质，与德国纳粹建筑一脉相承，都表达了一种威慑和领导者对个人征服成就的渲染。

创办电影节

1932年，墨索里尼在水城威尼斯创办了世界上第一个国际电影节——"威尼斯国际电影节"。威尼斯国际电影节至今还在举办，如今它的目的已转换为促进电影工作者的交流与合作，促进各国电影事业的发展，为发展电影贸易提供方便。威尼斯国际电影节比戛纳电影节早14年，比柏林电影节早19年。

墨索里尼喜好女色，共有14个情人。然而他在世时发出的最后一封信，是寄给他妻子的，说妻子才是他唯一真正爱过的女人。其实，相对于妻子来说，他更热爱对外扩张和侵略。

03. 要权谋超一流

为了梦想去打仗

1935年10月，墨索里尼悍然发动了侵埃战争，此时意大利已占领了埃塞俄比亚（当时叫阿比西尼亚）东面的索马里和北面的厄立特里亚。现在，它希望迅速占领埃塞俄比亚，控制红海这条战略交通要道。

当时的意大利虽然不能与德国相比，但对于埃塞俄比亚这样一个几乎还处于原始社会的封建王国来说，无疑是一个巨无霸。它拥有当时先进的现代化武器，有大量飞机、坦克和装甲车，而埃塞俄比亚连统一的军队都没有，只有属于海尔·塞拉西皇帝的卫队和各封建领主的私人军队。他们的武器主要是原始的长矛、弓箭、棍棒和少量枪支。力量对比如此悬殊，难怪墨索里尼狂叫："惩罚这些非洲蛮子，给他们点颜色瞧瞧！"

其实，意大利要打埃塞俄比亚，不是因为那里矿产资源丰富，也不是因为那里有石油，而是因为墨索里尼渴望能实现他恢复大罗马帝国的梦想。这场战争，说白了就他一个人想打，对其他人来说都是浮云。当年罗马帝国的辉煌就是击败了非洲的腓尼基人，所以他觉得自己也应该这么干。

墨索里尼想打非洲，当时非洲只有两个独立国家，一个是阿比西尼亚，一个是利比亚。利比里亚是一些美国黑人回到家乡建立的，和美国关系比较亲密。利比里亚的首都叫蒙罗维亚，说是为纪念美国第五任总统门罗。国旗也是星条旗，不过只有一颗大星。因此，这块地盘有美国大哥保护，没人敢惹。而埃塞俄比亚则没人保护。1896年，意大利远征军进攻埃塞俄比亚时被击败，颜面扫地，忍了40年，这一次又卷土重来。

就怕别国不同意

不过，埃塞俄比亚当时是一个独立国家，意大利想打，恐怕其他国家不答应，比如说怕英国、法国不同意，另外怕德国也不同意。当时德国和意大利虽然都建立了法西斯专政，可毕竟没有结盟，还有矛盾。在这种情况下，如果墨索里尼想在非洲扩张势力，肯定会影响到英、法两国的利益。英、法两国虽然经历了一战，元气大伤，但对付意大利还是绰绰有余。英国的地中海舰队就可以轻而易举地把意大利全国的军舰击沉到地中海里。法国陆上优势更明显，法国陆军当时号称欧洲第一，虽然对付德国不够，但对付意大利这种逢战必败的对手，绝对有把握。世界上没有几个国家是意大利能够战胜的，它连1896年的埃塞俄比亚都打不过。

另外，就是背后还有一个不知什么时候就要撸胳膊挽袖子出手的德国。德国觉得一战时意大利跟它结盟，后来却叛变，虽然意大利逢战必败，是负资产，但德国人毕竟面子上挂不住。一战之后，强大的德意志变成战败国，狗屁不是的意大利却成了战胜国。而且，意大利还真以战胜国自居，一点不见外，居然认为它对奥地利负有保护义务。当时，德国处心积虑地想吞并奥地利，意大利竟恬不知耻地把奥地利当成自己的势力范围，因此德、意两国是有矛盾的。

哄得法国团团转

鉴于以上情况，如果墨索里尼在非洲冒险，便会遇到这三强的联合抵制。但墨索里尼见招拆招，他治国是三流的政治家，打仗是不入流的军事家，可搞阴谋绝对一流。他知道，英、法两国跟德国矛盾更深，所以他就跟法国勾勾搭搭，法国果然上当。1935年，法国外长赖伐尔——二战时"维希政府"总理、著名的卖国贼——到了意大利，跟墨索里尼签订了一份《罗马协定》。赖伐尔这人天生就是一个卖国坯子，具有一切卖国贼应该具有的必备条件。他遇到了老奸巨猾、权谋一等一的墨索里尼，能是对手吗？法国派赖伐尔跟意大利谈判，能落个好吗？谈的结果，是法国人凭空给墨索里尼送上了一份厚礼。

签署《罗马协议》之后，法国人从意大利人那儿得到的就是一个承诺：一旦德国打法国，意大利会援助。虽然这个承诺被写到了纸上，但墨索里尼这样的人翻脸比翻书还快，想反悔就是几分钟的事，根本信不得。墨索里尼很了解女人，他把对付女人那套东西，全用在了对付法国外长上，一下凭空从法国人那儿捞到不少好处，其中最重要的一项就是法国人默许他对埃塞俄比亚动手。不但如此，法国人还把法属西非11万平方公里的撒哈拉沙漠让给了意大利。另外，把跟意属厄立特里亚接壤的一小块法属索马里土地也割给了意大利。法属索马里的吉布提港、通往埃塞俄比亚首都亚的斯亚贝巴的铁路20%的股权也给了意大利。

国联就是个摆设

从法国那儿，意大利赚了个盆满钵满，墨索里尼心里肯定特别感谢好邻居德国，挨着一个又浑又横的国家真好，自己可以火中取栗。由于德国威胁到了英、法，英国跟法国态度一样，将德国看作主要威胁，对于意大利进攻一个遥远的、没有直接利害关系的非洲国家，直接装聋作哑。搞定英、法之后，剩下的就是中看不中用的国联了。

墨索里尼觉得国联绝对不会插手，为什么呢？有参照物，那就是中国。小日本发动"九一八"事变进攻中国，国联都无所作为。中国是比埃塞俄比亚强大得多、重要得多的国家，连这样一个国家遭到了侵略，国联都置之不理，意大利觉得，自己侵略一个由非洲土著组成的国家，国联肯定也不会管。

没有了这些顾虑，意大利军队就要大打出手。墨索里尼在非洲画了一个圈，意大利奔着这个圈就扑了上去。在墨索里尼看来，我一个现代化的资本主义国家，不可能输给一个还处在部落时代的非洲土著国家，但这个还真不好说。

1935年10月，装备了各种新式武器的30万意大利军队，兵分三路，发动了对埃塞俄比亚的进攻。

04. 成了一个大包袱

对比真鲜明

在埃塞俄比亚与意大利这场力量悬殊的较量中，埃塞俄比亚人民表现出了英勇无畏的品质和崇高的自我牺牲精神。埃塞俄比亚大部分地区水源短缺。牧民们就把水装在皮袋里，穿过干旱的沙漠把水运到兵营，自己却常常因干渴而晕倒在路上。青年学生们走上街头进行宣传动员；妇女们组织了红十字协会和妇女协会，运送伤员。一些封建庄园主也拿出钱来，向国外购买武器、弹药和粮食，支援前线作战。有段记载非常感人，有个埃军的士兵身负重伤，他说："我快要死了，鸟儿会把我的尸体吃掉，但我并不感到痛苦，因为那是埃塞俄比亚的鸟呀！"由于埃塞俄比亚军民的顽强抵抗，墨索里尼速战速决的计划完全落空了。

相比于埃塞俄比亚人的浴血奋战，意大利士兵的表现则能让人乐掉下巴。墨索里尼非常信任自己的士兵，首相不信任自己的士兵，这事儿还能办吗？可意大利军队未必能达到墨索里尼所期望的那种程度。意军虽然装备先进，人数众多，但军纪涣散，兵无斗志。在意大利军营里，士兵们每天雷打不动的事儿不是操练，而是喝下午茶，必须喝下午茶。即使在最艰苦的前线，士兵们正餐也要吃调料齐全的意大利面，吃不到意大利面，意军就没有战斗力。

据说，为了筹备这场战争，意大利人准备得最多最好的物资不是枪炮弹药，而是红茶和红酒，意大利面不能干吃，得就着红酒吃。当然，也不能说意军士兵上前线是为了享受，但战场是玩命的地方，你要吃得这么好，除非你有极其强大的运输能力。

记得看过的1965年拍的电影《坦克大决战》，表现的是阿登战役。其中有一个镜头是这样的，一位德国装甲旅的上校缴获了一辆美军指挥车，他看到里面有一块生日蛋糕，一看日期是三天前洛杉矶生产的，那位上校就说，这场战争德国必败。为什么呢？因为人家连蛋糕都能运来，枪炮子弹显然运得更多。但如果用这个思维来看意大利人，那你就错了。你一看意大利人运蛋糕来了，赶紧打他们，灭了他们！为什么？他们不运枪炮子弹，光运蛋糕。意大利运输物资不靠卡车，靠骡车，还处在骡马化时代，骡子拉炮弹多沉啊，还不如拉红酒轻点。所以，意军到那儿根本不是去打仗的，是到那儿去打扑克、煮咖啡的。

占领埃塞俄比亚

综合以上种种情况，虽然意大利装备上占优，但仗打得并不顺，打了近一年。不过，对于埃塞俄比亚这种非洲部落国家，意大利毕竟显得很强大，特别是英、法对这场战争还不干涉，这等于纵容法西斯。墨索里尼说，他最担心的是英国关闭苏伊士运河。如果运河被关闭，意军就得绕道好望角才能增援前线，这样时间会增加两三个月，而通过苏伊士运河，意军随时都可以扑向埃塞俄比亚。

再一个就是没有实行石油禁运。埃塞俄比亚的战马不需要石油，可意大利的飞机、坦克、卡车都需要石油，如果英、美等西方大国对意大利实行石油禁运，意大利这些天上飞的、地上跑的、海里游的就全动不了了。因此，在这场侵略战争中，墨索里尼将自己的两个儿子和女婿齐亚诺[①]伯爵都送去当飞行员，当时他最小的儿子才17岁。墨索里尼为什么这么做呢？因为没危险，你开着飞机随便飞，绝不会掉下来，除非你自己飞到海里去，除此之外绝对不会被人打下来，所以他才敢让自己的孩子们去作秀。

因此，埃塞俄比亚人民尽管英勇善战，艰苦卓绝，但西方大国搞绥靖政策，造成了他们的困难。美国更是宣布中立，不向交战双方出售武器。乍一看挺正义，比如一个国家爆发内战，你不能向交战的双方出售武器，出售武器等于出售死亡，这是对的。可问题是战争总有正义和非正义之分。在强弱不对等的情况下，你如果不向正义的一方出售武器，你就相当于援助了非正义一方。再说，意大利不用你卖它武器，它自己都能生产，就算质量差点，对付长矛弓箭总还管用。可埃塞俄比亚急需武器援助，但却得不到。所以埃塞俄比亚很困难，困难到了什么程度呢？据说，意大利的飞机超低空轰炸，因为不用担心会遭到埃塞俄比亚高射炮的反击——埃塞俄比亚没高射炮这玩意儿。轰炸之后返航，飞机一落地，飞行员发现飞机翅膀上居然插着几支箭。那会儿飞机也是木头的，外面包着层铝皮或帆布，意大利人发现飞机上插着箭，这说明什么呢？箭都能射到飞机，可见飞机飞得多低多慢。如果当时埃塞俄比亚士兵手里有步枪，就能把飞机揍下来。可他们连枪都很少，做不到人手一支。只是皇帝的卫队有点炮，据说德国不知道出于什么动机，援助给埃塞俄比亚十多门PaK35反坦克炮，拿它打意大利那种薄皮大馅、跟公交车一样的坦克，一打一个准，可惜太少。

由于西方大国的绥靖政策，即便是遭遇意大利这样的国家，埃塞俄比亚最

---

① 齐亚诺（1903~1944），1930年，与墨索里尼女儿艾达成婚。在攻取埃塞俄比亚期间（1935~1936），他担任意大利空军高级将领，负责制订空袭策略。

后还是沦陷了。为了这场战争，意大利人花费了相当于过去三年军费总和的钱。为了确保这块新殖民地，每天要从本国输送大量补给以维持意大利在埃塞俄比亚的驻军。当时，这块土地上的矿藏基本上还没被发掘，意大利占领这片土地的唯一用途，就是为以后埃塞俄比亚人的反攻做准备。

这场战争不划算

意大利打这场仗纯粹是墨索里尼犯二，脑子短路了。可墨索里尼不这么看，他认为这是复兴罗马帝国的第一步。墨索里尼正做梦时，国联的制裁来了，对墨索里尼最要命的制裁就是石油禁运。意大利不产半滴石油，你的坦克、飞机、卡车烧菜籽油不行，烧花生油也不行，就得烧汽油。墨索里尼没有了汽油来源，这造成了他的海军、陆军缺乏训练，特别是陆军的机械化装备没法儿再用。

而且，埃塞俄比亚被打下来之后的事儿就更有意思了，夺取殖民地的目的是什么？要那儿的资源，要榨干殖民地人民的每一滴血汗。意大利人在非洲夺了那么大一块地盘，赶紧上吧，往回弄东西吧。但埃塞俄比亚人不甘心被意大利人统治，谁侵略我们，我们都能接受，就意大利人不行，为什么呢？丢不起那人，你几十年前就是我们的手下败将，现在爬到我们头上作威作福，凭什么啊？所以，天天就看埃塞俄比亚人挑铁道、拔电线杆、紧急毁坏火轮船。庄稼地我烧了，也不让你拿走一粒粮食。意大利从国内移民到埃塞俄比亚去开垦，去的没有意大利贵族，都是意大利下岗的人。贵族在家吃香的喝辣的，到那儿干吗啊？这帮下岗的意大利人去了之后，天天被埃塞俄比亚人袭击，工作环境、生存环境都极其恶劣，几乎无法立足。他们在那里不光连机器设备、劳动工具保不住，甚至连性命都保不住。最后，不但意大利的劳动者纷纷离开埃塞俄比亚，就连资本家都跑了。工厂也好、农庄也好，不要了，我得留条命，不能舍命不舍财。

这样一来，墨索里尼的所有美好愿景都落空了，不但得不到矿产，连粮食都得不到，埃塞俄比亚成了意大利的一个大包袱，这次侵略得不偿失。但墨索里尼不这么认为，他又把手伸向了巴尔干。1939年4月7日，墨索里尼为同英、法争夺巴尔干半岛，一面命令4万意军向阿尔巴尼亚推进，一面逼迫阿尔巴尼亚国王索古签署亡国"和约"。在谈判中，索古企图拖延时间，让他即将分娩的妻子逃跑，最后他没敢在"和约"上签字，自己也逃了。墨索里尼遂控制了这个拥有100余万人口的小国。意大利总算露了一小手。

05. 仨首相被暗杀

整体向右转

这样一来，二战爆发前，意大利就吞并了两块地盘。而德国此时正在积蓄实力，以图"称霸武林"。除此之外，轴心国这个团伙里还有个兄弟，就是东方的日本。

在凡尔赛体系中最失意的是德国，而对华盛顿体系非常不满的则是日本。这两个国家成为二战的发起国，并非偶然。特别是1929—1933年的世界经济大萧条，对日本的打击很重。20世纪20年代中期，日本经济就已跌至谷底，整个社会结构面临解体的危险。当时日本的社会结构也是金字塔形，千百万处在金字塔底层的人民，全在困境中挣扎。

1923年9月1日，日本经历了一场著名的关东大地震。那场大地震几乎使首都东京沦为一片废墟，比1945年两颗原子弹的杀伤力还大。地震造成很多银行倒闭，许多人毕生的积蓄化为乌有。到1926年，失业的产业工人已达300万。进城打工的农民返回家乡，发现家乡情况更糟，因为政府从朝鲜和中国台湾运

1923年关东大地震，比1945年两颗原子弹的破坏力还大

来了大米，日本千百万的农民种米无利可图。日本当时农业生产占国民经济的比重比较大，它在亚洲是称王称霸的资本主义国家，在世界上它的国力还不行。当时日本还有点像中国那种男耕女织的样子，男的种植大米，女的生产生丝，生丝主要出口美国，但美国受经济大萧条影响，不再需要那么多生丝。这样，不管是城市里的人，还是农村里的人，都非常绝望，整个日本社会面临爆发革命的危险。

面对经济崩溃和社会动荡，当时日本两种社会思潮非常活跃，一种是社会主义思潮，另一种就是法西斯主义思潮。这两派都认为要进行激烈的社会改革，分歧就在于是往左转还是往右转。当时右派分子，也就是法西斯分子占有非常明显的优势，社会主义学说在日本没什么基础，尤其没有群众基础。因为，日本是以天皇为首的神道教国家，天皇既是国家元首，又是人们的教主，这种思想千百年来根深蒂固。日本的右派就说，马克思主义跟日本的体制相抵触，日本人无法想象没有天皇的日子。日本历史上那么多幕府将军改朝换代，杀掉旧的将军，自己当新的将军，但没有一个人想着要换掉天皇。马克思主义宣传没有天皇，人人平等，日本人就不知道该怎么过日子。任何带有共产主义气息的东西，在日本都很难生根发芽。

给天皇做顾问的元老重臣们，日本的财阀、政客、将军们，都支持日本向右转。而且日本向右转有得天独厚的条件，君主专制跟法西斯专制有异曲同工之妙，这就等于条件是现成的。日本不需要像德国、意大利那样，由一个来自民间的领袖，组织一个民间政党，通过合法选举或非法进军，自下而上夺取政权。日本完全没这个必要，一个现成的独裁者摆在那儿——天皇。只要天皇一声令下，日本全国就进入独裁体制。但1889年颁布的《大日本帝国宪法》规定，日本是君主立宪制国家，天皇行政要通过内阁，所以法西斯分子就认为内阁阻挠了日本的法西斯化。

主官管不了参谋

在当时日本全国向右转的情况下，帝国议会在1925年通过了《治安维持法》，授权警察镇压思想危险分子，粉碎旨在颠覆国家的组织。一支被称为特高的独立力量获得了授权，这就是日本的特别高等警察，有点像德国的盖世太保。特高对日本共产党进行了残酷的迫害。1927年，日本共产党在东京、大阪、神户发动五一节游行，警察逮捕了1600名党员，日本共产党由此遭到沉重打击。日本的农民团体和劳工团体，企图在日本的政治体制内建立起社会主义联盟，组织合法的工会、农会，但在特高的残酷打击下遭到失败。同样是要求社会变革的右翼，特高不动他们分毫，甚至暗中支持。日本的两种极端势力，极左被打掉，极右却蓬勃发展。

日本特别有意思的一个现象是，天皇是一个半人半神的角色，既是国家元首，又是武装部队的最高统帅，同时还是国民的精神导师或精神象征。天皇通过内阁行政，通过军部来指挥军队。日本军队的特点之一是陆海军分立，内阁中有陆军省、海军省，相当于咱们的国防部。日本没有独立的空军，航空兵分别隶属于陆海军。特点之二就是军政、军令分立，陆军省、海军省只管招兵训练、工资晋级、评定军衔，指挥打仗他们管不了。那指挥打仗谁来管呢？陆军参谋本部和海军军令部。也就是说，军令机关是这些参谋机关。

在日本，陆军省、海军省、陆军参谋本部和海军军令部组成了个叫军部的机构。这个机构并不是正式的，不是真有这么一个机构，而是习惯上称为军部。军部统帅权直属天皇，内阁和议会都无权过问。隶属于内阁的陆海军大臣有一项特权，叫"帷幄上奏权"，可以越过首相直接上奏天皇。一旦陆海军大臣对内阁不满，就会行使"帷幄上奏权"。这就说明，内阁根本指挥不了军队。军队的势力非常大，而军队中什么人势力更大呢？参谋。要是在咱们这儿，参谋不带长，放屁都不响。参谋得听主官的。日本不是，日本是下一级参谋听上一级参谋的，比如我是联队的参谋，我听旅团参谋的，旅团参谋听师团参谋的，师团参谋听军参谋的，军参谋听大本营参谋的。你是师团长，但你指挥不了师团的参谋，旅团长指挥不了旅团的参谋，联队长也指挥不了联队的参谋。

三个愣小子捅破天

中国学者俞天任写了本书叫《有一类战犯叫参谋》，他就多次提到日本对外的战争不是高层计划的，而是几个参谋一拍脑门就干，先斩后奏。比如"九一八"事变实际上就是关东军的三个参谋策划的，石原莞尔、板垣征四郎、土肥原贤二，就这几个人就干了起来。石原莞尔当时是一个中佐，板垣和土肥原是大佐。这三人都是校级军官，营团级干部就能干出这么大的事来。石原莞尔说，日本政府的政策会导致满洲被极端反日的政权收回。他深信日本在满洲的扩张是解决日本国内危机的良方，所以日本军队高层对石原十分赞赏，暗中支持关东军占领中国东北，扶植伪满洲国。

在石原莞尔等人的梦想中，伪满洲国是一片乐土，中国人、朝鲜人、满洲人、蒙古人在日本人的统治下，就能解决日本的问题。这也就是说，关东军三个小小的参谋，就能挑起一场事变，建立一个新的国家，这对后来日本军队中的大小参谋们，有了明显的示范效应。后来日本的很多战役都是陆海军那些参谋力主发动的，比如陆军最有名的辻政信，号称"战争之神"。最终军衔也就是个大佐，二战打完他都没晋升到将官。但是，打所罗门群岛有他，打瓜达尔卡纳尔群岛有他，打印度也有他，没一个地儿没他。这是非常奇特的现象。

受不了了干掉你

日本还有一个特别有意思的现象，叫"下克上"。日本社会等级非常森严。日本兵为什么上了战场那么残忍？从某种程度上讲，就是转嫁压迫。昨天老兵打我，我拿平民、战俘撒气。老兵为什么打我呢？他被班长打了。班长为什么打他呢？班长被排长打了，一级压一级。但你要把我压迫得实在活不下去了，天天让我加班，不给我发加班费，还把我老婆睡了，我再忍就不是男人了，那怎么办？我把你干掉，然后我剖腹自杀，这叫"下克上"，会得到广泛的同情，你是个爷们，你没剖腹都不判你死刑。

20世纪30年代，日本社会的极右翼宣扬这种"下克上"，全国弥漫着一种下克上的情绪。这帮人认为，我们日本之所以国力衰落，就是因为天皇被财阀和内阁架空了，那该怎么办呢？干掉他们，这样我们就可以建立起天皇直接领导的社会政治体制，然后就能够扩张。持这种思想的大部分是一些平民出身的中下级法西斯军官。

磨刀霍霍杀首相

当时日本军官分成两派，一派叫皇道派[①]，一派叫统制派[②]。皇道派的代表人物是荒木贞夫，他虽为大将，但其手下主要是平民出身的法西斯青年军官。统制派一般都是贵族出身，像永田铁山、冈村宁次、东条英机。东条他爸爸就是中将，属于贵族，高干子弟出身。其实，两派主张的大方向都一样——建立法西斯专政，只是手段不同而已。皇道派更激进一些，凡是阻碍的人都杀，连统制派的人也杀。所以，1930年，滨口雄幸首相在东京火车站被刺成重伤，几个月后不治身亡。刺客是极端主义团伙的年轻成员，由此开始了长达两年、被日本政治家称为没头脑的爱国主义时期。

---

① 日本陆军的一个派阀。日本陆军大将荒木贞夫称日本军为皇军，并且主张清君侧，消灭天皇身边的奸臣小人，拥护天皇亲政改造日本，这就是天皇之道，故称为皇道派。该派阀对内主张在天皇亲政下改造国家，实现昭和维新；对外主张同苏联决战。

② 二战时日本军队中的一个派别，以永田铁山等为核心，主张在军部的统治下，不使用武力，而通过自上而下的合法途径，进行平稳缓进的国家改革。统制派要求建立总体战体制，并要求加强对军队的统治，参与人物有东条英机等。

这段时间主要是一帮爱国贼、右翼狂热分子企图通过暗杀领导人的方式来净化日本。他们为什么要杀滨口雄幸呢？因为滨口雄幸接受了伦敦海军裁军会议上的条件——日本跟美国主力舰的比例维持在3∶5，原来想7∶10，这样，在日本法西斯爱国贼的眼中，滨口首相就成了卖国贼。1932年，日本"血盟团"成员又把坚决反对军事扩张的大藏相（相当于财政部长）井上准之助暗杀；同年，三井财团总裁团塚磨被暗杀。警察逮捕了这个法西斯团伙，人民大众却认为这些刺客就像古代武士，为了日本的福祉不惜牺牲生命。逮捕了这个法西斯团伙之后，法庭要对暗杀团体"血盟团"成员进行审判。结果一个由九名陆军和海军年轻军官组成的小团体，在右翼民众支持下，企图发动军事政变，这次政变虽然失败，但他们刺杀了犬养毅首相。犬养毅是孙中山的朋友，对日本侵略中国东北发表了不同看法。公众再一次对刺杀事件表示同情，对这些叛乱分子的审判，变成了极端民族主义者进行宣传鼓吹的舞台。

皇道派的头子荒木贞夫把他们称为挡不住的爱国者，全国各地11万人为他们请愿，很多人写下血书，这些人如潮水般涌进法院。九个青年自愿站在被告席上，砍下自己的小手指表明诚意，你想，这谁还敢审他们？于是这帮人先是被监禁，后来减刑，再后来戴着钢盔、扛着步枪在操场上跑圈当作处罚，跑完之后，这个帮他拿钢盔，那个帮他扛枪，抬着他们武装游行。

三个首相——原敬、滨口雄幸、犬养毅，以及多位高官被暗杀，凶手都没事，这帮人就杀上瘾了。同时，军部法西斯大力钳制舆论，禁止一切有害国内政治的言论，加强对颠覆性组织的控制，强化公众团结，增强国家动员力。这是荒木贞夫对首相提出的建议，日本政府就此掀起了对"非日本事务"大规模的镇压。凡是反对日本对进行中国侵略、反对崇拜天皇、反对日本走法西斯道路的，就是"非日本事务"，一律坚决镇压！日本甚至专门成立了一个思想控制局。这多有意思，都说政治犯因言获罪，没有因思想获罪的。军警们协助特高执行荒谬的政策，在文部省（相当于教育部）成立了一个学生控制处，自由派的出版物被禁止，一些书籍、杂志、报纸一半的内容被删去，有写煽动性文章嫌疑的人被无限期羁押，凡是支持自由主义思潮的人都失去了工作，极端民族主义暴徒在大街上寻找持不同政见者，并殴打他们。

用气球平息叛乱

这样一来，极端爱国主义思潮在日本占了上风。帝国议会通过一项决议，说日本天皇和国家是一个整体，这个完美无缺的国家体制，已经延续了整整3000年。这就表明。日本要建立一个以天皇为首的法西斯专政。

在这种情况下，为了彻底建立法西斯专政，1936年2月26日凌晨，以香田清贞大尉为首的1500名陆军士兵发动了兵变。香田清贞只是个大尉，其余参与政变的十几个军官职位更低。这些士兵占领了陆军省、国会大厦、东京警视厅、首相官邸，有一队人闯进了大藏相高桥是清的家，把他杀了，因为高桥指出"日中战争"已严重消耗财力，更反对日、美开战。另一批人杀死了内大臣斋藤实，斋藤实全身中弹47发，老头被打成了筛子。当然，也因为日本手枪非常烂，南部十四式手枪，用来自杀都经常卡壳。

再有就是陆军教育总监渡边锭太郎大将被杀死，冈田启介首相躲在洗澡间里侥幸逃脱，他的妹夫冲出去做掩护，被误认为是首相而遭杀害。天皇的侍从武官长铃木贯太郎也身中数弹，躺在地上呻吟。法西斯军官一看他没死，想给他一刀断头。铃木的夫人扑在他身上，说他马上就要死了，有出气没进气，就给他留个全尸吧。法西斯青年军官也觉得是这么回事儿，就说，对不起，夫人，把你屋子弄脏了，然后便退了出去。铃木的夫人赶紧把丈夫送到医院，老头居然被抢救了过来。这还是说明日本手枪的威力不行，要是用美国的柯尔特M1911，早崩死了。铃木贯太郎后来还成了日本战败前的最后一任首相。

　　法西斯年轻军官们就这么干，发动政变，把全国人民忽悠起来，说我们国家正处在与俄国、中国、英国、美国发生战争的边缘，除非我们现在奋起消灭那些阻碍进行真正改革的家伙，否则天皇会威望扫地。这事发生之后，天皇非常生气，因为陆军大臣竟然把叛军称为义军，天皇急了，说随便杀害朕的股肱之臣，难道还算义军？你们赶紧给我镇压，你们要不镇压，朕将亲率近卫师团前往平叛。这样，大臣们才把坦克调进来准备镇压叛军。其实镇压特简单，升了俩大气球，上写"天皇陛下宣布你们是叛军"。士兵们一看，敢情我们是叛军？就回营房去了。十几个法西斯军官到皇宫前广场上拉手榴弹自尽了。活下来的遭到了审判，这次审判相对严了一点，17个人被判死刑。打这儿之后，日本陆军中的皇道派势力一蹶不振，原属皇道派的很多人改投统制派门下，比如号称"马来之虎"的山下奉文。

不敢再得罪军部

　　虽说这次政变最后被平息，但这次政变产生了一个影响，在日本没人再敢得罪军部，因为这帮人想杀谁就杀谁。虽然"二二六兵变"之后建立的内阁仍然是文官掌权，首相广田弘毅是文官，但他恢复了陆海军大臣现役武官制，就是陆海军大臣必须由现役陆海军大将或中将担任。陆海军大臣一定由军部推荐，如果军部对首相不满，它就拒绝推荐陆海军大臣人选。你这个内阁没有陆海相能组成吗？缺国防部长？不像话。所以，到最后只要军部对内阁不满，就召回陆相、海相，两相宣布辞职，军部拒绝推荐继任人，内阁就要倒台。最后怎么办？干脆以毒攻毒，让军人来担任首相，你担任首相，军部就不会给你捣乱。所以，日本最后进入了军部法西斯独裁，东条英机当了首相。这个法西斯过程，跟德国有很大区别。

06. 又一个独裁政权

让人愤恨的共和军

通过前文的讲述，德、意、日三国法西斯势力上台的经过就很清楚了。除此之外，在二战全面爆发前，欧洲还建立起了一个法西斯国家。这就是西班牙内战后建立的佛朗哥[①]独裁政权。1931年，西班牙波旁王朝被推翻，建立共和制。共和国政府几经反复，共产党、社会党掌权。法西斯军官发动了叛乱，叛军后来由陆军参谋长佛朗哥领导，称为国民军。

在西班牙内战中，有80%的正规军——陆军和空军的大部分都投到了佛朗哥的国民军这边，特别是西班牙农民大部分支持国民军，为什么呢？因为农民是天主教的虔诚信徒，而西班牙共和国政府的部队，简称共和军，是反上帝的。他们捣毁教堂，把法袍披在身上取乐，甚至把教堂拆毁之后，将去世修女的遗体扒光了衣服，陈列在教堂门口，还把教士的头骨挖出来拍照。共和军甚至在托莱多天使山向基督的雕像射击。反宗教的政策造成西班牙老百姓对共和国政府非常抵触，虽然西班牙天主教会历来作威作福，压榨人民，但不是所有的教士都是坏的，比如那些无辜的中下层修女就不坏。这就跟义和团杀洋教士一样，不是所有洋教士都是坏的。

在整个内战期间，西班牙一共有12名主教、283名修女、5255名教士、

[①] 佛朗哥（1892~1975），西班牙内战期间推翻民主共和国的民族主义军队首领，法西斯主义独裁者。在他统治期间，对内实行军国主义统治，镇压反法西斯革命运动和共产主义运动，对外实行侵略扩张和亲纳粹德国、法西斯意大利的政策。

2492名修道士和249名见习修道士被处决，这相当于西班牙全部神职人员的23%。这是继法国大革命和俄国十月革命后，欧洲发生的最大规模屠杀神职人员的事件。西班牙臭名昭著的宗教法庭，三个世纪杀了五千多人，这可倒好，六个多月就杀了六七千人，报复得太过分了。

将灵魂交付上帝

共和军的这些行为，不但使得原来四分五裂的西班牙保守派紧密团结在以佛朗哥为首的国民军政权周围，也使得西班牙共和国政府在战争爆发之初，向西方国家寻求援助的努力付诸东流。因为欧洲国家的民众，普遍信奉基督教。在这种情况下，西班牙的军队加入佛朗哥的国民军这边，跟共和军作战，就不足为奇了。

面对国民军强大的军事力量，当时共和国政府唯一能够信赖的武装力量只有自己建立的突击警卫军，虽然这支部队勇敢坚决，但人数太少。因此，西班牙共产党号召工人保卫共和国，20万工人响应，从全国各地拥向马德里。

有一场战役，发生在西班牙阿尔卡扎要塞。共和国的军队包围了这个要塞，但是打不进去，共和军就抓住了守卫要塞的将军的儿子，让他要求将军投降。将军儿子在电话里安慰父亲，他说："如果阿尔卡扎不投降，他们就要把我枪毙，不过你别为我担心。"将军说："要是真的，你等于把灵魂交付给了上帝，你高呼西班牙万岁，你将成为牺牲的英雄，再见了我的儿子，我紧紧拥抱你！"将军儿子说："再见，爸爸，我也紧紧拥抱你！"10分钟之后要塞没有投降，将军的儿子真被共和军杀害了。有些事情，即便结果是正义的，但手段非正义也会影响结果的正义性。真正的革命者不应该干这种事，一人犯罪不殃及家人，何况在战争中滥杀无辜，很难让人同情。

西班牙内战，还为欧洲各国角力提供了场地。内战爆发后，德国和意大利援助佛朗哥。德国援助佛朗哥有一个重要原因，除了它战略地位重要、资源丰富之外，希特勒还想拿西班牙练练兵，我这么多年扩军备战，造了这么多新武器，想试试灵不灵，一试真灵。苏联也给西班牙共和国政府提供了一些物资，还派出了很多军事顾问和成建制的军队，比如第4坦克旅，但武器的数量跟德国和意大利比起来相差很大，武器质量跟德国也没法比。苏联也想在西班牙练练兵，因为它的高级将领都被清洗掉了，它想试试，没有高级将领指挥的军队打仗行不行，一打果然不行。所以，后来为什么德国敢打苏联？也是看出了它不行。

拉帮结伙干坏事

由于西班牙共和国政府得到的援助有限，而且战斗经验不足，到1939年4月，马德里沦陷，佛朗哥就在西班牙建立了独裁统治。西班牙内战由于英、法、美的不干涉，而德、意大规模进行武装干涉，最后以共和国的失败告终。欧洲又多了一个威权国家，这个战略态势越来越有利于德国和意大利。

在这期间，三个主要法西斯国家终于迈向结盟。1936年10月25日，德国和意大利达成协调外交政策的同盟条约，建立"柏林—罗马轴心"。1939年5月22日，两国又签订了《德意同盟条约》（又称《钢铁条约》）。此前，日本已在1936年11月25日同德国签署了《反共产国际协定》，意大利于1937年11月6日也加入了这个协定。

希特勒认为柏林、罗马、东京是地球的轴心、世界的轴心，地球应该绕着这个轴心转。这家伙一看就没好好学地理，柏林、罗马、东京不在一条线上，地球怎么可能绕着这个转呢？

三国结盟后，德国更有恃无恐。1938年3月，德国吞并奥地利。同年9月，英、法、德、意四国签署《慕尼黑协定》，迫使捷克割让苏台德地区给德国。

希特勒在慕尼黑会议上说，占领苏台德地区是他对西方的最后一次领土要求。张伯伦对此深信不疑，回到伦敦下飞机时，他兴高采烈地声称，他带回来了"一代人的和平"。他对英国人说："这是我们时代的和平，我建议你们安心地睡觉去吧！"但希特勒没有履行诺言，占领了苏台德地区后，1939年3月，德军又控制了整个捷克。此时，距离第二次世界大战全面爆发只有五个多月。

战争就是这么回事儿：袁腾飞讲二战·上

第四章

旌旗高扬欲称霸

（德军的闪击战）

谁想用邪恶的花环武装自己，谁就要用粪土来包裹自己的灵魂。

——题记

01. 臭名昭著的条约

条约未能救波兰

《慕尼黑协定》签字之后，英国首相张伯伦非常高兴，认为他给英国带来了和平。同样参与促成这个协定的法国总理达拉第[①]，心情就没那么好。达拉第到了法国机场之后，也看到很多民众在欢迎他，民众也觉得一个时代的和平即将到来，战争再不会发生。达拉第看到这些人后非常吃惊，沮丧地骂这帮人是笨蛋。他知道德国不会善罢甘休，因为他明白，这实际上是在纵容德国，但他没办法。达拉第是一个悲观主义者，他有点低估法国的实力，过高地估计了德国。达拉第认为如果爆发战争，德军12个师就能对付法军100个师，他知道战争不可避免，早晚要打，但他觉得法国打不过德国。他不像张伯伦那么傻，认为和平真的会到来。

果然，《慕尼黑协定》墨迹未干，德国就吞并了整个捷克斯洛伐克。这时候的局面，就连张伯伦也看出希特勒没完，但他觉得局势不错，因为吞并奥地利、捷克斯洛伐克，是向东发展。英、法奉行的绥靖政策有三大特点：第一，凡尔赛国家力图维护既得利益，一战实在是打怕了，不敢再打了；第二，牺牲弱小民族，唯恐伤及自身，小国失败了活该；第三，祸水东引，引向苏联。而苏联则希望祸水西流。

[①] 达拉第（1884~1970），法国前总理、激进社会党前主席、《慕尼黑协定》的签署人。

不管怎么讲，在战前，苏联和英、法都对德国的性质认识不清。英、法认为德国跟苏联一样，都属于集权国家，最好你们俩死掐。苏联认为英、法跟德国都是资本主义国家，都是帝国主义，最好你们之间打起来。这样，谁都希望德国跟对方打起来。一直到1939年5月份，希特勒的扩张目标已经越来越明显，他对波兰提出了领土要求。

德国是一战的战败国，根据《凡尔赛和约》，前德意志帝国的波森和西普鲁士被割让给了新独立的波兰，给予波兰进入波罗的海的通道，即"波兰走廊"。希特勒在1933年建立起独裁政权后，他本来对波兰采取了柔性政策，1934年跟波兰签订了为期10年的《波德互不侵犯条约》。但希特勒在1938年吞并了奥地利和捷克斯洛伐克后，位于德国东面的波兰就成了他的下一个目标。

在地理上，"波兰走廊"把东普鲁士和德国本土分开了。德国先对波兰采用外交施压，要求将但泽自由市合并，和在"波兰走廊"建造一条拥有治外法权的公路来连接东普鲁士和德国本土。希特勒也准备了武力解决"波兰问题"的计划，即"白色方案"。波兰政府拒绝了德国的所有要求，并于1939年3月30日得到英、法的承诺。英、法承诺，将协助波兰保卫其国家主权。但英、法没有对波兰领土完整做出任何承诺。希特勒和他的亲信认为，英、法不会为波兰与德国开战，因此德国便在1939年4月28日终止了《波德互不侵犯条约》。波兰急忙与法国在1939年5月签订了一个协议，法国承诺会在波兰遭到入侵后15日内加入战斗。英国和波兰在1939年8月25日签订了成为军事盟友的条约。结果证明，这些条约未能拯救波兰。

简直就是看不起人

在德军入侵波兰前夕，德国参观团去波兰军营访问，看到波兰士兵在军营外随地大小便，于是德国就坚定了打击波兰的决心。当然，现在很多专家否定了这一点，但不应排除这种因素。传说当年日本海军观察员，看到来访的北洋水师将士在炮管上晾晒衣物，就认为大清水师不堪一击。从表面上看，这只是军人的生活细节；从深层次上看，军人为什么要把皮靴擦得锃亮，注重仪容仪表？因为邋遢兵就是无组织无纪律，随地大小便，很容易造成疾病传染。美国打伊拉克，一个连配两辆装甲厕所，为什么？就是为了防止霍乱、痢疾流行。所以，德国参观团一看波兰士兵在军营外大小便，就觉得这是一群乌合之众，打也无妨。

但这时候，毕竟英、法和波兰已是盟国。所以，英、法就想去跟苏联谈判，共同对付德国。苏联眼瞅着德国一路奔东来了，也开始担心。于是，苏联于1939年6月发出邀请。英、法代表7月组团坐了10天的船，来到列宁格勒（圣彼得堡）。到了之后，先游览列宁格勒和莫斯科，然后跟苏联谈判。苏联人很重视这次谈判，派的代表团规格很高。而英国派了个空军少将跟人谈。按照英、美国家的军衔编制，高级军官是元帅、上将、中将，你派个少将，明显看不起人家。法国倒是派了个海军上将，但这人还有三个月就退休——没地儿安排，去跟苏联谈判吧。最逗的是，法国的将军一进门就宣布，我不能全权代表本国政府做任何的主，只是来听听。苏联人差点儿没气死，听听？电话里说不行啊？你跑这儿来住宾馆，吃我的，喝我的！

在谈判中，伏罗希洛夫①元帅说，一旦德国袭击你们，红军可以派三百个师支援你们。然后他问英国将军，如果德国人打我们，英国人可以派多少个师支援？英国代表拿着笔在纸上算了半天，抬起头来说两个师，一个月后，再派两个师。伏罗希洛夫气得胡子都抖了起来。

---

① 伏罗希洛夫（1881~1969），苏联陆军元帅（1935），二战时曾任西北方向总司令，列宁格勒方面军司令。

苏德竟结盟

继派兵支援问题之后，苏联人转换话题。别的不说了，如果德国打英、法，苏联要支援你们，可我们跟德国不挨着，要经过波兰的领土，你们问问波兰让不让苏联红军通过。波兰跟英、法是盟国，英法就去问了。英、法一问，波兰领导人斩钉截铁地回答："德国人来了，我们有丧失自由的危险；俄国人来了，我们有丧失灵魂的危险。绝不允许俄国士兵进入我们的领土。"

历史上波兰曾三次被瓜分，全是俄罗斯挑头干的。要说俄罗斯跟波兰同族同门、同种同文，都是斯拉夫人，都使用西里尔字母，不应该这样啊。但两国的心结，有点跟中国和日本似的，一天二地仇，三江四海恨——波兰几次亡国，都是因为俄罗斯欺负人家，没拿人家当兄弟看。波兰在共产党统治时期，在国歌里都唱：前进，东布罗夫斯基。东布罗夫斯基是谁呢？他是19世纪波兰抗击俄国的领袖。波兰当年作为苏联的卫星国，国歌都敢唱这个，可见波兰人民对苏联人有多仇恨。所以，波兰拒绝苏联红军入境。这样一来，英、法跟苏联就没法谈了。于是希特勒向斯大林伸出了橄榄枝，你跟民主国家扯什么？咱俩谈，如果需要的话，我愿意亲自飞往莫斯科。

其实，一战结束后，德国跟苏联的关系很暧昧，因为两国都是国际弃儿，都是另类。而且苏联已不再是协约国的成员国，它一战的时候是，但十月革命后退出战争，相当于背盟了。所以，对于德国来讲，苏联是没有和约义务的国家，它不像英、法、比利时是有和约义务的。苏联地皮又大，在西伯利亚深山老林里搞点什么东西，很容易逃过协约国的监视。因此，1922年，德、苏两国签订了《拉巴洛条约》。

这两国本来是不能成为伙伴的，因为两国意识形态完全相反，而且德国又镇压过共产党的起义。但到1939年，由于局势紧张，英、法、苏三国进行谈判，希特勒非常担心，如果这三国达成了某种程度的一致，会让他进攻波兰的"白色方案"完全泡汤。所以，希特勒非常主动地拉拢苏联，频频向斯大林暗送秋波。希特勒甚至顾不上脸面，给斯大林拍了一封特别长的电报，说德国跟波兰之间的紧张关系，已变得让他不可忍受，无论哪天都可能爆发危机，从现在起，德国下决心将用一切手段保卫国家利益，非常希望能够跟苏联在8月23日左右签订一个互不侵犯条约。

英、法、苏三国谈判失败之后，希特勒就向斯大林挥手帕了，希望能够跟苏联合作。在这种情况下，纳粹德国外长里宾特洛甫飞到了莫斯科，跟苏联外长莫洛托夫，分别代表本国政府在《苏德互不侵犯条约》上签字，时间是1939年8月23日，距离9月1日德军闪击波兰，只有一个星期。

苏联外长很狡猾

对于《苏德互不侵犯条约》，苏、德双方都知道这只是权宜之计，两个帝国和两种制度之间的对立是你死我活的。斯大林无疑认为，希特勒先跟西方打过之后，对俄国来说，德国将变成一个不再那么可怕的对手。希特勒采取的则是一个时期对付一个敌手的办法。这个条约之所以能搞成功，表明几年来英、法两国对外政策的失败到了何等山穷水尽的地步。这也就是说，英、法两国希望祸水东引，最后苏联绝望了，便跟德国签约。

更有意思的是，对于这个条约，苏联一直否认。二战后盟国缴获了德国的文本，苏联说那是伪造的。为什么呢？莫洛托夫特别聪明，他在《苏德互不侵犯条约》德文本上签名的时候，用的是拉丁字母，不是俄文的西里尔字母。所以他说，这不是我签的，要我签应该是西里尔字母，而不是拉丁字母，我不可能这么写。莫洛托夫也知道这个东西一旦公之于众，必将遗臭万年，所以他很狡猾，用拉丁字母签自己的名字。这就跟咱们签名都用汉字，谁都不会写汉语拼音一样，你要写汉语拼音，那就会显得很奇怪。

找个借口很简单

《苏德互不侵犯条约》签订之后，希特勒难掩兴奋激动的心情。他在一次陆军指挥官会议上大谈他的战争理论，说要发动战争和进行战争时，是非问题无关紧要，要紧的是胜利，心要狠、手要辣。谁仔细想过这个世界的道理？它的意义就在于优胜劣汰、弱肉强食。所以，波兰的命运基本已经确定，虽然英、法跟波兰签署了互助条约，但没什么用。战争机器的按钮一旦按下去，就很难再停下来。对于波兰，希特勒只需要一个借口。

以什么借口进攻波兰呢？这是戈培尔的强项，于是德国开始了超大规模的宣传战。20世纪30年代末，当时欧洲各国都感觉到可能会受到德国的伤害，而在德国，老百姓认为的事实则恰恰相反。一个那个时期到过德国的外国人说，德国纳粹的报纸叫嚷什么呢？扰乱欧洲和平的是波兰，波兰将武装入侵德国。你也许会问，德国人民不可能相信这些谎言吧？那你就去跟德国人谈谈，你会发现很多人真的非常相信。随着战争的临近，这种宣传几乎到了疯狂的程度。1939年8月26日，《柏林日报》报道的是"波兰完全陷入骚乱之中，日耳曼家庭在逃亡，波兰军队推进到德国边境"。《人民观察家报》是纳粹党的党报，相当于苏联的《真理报》。这个报纸头版头条报道的是"波兰全境处于战争狂热中，150万人已经动员，军队源源不断地运往边境，上西里西亚陷入混乱"。

与报界这种疯狂同步的是，希特勒的顾问起草文书给波兰，让波兰答应德国的要求。相对于宣传来说，战争更需要一个直接的开战理由，而这对于希特勒来说很简单，他是这方面的高手——造假。他跟手下将领讲，不要犹豫了，我的将军们，我已经命令国防军统帅部，为你们提供足够的波兰军队制服。

这就很明显地表现出希特勒的意图。在盖世太保头目海德里希的布置下，

莫洛托夫很狡猾，用拉丁字母签自己的名字

纳粹从集中营里找了十几个死囚,让他们穿上波兰军服,配上波兰武器。海德里希为这支队伍送行,跟他们讲:"你们对国家犯有不可饶恕的罪行,现在给你们一个戴罪立功的机会。"一小队身着波兰军装的党卫军成员,将这些穿着波兰军服的死囚,拉到距波兰边境16公里处的德国树林里,只留下一名死囚,而将其余的全部杀死,以作为波兰进攻德国的证据。接着,身着波兰军服的党卫军成员,带着留下的这名死囚,进攻了靠近波兰附近的格莱雷茨电台,这是德国的一个电台。"战斗"之后,他们占领了电台,由一名会讲波兰语的德国士兵念了一份事先拟好的文件,里面充满了煽动性的反德言论,宣布波兰对德国发动进攻,然后开了几枪,把那名死囚打死——这就算波兰主动对德国发动进攻。

其实,希特勒的手段非常拙劣,难道他不怕世界舆论的质疑吗?实际上,这种拙劣手段不是演给世界人民看的,而是演给德国人民看的。德国遭到了进攻,我们得奋起反击。这就跟小日本搞"柳条湖事件"一样,只炸毁了不到一米的铁轨,就以此为借口炮轰北大营,挑起"九一八"事变。希特勒完成了造假,战争已不可避免。

02. 德军"闪击"波兰

骑兵打坦克

1939年9月1日凌晨4点45分,纳粹德国三个集团军群,160万大军,扑向沉睡中的波兰。天上是2000架飞机,地上是2800辆坦克,德军一共投入44个师,包括7个装甲师、4个轻装甲师和4个摩托化师。波兰方面一共是7个集团军、870辆坦克、407架飞机、39个步兵师、11个骑兵旅、2个摩托化旅,总兵力约

100万人。

单是双方兵力对比，德国已经占据优势，武器装备对比更是占有巨大优势。德国选择在凌晨4点45分发动进攻，这个时间是人睡眠最沉的时候。要是12点打，人家可能还没睡呢；7点钟，没准儿人家都起来遛狗了。而凌晨4点45分这个时间一般人都正在睡觉，军队戒备这时也最松懈。而且，一般人都有这种思想，我睡了敌人也应该睡觉才对。结果，波兰遭到了突然袭击，机场上400多架陈旧落后的飞机被炸毁，没有一架升空迎战。一夜间波兰空军就不复存在。800多辆落后的轻型坦克也不是德军的对手，更何况这些波兰坦克并没有组成拳头，而是分散地支援步兵。

波兰人的战术思想落后了80年。美国南北战争时期，速射步枪发明，不用打一枪装一弹了，这就意味着骑兵唯一能干的事就是下马给步兵做饭。一战时大规模的骑兵混战就已经很少见了。但是，1920年的苏波战争仍以大规模骑兵作战为主，东欧大平原毕竟幅员辽阔，波兰、苏联卡车又少，所以，波兰这时仍保留着大量骑兵部队，有11个骑兵旅。一般来讲，骑兵旅就两三千人，骑兵师也就五六千人。因为骑兵的辅助兵种很少，如果有大量非战斗人员跟着，影响行军速度，甚至有的国家骑兵旅直接辖营。而波兰的骑兵旅绝对是主力中的主力、王牌中的王牌，它最精锐的波莫尔思卡骑兵旅有1.2万人，比很多国家的步兵师人数都多，旅长恰文斯基是中将，级别那是相当高。

恰文斯基中将率领波莫尔思卡骑兵旅作为主力突围，英勇的波兰骑士骑着高头大马，举着被阳光晒得雪亮的马刀和长矛，高喊"上帝保佑波兰""祖国万岁"，义无反顾地冲向德军装甲集群。一开始德国人都被弄蒙了，不明白波兰人是勇还是二，马刀砍坦克？德国人都忘了射击了。当时德军中也列编了少量骑兵，这些人看见波兰同行，难免技痒难耐，想跟波兰骑兵PK（对决）一下，纵马挥刀冲向波军，马上就被波兰骑兵手中的长矛戳得人仰马翻。德国装甲兵这才缓过神来，也不管波军是勇还是二了，钻进坦克开枪放炮。波兰骑兵全军覆没，恰文斯基中将阵亡，死的时候，手里还紧攥着镶着宝石的军刀。

排兵布阵有问题

德军突破波军防线后，以每天50~60公里的速度向波兰腹地推进。这是人类战争史上空前规模的机械化部队大进军。在这场大进军中，德国装甲兵创始人古德里安成功地实践了他的装甲兵理论，率领第19装甲军取得了辉煌的胜利。它既是第4集团军的中路，又是集团军的攻击前锋。开战后，古德里安率部迅速突破波兰边境防线，9月1日晚渡过布拉希河，9月3日推进至维斯瓦河一线，完成了对"波兰走廊"地区波军波莫瑞集团军的合围。

德军闪电式的进攻使波军完全陷入被动挨打的境地，这是波兰人，也是全世界第一次领教"闪击战"的滋味。波军统帅部原以为战争会像以往那样缓慢地展开，德军会先以轻骑兵进行前卫活动，然后以重骑兵进行冲击，对德军大量使用坦克和航空兵的"闪击战"毫无准备。而波军统帅部又对自己的军事力量过于自信，并指望英、法的援助，因此便把部队全都部署在德、波边境，以为只要实施坚决的反击，就可以取得胜利。这种毫无进退伸缩弹性的部署，使波军在德军高速度大纵深的推进下，不是被歼灭就是被分割包围，成为留在德军后面的孤军，抵抗迅速瓦解。

英勇地抵抗

希特勒到波兰战场视察，看到波兰军队尸横遍野的场面，就问古德里安："这是不是我们的轰炸机干的？"古德里安说："不是，是我们的坦克干的。"波兰骑士高举着马刀长矛，冲向德军坦克，勇气过人，但就像义和团抱着一罐子尿扑向八国联军的机枪一样，最后伤亡惨重。即便如此，波兰军队也不像那些不战而降的人，他们还是进行了英勇的抵抗，大量地歼灭了德军的有生力量，比如德国的第30步兵师，几乎全军覆没。但由于波军装备落后，特别是战略指挥思想落后，到9月28日，华沙守军向德军投降。10月2日，进行抵抗的最后一个城市格丁尼亚也停止了抵抗。

在格丁尼亚，这座最后放弃抵抗的城市，波军被德军包围在市区和奥克西维耶海军基地周围的狭小地带，一列波兰装甲列车围着外环铁路进行支援作战。波军番号混乱，分属各个部队，总共7500多人，拥有4门105毫米炮、1门100毫米炮、15门75毫米炮、9门37毫米反坦克炮、10多门迫击炮和140多挺机枪。尽管面临压倒性优势的德军包围，格丁尼亚的最后战斗部队——一个上岸水兵组成的排，仍坚持抵抗，直到弹尽粮绝才投降。波军阵亡1500余人，3500多人受伤或失踪。德军的损失与之相差无几。

03. 英勇无畏的阻击

美好的愿望落空

在整个波兰战役中，不仅波兰陆军英勇战斗，波兰海军的表现更是可歌可泣。1939年8月25日，德国海军"荷尔斯泰因"号战列舰以"纪念一战阵亡将士"为由，对但泽自由市进行"友好访问"。舰长克雷坎普上校很清楚此行的真正使命——海军总司令雷德尔上将指示："在白色方案开始后，摧毁波兰海军，封锁海岸，堵塞港口，破坏波兰的海上航运，确保德军在波罗的海上的安全。"长官指示克雷坎普，把军舰停泊在但泽市北部郊区、维斯特普拉特要塞附近的有利位置，等待Y时——9月1日4时45分，即开战时刻——的到来。

1939年9月1日4时17分，即"白色方案"开始前28分钟，"荷尔斯泰因"号战列舰用4门283毫米主炮向600米外的维斯特普拉特要塞的波兰兵营和阵地开炮。二战的第一枪就在这里打响。

当时，但泽是国联管辖的自由市，驻防人员少得可怜。驻守维斯特普拉特要塞的是波兰第209步兵团一部，只有176名士兵及6名军官、1门75毫米炮、2门37毫米炮、4门81毫米迫击炮和22挺重机枪。维斯特普拉特半岛位于但泽港口，是个不大的小岛，说是要塞，其实并没有真正的防空洞或地下隧道，只有5个混凝土小型前哨（警卫室）隐藏在半岛的森林和军营内，以及一个有壕沟和路障的防御系统。5时10分，18架德国轰炸机摧毁了基地内的设施和全部飞机。为了保存实力，波兰海军所有舰只奉命疏散到海上，只有两艘老式炮舰用它们弱小的5门75毫米炮支援陆军兄弟。为了攻占要塞，德国人除了战列舰上的283毫米和150毫米炮之外，还调来了210毫米榴弹炮、105毫米加农炮和空中支援。

维斯特普拉特要塞受到攻击后，波军指挥官苏夏尔斯基少校向海尔半岛发出无线电信号："求救！我处正遭到攻击！"德军的射击引发了猛烈的火灾。8分钟后，德军战斗工兵炸毁了陆桥上的铁路，由三个排的精锐海军步兵组成的突击部队自"荷尔斯泰因"号上登陆，期望打波军一个措手不及，获得一场轻松的胜利。

不久，波军上士沃切克·纳吉萨瑞克被德军机枪射倒，成为二战中第一个阵亡者。很快，德军就发现自己陷入了波军精心布置的伏击点，德军受到隐蔽火力的攻击，同时地面的铁丝网也有效地限制了德军的行动。波军开火，击中了德军保安部队的机枪巢。波军士兵还使用榴弹炮遏制住德军的挺进和攻击，轰击仓库与运河间的德军机枪巢，并几乎击中了荷尔斯泰因号的指挥所。德国海军步兵疯狂地向"荷尔斯泰因"号发送无线电信号，表示己方伤亡惨重，要撤退。

赢得敌人的敬重

8时55分，德军再度尝试进攻，但碰到地雷和倒落的树木与铁丝网等障碍物，以及猛烈的炮火攻击，再度失败。第二天早上，德军又发动了进攻，但仍然被击退。

在第一天的战斗中，波兰方面有1人阵亡、7人受伤；德国海军步兵则有16人阵亡、约120人受伤，超过投入行动的225名士兵的半数。要不是苏夏尔斯基在几次齐射后，下令节省迫击炮弹药，德军的伤亡会更加惨重。随后几天，德军以舰炮和重型野战炮持续轰炸半岛，将半岛打得仿佛月球表面的地形。

9月2日，德军以60架俯冲轰炸机进行轰炸，直接命中了5号警卫室，造成8名波军士兵阵亡。德军空袭造成的浓雾掩盖了整个半岛，也摧毁了波军唯一的无线电台和全部粮食供应。德国观测员认为，没有士兵能在这场空袭中存活，但9月3日与4日，德军所有的攻击又被击退。

9月5日，得了炮弹休克症的苏夏尔斯基召开战争会议，考虑投降问题，并将指挥工作暂时交给了部下。德国海军步兵、但泽的党卫队成员和国防军士兵再度发动了几次谨慎的攻击，但每次皆被击退。3时，德军以燃烧的列车攻击陆桥，但驾驶员由于太过紧张而过早地将车厢断开，列车未能抵达波军的油槽，而且引燃的大火覆盖了森林，燃烧的列车反而给波军提供了一个良好的射击区，德军伤亡惨重。下午，德军执行的第二次"火烧列车作战"也同样失败。在此期间，波兰国家广播局每个早上都向全国播放"半岛仍在持续战斗"这一消息。

9月7日清晨4时30分，德军再度猛烈开火攻击，摧毁了波军1、2、4号警卫室。战斗一直到7时才停止。被围困的守军缺乏足够的药物和水，转运站的医疗军官已无法照顾伤患人员。9时45分，波兰守军举白旗投降。波军的表现给德军留下了深刻印象，德军指挥官埃贝哈尔德将军特别允许苏夏尔斯基被俘时继续保留他的佩剑。

海军也不是好惹的

在战争爆发后一星期，仅有百余人的波军成功牵制了多达3400名德军士兵和一艘战列舰。本来波军统帅部给维斯特普拉特要塞守军的指示是，在进行12小时象征性抵抗后，他们可以选择体面的投降。但守军在战斗中多次击退了德军地面进攻，三分之一的战士受伤，16人阵亡。德国方面则付出了20倍的代价。波兰守军足足坚持了一周，当继续抵抗已经变得毫无意义时，才宣布投降。同科雷吉多尔要塞之于美国人、布列斯特要塞之于苏联人一样，维斯特普拉特要塞在二战后成了波兰的国家圣地，受人瞻仰。

最后一块波兰海军死守的土地，是在波兰海军总司令约瑟夫·乌恩鲁格海军上将统辖下、位于但泽湾北部的海尔半岛。此时，波兰政府已经流亡罗马尼亚，华沙已经陷落。这里是波兰海军的最后一处基地，在让德国陆海军付出沉重代价后，10月1日，乌恩鲁格海军上将下令海尔要塞停止抵抗，并率领士兵投降。乌恩鲁格将军出生于一个日耳曼化的波兰贵族家庭，父亲是一名普鲁士陆军少将，他本人一战时在德国海军中服役。1918年波兰独立后，乌恩鲁格将军加入波军，1925年起担任海军总司令。德军入侵前夕，他策划了保存波兰海军实力的"北京行动"，使波兰海军在波兰亡国后流亡英国期间，还能继续与德国作战。乌恩鲁格将军被俘后，受到德方极好的待遇。德国人一直希望他加入德国海军，都被他严词拒绝。将军在战俘营里度过了二战岁月，战后因祖国被苏联占领而流亡英国，在90岁高龄时去世。

对于波兰海军的英勇奋战，后世有如此评价："在1939年9月，波兰的海军将士们在波兰民族历史上书写了光辉的一页。他们面临如此强大的敌人，没有盟友的援助，与其余的战友隔绝，除了勇敢之外别无优势，这一切都没有磨灭他们英勇不屈的斗志。强大而凶残的纳粹没有击倒他们。他们最后放下武器，并不是懦弱贪生，而完全是由于听从上级的命令。"

04. 坦克真不是玩具

战略思想最重要

现在回过头来看，二战爆发前的那段日子非常令人感慨，享受和平的日子是美妙的，但眼看战争临近，还闭上眼睛继续享受和平那就是愚蠢。英、法在德国对波兰发动进攻的时候，仍然采取绥靖政策，甚至静坐观战，这是非常可悲的。英、法两国执行绥靖政策，归根到底是两国的人民不想打仗，因为一战给人们留下了太多的阴影，再加上经济危机带来的财政危机，当时的欧洲，和平、反战思想很流行。如果哪个政府胆敢鼓吹战争即将临近，我们要为此全力做好准备，那选民就会用手中的选票让其滚蛋。

民主国家的好处是选民的意志多少会得到一些尊重，作为政客，你可以用各种手段欺骗民众，但你不能完全无视民众的意愿。在全民普遍厌战的情绪下，英国首相也好，法国总理也好，都不敢轻易言战。希特勒上台后，在德国扩军时，英、法两国则在裁军，缩减军费。丘吉尔当时说："英国政府陷于奇怪的矛盾当中，决定不做决定，决心不下决心，坚决犹豫不决，坚定不移地动摇，竭尽全力地无所作为，时间都被蝗虫吃掉了。"但是，即便当时丘吉尔在台上，恐怕也改变不了这个现实。英国和德国隔了一条海峡，不必担心一觉醒来，德国佬会登陆上岸，毕竟当年连拿破仑也没渡过来。皇家海军实力非常强大，英国人是有一定安全感的。而法国人呢，他们花了10年时间修了一条马其诺防线，在心理上感觉安全多了。军人考虑的不是德国人会不会打进来，而是能不能打进来。当时，英、法两国对战争形态认识不清，即便意识到战争迟早会爆发，但这个仗怎么打谁都不明白。兵可以征、可以练，武器装备可以研发、可以制造，但仗该怎么打呢？战略指挥思想才是最关键的。

有一句话讲，失败是成功之母，但成功不一定是失败之母。英、法两国是一战的战胜国，成功的经验可以总结一箩筐。我们为什么打赢了？英、法觉得这些战争经验足够用上半个世纪。一战初期，法国鼓吹大规模进攻，从而导致了惨重的损失和失败，而后来多次防御战都取得了巨大成功，使得当时英、法两国的军界普遍认为，未来战争不会摆脱一战的类型，就是在野战炮兵的掩护下，通过加强要塞和不间断的线性防御，杀伤敌军。这就成为法军最新的军事思想和行为准则，所有一切都是围绕着这种思想来进行的。他们用现代技术对防御工事进行改造，加以强化，马其诺防线实际上就是这种思想的产物。英、法两国在军事理论上跟德国比，整整差了一个时代，他们对于集中装甲力量作战毫无概念，固执地认为新的战争是一战的重演。所以法国的高级将领认为，坦克是美妙的、会动的机械化玩具，炮兵才是战场之王。

老将老得糊涂了

在落后战略思想的主导下，英、法、荷、比四国联军共有坦克3000辆，只有三个装甲师，而且编制不全，一个装甲师300多辆坦克（3000辆坦克不全属于装甲师），没有步兵协同，没有炮兵，没有修坦克的，你那么多辆坦克，一窝蜂出去能回来几辆？尽管英、法两国的有识之士，比如英国的富勒、利德尔·哈特，法国的戴高乐将军，都呼吁要重视机械化装甲部队和空军相结合的威力，但都没被采用。富勒早早地就退役了；利德尔·哈特是一个记者，后来写了著名的《第二次世界大战史》；戴高乐二战爆发时只是一个上校。据说，戴高乐写了本《机械化战争》，卖半个法郎。结果被德国人买了，翻译成德文。古德里安看了，击掌赞叹，付诸实施，说我们用半个法郎就打败了法国。

那些功勋卓著的一战老帅，这时候都七八十岁，快老糊涂了，早就没有当年战场上的威风了，而且对任何会威胁到他们固有思想和经验的新新人类都抵触、厌恶——老子打仗的时候你在哪儿？就这种感觉，老子当年在一战中指挥千军万马的时候，你就是个连长，现在你教训我该怎么打？所以他们认为，坦克和飞机比玩具强不了多少，真正能在战场上起作用的是大炮和堡垒。

二战初期的法国陆军总司令兼西线盟军司令甘末林，就属于这种老将。他在战争初期发布的命令就非常典型，说必须等待敌人进攻，并在由堡垒和堑壕构成的无法突破的延伸战线前遏制住敌人。听完甘末林这套命令，你就会认为，这老家伙的战术思想还停留在1918年时的水平，很难相信他在1918年之后又活了22年。他对军事科技和军事理论的演变毫无知觉，波兰战役中德国人用的闪电战他也看到了，但他熟视无睹，自动过滤掉。

在这种情况下，虽然英、法两国认识到德国早晚会对自己发动进攻，但在1939年9月到1940年春天的8个月时间内，在西线静待战争，白白地把时间浪费掉了。

05. 苏德分区占波兰

德占区成了劳改场

相比于在西线等待的英、法联军，东线反而更热闹。早已同德国商量好瓜分波兰的苏联，只因与波兰签有《苏波互不侵犯条约》而不便动手。波兰政府出逃后，终于使苏联找到了"体面"出兵的借口。苏联政府宣称：由于波兰政府不复存在，因此《苏波互不侵犯条约》不再有效。"为了保护乌克兰和白俄罗斯少数民族的利益"，苏联决定进驻波兰东部地区。9月17日凌晨，苏联白俄罗斯方面军和乌克兰方面军，分别在科瓦廖夫大将和铁木辛哥大将的率领下，越过波兰东部边界向西推进。9月18日，德、苏两国军队在布列斯特—里托夫斯克会师。

尽管纳粹德国跟苏联这两个国家在意识形态上互相对立，互相泼脏水，但在吞并波兰的问题上，它们确实是非常一致——完全要摧毁波兰这个国家和波兰文化。德国把2000万波兰人民分成了两个省区，把它的占领区变成了一个大劳改场，在那儿无情地实验它们的种族理论，并把它们认为的敌人通通送进集中营。于是，整个波兰德占区变成了劳动殖民地，特别是200万以上的波兰犹太人落到了德国人手中，纳粹极端仇恨犹太人，对他们进行种族灭绝。不仅仅是犹太人遭到灭绝，就是普通的波兰人也是德国灭绝的对象，150万人被迫离开家园，被送上卡车弄到新的地方，而他们的家园则要腾出来给纳粹占领者。德国人给他们的待遇甚至不如牲畜，没有饮用水，没有食物，很容易被饿死。波兰的知识分子被大量消灭，孩子们被迫接受纳粹教育，以便纳粹占领者实行种族同化。

苏占区强不了多少

苏联占领区并不比德占区强多少，苏联认为波兰是资产阶级建立的国家，是劳工阶层的敌人，要对敌人实行灭绝政策，该政策灭绝的主要对象是波兰的精英阶层、官员阶层。斯大林下令处决了至少1500名波兰官员。

苏德战争爆发后，苏联大片领土被德国人占领。1943年4月，在德国占领区斯摩棱斯克附近的卡廷森林里，发现了4400具尸体，这些尸体都是双手后背着被捆住，脑后有弹孔——这些人都是被苏联人杀害的波兰军官，包括九名将军。

苏联除了杀害这些波兰人之外，还把大概100万波兰人流放到遥远的西伯利亚。比如波兰共产党政权的最后一任领导人雅鲁泽尔斯基，他的父母就是这样被流放去的。所以，有的德国老兵讲，挑起二战的标志是什么？闪击波兰。但这事儿不是我们一家干的！

06. 非打你不可的理由

轻轻松松占丹麦

自北欧出现海盗以来，挪威水道就成为兵家必争之地，而斯堪的纳维亚半岛的铁矿石，又是德国急需的战略物资。因此，德国和英、法都准备在北欧采取行动。然而，德国更加迅速。1940年3月，希特勒就签署了入侵丹麦和挪威的作战计划，代号"威悉河演习"。

1940年4月9日凌晨，德军不宣而战，派两个装甲旅入侵丹麦。当日凌晨5点，丹麦国王召开御前会议，6点钟做出向德军投降的决定，号召全国人民"不要做任何抵抗"。

丹麦军队抵抗了4个小时，战死16人；德军死了2人，10人受伤。小小的北方邻国就这样被德国占领，几乎兵不血刃。丹麦在被德国占领的五年中，最激烈的反抗就是国王每天骑着马在大街上跑一圈，告诉人民，王国还在，因为它毕竟不是做德国的总督辖区，而是相当于傀儡国。

国王进入林海中

在德军入侵丹麦的同一天，挪威国王哈康七世凌晨时分被人叫醒。叫醒国王的人说，咱们作为一个中立国已经被"强暴"，挪威已进入战争状态。国王揉了揉惺忪的睡眼，问出了一句令人啼笑皆非的话："谁在打我们？"挪威是中立国，为什么会遭到进攻呢？因为挪威的纳尔维克港是把瑞典铁矿石运到德国的唯一不冻港，这项矿产贸易对于德国的军事工业来说至关重要，德国必须依靠瑞典的铁矿石来生产武器。同时，英、法也非常希望切断纳尔维克港的通路。对于挪威人来讲，很不幸的是在盟国跟德国之间，他们要选择究竟站哪边。

本来，希特勒没打算理会挪威，但德国海军司令雷德尔将军跟希特勒讲，进攻挪威可以使瑞典的铁矿石运输线得到保障。另外，可使德国海军在大西洋建立基地，否则德国海军就会像一战那样，被封堵在波罗的海里面。

希特勒对雷德尔的建议很感兴趣，同时盟国也对挪威挺感兴趣。在这种情况下，德国进攻挪威便不可避免。德国的伞兵部队迅速占领了挪威首都奥斯陆和斯塔万格的主要机场，陆军分别从纳尔维克、特隆赫姆、卑尔根、克里斯蒂安松等地登陆。挪威不像丹麦，她毕竟是个拥有几十万平方公里领土的大国，有北欧海盗子孙的血性。挪威人决心打击侵略者，但他们的防御力量非常可怜，既没有坦克也没有防空武器，海军拥有两艘世界上最古老的岸防舰，甚至连中华民国海军都不如。而且，这两艘岸防舰自1918年以后就没离开过港口，快进博物馆了。挪威的国防部长主张和平主义，又有一个大间谍吉斯林①跟德国人暗通款曲，军队总司令也很不称职，只有国王哈康七世坚决要求挪威人勇猛抵抗。

德国军舰"布吕歇尔"号在进入奥斯陆峡湾的时候，被19世纪的加农炮猛

---

① 吉斯林（1887~1945），挪威投靠法西斯德国的民族叛徒。推崇希特勒，在挪威鼓吹纳粹主义和排犹思想，于1933年发起成立法西斯组织——民族统一党。1939年12月，以该党党魁身份出访德国，向希特勒表明挪威法西斯分子支持德国对挪威实行军事占领，恣意出卖国家和民族利益，1945年10月被处死。

烈轰击。别看大炮十分古老，但火力特别强，这艘军舰在挪威大炮的打击下受到了重创，舰上的弹药库被引爆，1000多德国人被炸死。由此可见，挪威士兵抵抗得很顽强，但毕竟众寡悬殊，再加上挪威人对德国的新式打法不熟悉，所以很快便失利了。挪威国王撤退到了北方的林海雪原中。

联军情况一团糟

挪威国王撤入林海雪原之后，奥斯陆便留下了个权力真空，卖国贼吉斯林就建立了伪政权，跟德国人合作。英法联军在德国入侵挪威五天后到达，但他们装备很落后，任务也执行得一塌糊涂，难有什么作为。英法联军之间的联络很不顺畅，他们跟挪威人之间的联络也很不顺畅，他们没有空中掩护，也很少有防空武器，并且对北冰洋地区的环境很不适应，总之情况弄得一团糟。更离谱的是，英法联军对挪威的地理完全不熟悉，运送物资的时候，要么送错地方，要么在路上就被毁了。

在这种情况下，挪威之战不太可能打赢。此时，西线战役爆发。由于要保卫自己的老窝，英法联军便在6月2—7日匆匆撤退。哈康七世和他的政府漂洋过海，在伦敦建立了流亡政府，一直坚持到战争结束。挪威就此沦陷于德国铁蹄之下。

07. 盟军大溃败

西线战役打响

西线的平静终于被打破，1940年5月10日拂晓，德国空军对荷兰、比利时、卢森堡三个中立国发动进攻，法国的机场、交通枢纽、军事设施、行政中心和工业目标也遭到了猛烈轰炸。武装到牙齿的德国军队跨过边境，双方等了

252天，西线战役终于爆发。

这场战役，德国累计参战兵力141个师，包括10个装甲师、4个摩托化师、2445辆坦克、3700架飞机，另外还有600架运输机，75毫米以上口径火炮7378门。英、法、荷、比盟军147个师，兵力比德国多；3100辆坦克，也比德国多；3800架飞机，这还不包括英伦三岛1000多架可提供支持的战斗机；75毫米口径以上火炮14500门，几乎是德国的两倍。实际上，在西线战役中，英、法、荷、比盟军的力量是强过德国的，除了飞机占的优势不大，坦克、火炮都占有明显优势。但德军的备战非常充分，完成了各项作战准备，而且在荷兰和比利时实施了空降作战和其他奇袭手段。五个集团军从北海到莫泽尔河一线发起了进攻，没有正式宣战，德军就侵入了比利时、荷兰和卢森堡。卢森堡全国只有12名骑兵、400名步兵，德国一进攻，它就投降了，两次世界大战都是这样。卢森堡是唯一经历了两次世界大战，保持零死亡的国度，很有意思。

德国伞兵损失大

德国的装甲部队跟空军密切协同，本来应该是大炮完成的工作，都由轰炸机来完成。德国空军在战役最初几天就建立了空中优势，夺取了制空权；地面部队，特别是A集团军群作战地段内的部队，机动性更强。德国最先发动进攻的是第18集团军，目标是尽快占领荷兰。

英法联军认为，荷兰的一线部队起码能顶上三四天，因为这个国家河道纵横，机械化部队推进不是很方便，但联军没想过——河道上的桥梁一半已被德军占领，天堑变通途是非常容易的。德国不但出动地面装甲师，空中也派出空降师，以占领荷兰的大桥，比如第7伞兵师便是第一批踏上荷兰土地的德国兵。在几座大桥的桥头，猝不及防的荷兰人都没来得及炸桥，甚至有些碉堡内的守军都没来得及做出反应，德国伞兵就以教科书式的近乎完美的战术动作，夺取了至关重要的桥梁和碉堡。

荷兰人跟挪威人一样，被打蒙了。他们没想到敌人会从天而降，鹿特丹地区的荷兰守军甚至把驱逐舰开过来抵抗德国伞兵，结果被德国飞机炸掉了。就这样，德军占领了马斯河的莫尔迪克大桥、伐尔河的多德雷赫根大桥，以及鹿特丹市的威廉大桥。

德国伞兵部队除了夺取桥梁之外，还企图拿下海牙和周围的机场，但这个行动遭到了失败，因为机场抵抗得非常强烈，连德国第22空降师师部的飞机都被击落。荷兰人调来了飞机、坦克、大炮围攻这些只有轻武器的德国伞兵，1500多名德国伞兵被逼无奈，只好投降。投降的德国兵被送到了英国，他们在英国一直待到战争结束。这帮人命不错，从1940年就被俘，在战俘营里待了五年，总算活了下来。

荷兰被迫投降

虽然德国伞兵付出了很大代价，但毕竟为他们的主力——装甲部队的会师提供了时间。5月10日战争爆发，5月12日下午，德国第9装甲师侦察营在莫尔迪克大桥跟德国空降兵取得了联系，当晚，第9装甲师和第7伞兵师的主力就会合了。荷兰女王和政府只好匆忙转移，当时法国援军未到，荷兰军队总司令温克尔曼将军对形势又做出了非常糟糕的判断，他觉得荷兰已被盟友抛弃。所以，在荷兰女王和内阁大臣坐上驱逐舰逃往英国之后，温克尔曼就丧失了抵抗意志，下令荷兰军队跟德国人谈判。

双方正在谈判时，鹿特丹遭到了一场大轰炸，也有人说这是误炸。不管怎样，2.5万多栋房屋被毁，上千人死亡。大轰炸吓坏了这个西欧小国。自16世纪荷兰从西班牙手里独立出来之后，还没经历过这么惨烈的战争。整个荷兰的抵抗意志崩溃，立刻投降。

伞兵空降破要塞

荷兰仅仅抵抗了五天便投降，在这场战争中，荷兰士兵阵亡2100名，受伤2700人。在紧接着比利时、法国盟军与德军的战斗中，成千上万的城市居民，由于害怕遭受鹿特丹般的命运而跑到路上，准备逃亡，逃亡又不知道去哪儿，没有目的，像没头苍蝇似的乱窜，结果严重阻碍了盟军的前进。

好在比利时境内道路平坦，否则更不堪设想。跟法国人一样，比利时人也修筑了一系列坚固的要塞来防守，最坚固的就是位于阿尔伯特运河和马斯河交界的艾本埃马尔要塞。这里有非常坚固的堡垒，配有两门120毫米口径火炮和多门75毫米口径火炮，这些火炮都藏在堡垒深处，可以随时伸出来向外射击。这个堡垒的坚固程度，即使被500公斤的航弹直接命中，里面的人也没感觉。而那时航弹一般都是50公斤的，不像今天的飞机能带那么大的航弹。所以，他们可以在地面挡住任何进攻。没想到，5月10日凌晨4时半，42架德国运输机搭载空降兵，向艾本埃马尔要塞发动了进攻，9架滑翔机组成的小分队直扑要塞顶部。顶部是防御最薄弱的地方，所有枪炮都对着平原。

德军从天而降，仅有80人的小分队向巨大的要塞发起了进攻，进攻要塞的战术，德国人已经一遍又一遍地演练过，这次打要塞一切都跟演习时一模一样。他们把炸药塞进防守要塞的射击口和其他能够发现的所有要塞出口，射击口被封锁，里面的机枪手被炸死，大炮也全完蛋。一小时之后，这座巨大的要塞就变成了一个瞎眼巨人，根本无法阻挡敌人的进攻。

实际上，比利时军队在要塞顶部布置了一些防空机枪，但德国滑翔机下落时悄然无声，等守军看清对手的时候已变得惊慌失措，根本来不及抵抗。即便德国的伞兵指挥官掉队了，从滑翔机里冲出来的德国空降兵也在第一时间解决了比利时守军薄弱的防空火力。德军用25公斤、50公斤的空心装药炸弹，挨个儿摧毁要塞顶部的堡垒和炮塔，遇到观察口和机枪射口，就扔进去1公斤重的炸药包，要塞顶部的碉堡和一些次要目标相继被破坏。德国伞兵以比利时的要塞碉堡作为临时指挥部，抵抗比利时人的进攻。德国的轰炸机提供了火力支援，并且飞机空投弹药箱。这样，几十名德国伞兵便压制住了要塞内的一千多名比利时守军。

要塞内的守军不敢出来，因为他们不知道外面究竟有多少德国人，德国人用炸药把各个碉堡出口都封死，守军就要在里面活活被困死。德军以比利时的碉堡为防御工事，挡住了比利时的援军，直到德国装甲兵跟伞兵会师。最后德军以6人阵亡、18人负伤的代价，摧毁了被认为坚不可摧的艾本埃马尔要塞，1200名比利时守军在几十名德国伞兵面前放下了武器。德国伞兵还占领了阿尔波特运河上的几座桥梁，比利时抵抗了18天之后宣布投降。

向法国发起进攻

在入侵比利时的同时，德国军队也向法国发动了猛烈进攻。按照曼施坦因计划，德军穿过阿登山区发动进攻。5月12日，7个装甲师到达了马斯河附近的色当。马斯河的这一段，水流湍急，河道狭窄，特别是在法、比边界法国一侧，河岸陡峭，是一条理想的军事防线。法国军队在河岸上修了大量防空堡，有上百座炮台。为了这次行动，德国人进行了几个月的严格训练，他们非常清楚法国炮台的位置和每座炮台的大炮口径。因此，法国这些防御工事看似难以攻克，实则不然。

德国仍然是借助空军，使用斯图卡轰炸机轮番对法国这些堡垒进行轰炸。堡垒能打击对岸的敌人，但对空的火力很有限。防守马斯河的法国军队不久便停止了抵抗，德国军队通过战艇和架起的浮桥渡过了马斯河。当第19装甲军军长古德里安渡过马斯河之后，他发现士兵们完全处于一种轻松的状态中。他遇到手下的一个军官，那个军官跟他打招呼，还说禁止士兵们在马斯河上如此愉快地渡船。

由此可见，这个战役在德国人看来非常轻松。一开始，古德里安还有点紧张，觉得这些年轻的指挥官太过于乐观，但此后事态的发展，使古德里安意识到，年轻军官们对形势的判断是正确的。德国坦克隆隆地驶过桥面，很快就切断了此处法国守军的退路。法军的反击虽然十分猛烈，但为时已晚，而且他们配合得也非常差。虽然河边的高地几次易手，但一开始德国军队就掌控了整个战局。法国动用了大批装甲部队以阻止德军扩大桥头堡，但法国坦克速度慢，燃料供应线太短，而且法军坦克缺少无线电通信设备，所以短短几个小时，德国坦克就击毁了50多辆法国坦克。这时候，盟国空军赶来轰炸德军，但德军的防空炮火非常厉害，盟军的大量战斗机被击落。德军一渡过马斯河，装甲部队就在法国后方呈扇形展开，向西推进。

　　此时，隶属于古德里安的第7装甲师师长隆美尔将军，还没有施展拳脚的机会，他还只是个师长。他描绘了当时法军的崩溃，说在战壕里，在篱笆里，在公路旁的涵洞里，万分恐惧的法国人和法国军队乱作一团，到处都是这样的景象，军人和平民都在逃命，到处都是丢弃的枪支、坦克、军用卡车，以及因无法挣脱缰绳而纠缠在一起的战马。

追击盟国部队

　　当时，率领法国第4装甲师的戴高乐曾试图进攻古德里安过长的战线，但他看到了军事生涯中从来没见过的景象。法国军队向南溃败，丢盔弃甲，被德国装甲部队追击，德国人还从坦克里探出头来冲法国人大喊："放下武器，滚一边去，我们没工夫俘虏你们。"当然，后来美国人对意大利人也是这样。所以，戴高乐两次试图对古德里安进行攻击，但都没成功。对此，古德里安回忆说："有两辆法国坦克，成功地攻击到了距我司令部只有一英里远的地方。"古德里安的司令部只有20毫米的反坦克炮，他只能用这种炮来反击，为此他度过了很紧张的几个小时。到5月16日，法军防线被撕开了一个60英里宽的口

法国崩溃时，万分恐惧的军人和平民都在拼命逃子，通过这个口子，德军的装甲部队、摩托化部队蜂拥而入。

胜利来得这么快，德国人自己都不敢相信。德军后方司令部地图上呈现的是一条长而脆弱的深入法国内部的战线，后方陆军总部的参谋们就如同前线指挥官一样，理解不了法国军队为什么溃败得这么快。德国后方司令部的将军们，甚至担心他们的坦克进展太快，会被法国人包围。所以，在突破法军防线的最初几天，古德里安发现，自己部队的前进势头被谨慎小心的上司阻止住了，上司想留出充足的时间让步兵赶上坦克。对此，古德里安说，这不是一战，用不着这样，他命令坦克部队全速前进，能到哪儿就尽量赶到哪儿。在这种情况下，坦克部队奋勇前进，所有德国军人都意识到这是千载难逢的好机会，所有坦克都向法军发动了进攻！

这样一来，成千上万的法国难民被法国政府和军队抛弃在身后的道路上。这时候，他们已没能力再保护人民。到了5月20日，也就是双方开战的第10天，古德里安的先头部队就到达了亚眠和阿布维尔，10天的行军路程比一战时一支部队4年走的路程都要长。希特勒听到这个消息后非常得意，他的冒险计划创造了决定性的事件，改变了战争和帝国的发展趋势。这样，德国就摧毁了盟国意欲扭转战争形势的所有企图，并围困和歼灭了近一半盟国部队。

100万人被围困

德国装甲部队急速冲向海边，冲到海边之后，比利时军队、英国远征军及法国最好的陆军100万人，被围困在了法国北部，跟法国本土割裂开来。本来，英、法、比应该是联合作战，德国人冲进来，拦腰一刀，把盟军的阵线给分割开来。

丘吉尔首相在5月15日早上7时半接到了法国总理雷诺的电报，雷诺说："昨晚我们作战失败。通往巴黎的路已被打开。"听到这一消息，丘吉尔感到很震惊，这才刚开战5天啊。他赶紧飞到巴黎，发现情况远比他想象的糟糕得多。在政府办公室外，所有的文件都被烧掉，燃烧着的办公文件到处飞扬。这些文件的复印件被送上了开往法国南部的火车，结果德国人将这列火车截获了。丘吉尔赶紧和雷诺、达拉第（此时担任法国外长）、法国陆军总司令甘末林将军商谈。丘吉尔问甘末林："你们的预备队呢？"参战部队已被分割包围，总有预备队吧？甘末林将军耸了耸肩说："没有。"其实即便有，零零散散的也根本形不成反击力量。

甘末林将军已68岁高龄，一战时是一个参谋，制订过力挽狂澜的战斗计划。但毕竟20多年过去了，他已昏庸懒散，自德军发动进攻起整整9天，他反应缓慢。其下属乔治将军配合指挥作战，但乔治将军身体虚弱，同时甘末林也不赏识这位部下。所以，法国战场的指挥陷入了混乱。雷诺厌倦了这位谦恭但一无是处的总司令，换下了甘末林，由一战英雄魏刚接替他的位置。73岁的魏刚换下了68岁的甘末林。

虽然魏刚已73岁，但仍然头脑清晰，步伐矫健。他一到任就放弃了甘末林的计划，提出了自己的计划，但他的计划跟甘末林的没什么区别。他要求被阻隔在北部的盟国部队突破德军防线，南北夹击——在德军中间插一杠子，便于盟军南北夹击，希望各方积极配合。这个计划完全是一纸空文，没有付诸实施的可能。盟军士兵这时已被德国人打得晕头转向，一名法军中的英国联络官，描述了跟法国比约特将军的一次会议，这位将军统率法国北部的所有法、英、比军队。当时德军向海边迅速推进，对北部盟军造成很大威胁。英国联络官描述，比约特摊开地图，用红圈圈出德国装甲师的位置，一直数了八个，他说我现在是又累又乏，根本无力抵抗他们。后来，比约特将军在车祸中丧生，新的指挥官布朗夏尔上任，临阵换将，使本来就已混乱的局势更加混乱。

所以，法国和英国虽然采取联合行动，进攻隆美尔的第7装甲师，英国远征军投入74辆坦克，法军投入60辆坦克，但由于英法联军之间联络不通畅，这次行动并没有取得多大战果。隆美尔用火炮和反坦克炮，击毁了40辆盟国坦克，而德国损失了不到12辆坦克。这次反击的失败，使得盟国所有解围的努力都被粉碎。

　　仅仅十多天，德国装甲部队就横贯法国大陆，直插英吉利海峡岸边。北部的盟军事实上已经被包围在法国北部的佛兰德地区。5月27日，比利时军队投降，约40万英法联军开始全部集中向敦刻尔克撤退。

08. 敦刻尔克大撤退

关键时刻叫停

　　敦刻尔克是临近英吉利海峡的一块开阔的海滩，这块海滩既无有利的地势可守，又不可能在海滩上修筑坚固工事。况且，联军一路败退，早已溃不成军，斗志消沉，根本组织不起像样的抵抗。敦刻尔克地区的面积充其量也就百十平方公里，40个师约40万人拥挤在内，一发炮弹或炸弹落下，就会有一群人倒下。退守到敦刻尔克的联军，周围都是德军装甲部队，面前是滔滔的大海，空中有德军的飞机，脚下是松软的海滩，没有弹药，缺少给养，更不可能有增援的作战部队，真可谓是上天无路、入地无门，处境极为危险。如果说还有一线生机，那就是由敦刻尔克渡过英吉利海峡，从海上撤退到英国本土。

　　这一线生机，还得"感谢"希特勒，他于5月24日紧急命令德军停止前进。希特勒为什么在关键时刻叫停，一直是个"谜"。各种解释都有，比较常见的是军事理由。其实，除此之外，也许还有政治动机，这里有一段希特勒当时巡视前线司令部时的讲话，令人诧异。当事人回忆：希特勒的情绪非常好，他承认这次战局是"一个明显的奇迹"，并对我们发表了战争将在六个星期内结束的看法。其后，他希望同法国缔结一项合理的和约，这样就容易同英国取得协议。接着，出乎我们意料，他竟以赞许的口吻谈到英帝国，谈到英帝国有必要存在，谈到英国给世界带来的文明。接着，他耸耸肩膀讲，英国建成帝国用的往往是毒辣手段，但"刨木头就有刨花飞出来"。他把英帝国同天主教相比，说都是世界稳定的要素。他说，他只要求英国承认德国在欧洲大陆的地位，若能归还德国所丧失的殖民地固然求之不得，但并非少此不可。他甚至表示要派部队支援英国，只要英国肯参与任何地方的任何瓜葛。他讲殖民地主要是威信问题，因为靠战争保不住殖民地，何况很少有德国人能在热带定居。他最后说，他的目的，是要在英国认为可以保住体面而接受的基础上讲和。因此，有理由认为，希特勒下令"停止前进"不仅是出于军事原因，也有照顾到英国的体面、方便讲和的想法。

"发电机计划"

当然，这只是一家之言。希特勒仅过了两天，便再次命令发起进攻。这时，敦刻尔克大撤退也已开始。5月26日，英国海军开始执行"发电机计划"，海军抽调了1000余艘舰船冲过德国空军的封锁，分几路奔赴敦刻尔克地区。与此同时，还从英国本土各沿岸港口、码头驶出了8500余艘各种类型的民间船只，这些民间船只包括各种各样的渔船、五颜六色的游艇、各种吨位的邮轮，甚至连体育运动学校的舢板也加入了这浩浩荡荡的船队之列。这些由社会各阶层人士组成的船队中，有富人，有穷人，有老人，有妇女，还有未成年的孩子。他们从四面八方、前赴后继地往来于英吉利海峡。

这些人没有接到命令，也没有登记过，但他们有比组织性更具凝聚力的东西——不列颠民族征服海洋的精神。有个亲身加入接运队伍中的英国人事后回忆："在黑暗中航运是危险的。阴云低垂，月昏星暗，我们没带灯，也没有标志，没办法辨别敌友。在渡海航程一半还不到时，我们开始和第一批返航的船队相遇。我们在躲避着从船头经过的船队激起的前浪时，又落入前面半昏不明的船影里。我们'边靠猜测边靠上帝'航行着。"

在这期间，英国空军和法国空军残部也参加了空中掩护作战。自5日26日至6月4日，一共从敦刻尔克地区撤退了34万多人，其中英军22万人、法军8万多人，还有少数比利时军队。联军撤退时，武器装备丢弃殆尽。

德军于6月4日占领敦刻尔克时，只截住了未能及时撤走的4万法军。"发电机计划"的实施，为联军保存了大批有生力量，这其中绝大部分后来又杀回了欧洲大陆。

法国人投降了

英国人撤完了，轮到法国人投降了。雷诺辞职之后，提议贝当元帅出任总理。此时，像戴高乐这样的人，极力主张转移到法属北非继续抵抗，把政府也迁到那儿，但贝当和魏刚都不愿意。最后，戴高乐只身登上飞机，到了英国，领导"自由法国"运动。

领导法国新政府的贝当元帅请求德国武装力量统帅部停战。法国政府于6月18日下令，法军放弃所有2万人以上的城市，不得在市内和郊区进行抵抗和破坏，法国政府希望同德国单独讲和。

希特勒并不想过分残忍地对待法国人，他担心如果条件太苛刻，贝当政府会被推翻，新的法国政府会逃到北非，并从那里发动反击。这会使英国人以整个法国殖民帝国作为依托，反抗德国。

在这种背景下，德、法两国于6月22日在贡比涅森林签订了《停战协定》，同意德国占领法国北部和大西洋沿岸地区，占领军费由法国承担。法国南部仍由贝当政府管理。22年前，即1918年11月11日，法国正是在此地迫使战败的德国接受停战条件，德国这次把当年签署和约的一节白色车厢也拉了出来。二战期间，希特勒确实没有过分残忍地对待法国人，但这种羞辱也够他们受的。

法国维希政府站到了希特勒这边，贝当答应与纳粹德国在经济上合作。此时的英国，用丘吉尔的话说，只能赤身裸体地面对德国。

09. 悲壮惨烈的空战

铁了心要跟德国干

其实，希特勒刚开始并不想打英国。1940年5—7月，他始终没有敦促德军总参谋部制订进攻英国的作战计划，而是致力于诱降英国。他在六七月份多次通过广播和报纸，一再提出"和平建议"，并通过梵蒂冈教皇和瑞典国王与英国接触，向英国提出瓜分法国、荷兰殖民地的优越条件，试探媾和的可能性，还派出密使与在西班牙的英国前国王温莎公爵接洽，准备扶持这位不爱江山爱美人的前国王重登王位，建立一个亲德政府，迅速达成停战协议，以便集中全力准备对苏联作战。

不过，丘吉尔是铁了心要跟德国干。希特勒因此制订了登陆英国作战的"海狮计划"，但他内心并不认为有在英国登陆的必要。希特勒分析说："如果我们击溃英国，整个大英帝国就将崩溃，但德国不会从中得到任何好处。为了击溃英国，德国人要付出血的代价，但坐收渔利的将是日、美等国。"德国军界上层也对入侵英国心存疑虑。龙德施泰特元帅就认为，这个计划"无非是在政治上虚张声势"。所以，德国要想使英国屈服，就得依靠空军。

英国要想保住领空，也得靠空军，这是一场飞机的较量。为了加速飞机生产，丘吉尔任命密友弗布鲁克勋爵担任飞机生产部长。他在给丘吉尔的报告中说："我想提醒你，你的政府开始工作时英国只有45架飞机。"这反映了英国政府在战前实行防卫政策所带来的严重后果，丘吉尔正是这一政策的主要批评者。然而，当丘吉尔的儿子伦道夫对父亲说，应该惩罚那些前政府领导人时，丘吉尔回答："除了敌人，我们目前不想惩罚任何人。"

"黑色的星期四"

即便丘吉尔想惩罚那些人，他也没时间，因为不列颠空战已开始。1940年8月13—23日，是不列颠空战的第一阶段。

德军在这一阶段主要想消灭英国空军主力，由于德军飞机航程有限，所以攻击主要集中在英国南部，德军企图尽可能在南部战斗中消耗英军力量，为以后攻击中部地区创造条件。德军除以战斗机掩护轰炸机突击英军机场外，还以战斗机组成游猎群，专门寻找英军战斗机空战。空战自8月13日开始，这一天，德军投入战机1485架次，白天突击英国南部的七个机场，晚间则攻击英军飞机制造厂。英国空军出动战机727架次迎战，波特兰和南安普敦的空战尤为激烈。德军有47架飞机被击落，80余架被击伤，英军仅损失12架"飓风"和1架"喷火"战机，机场遭受的损失微不足道。

双方战至8月15日，因天气恶劣，戈林召集各航空队司令举行军事会议。不料天色突然放晴，留守空军指挥部的最高级别军官——第2航空队参谋长保罗·戴希曼上校，果断下令出击。谁能想到，这天竟然成了不列颠战役中德军出击规模最大的一天！

第2、3航空队几乎倾巢出动，第5航空队也首次派出飞机参战，这样德军从南、北两个方向同时展开攻击。北面的第5航空队以为英军在东北地区防御比较空虚，加上受航程限制，只派出了34架梅塞施米特-110战斗机掩护63架亨克尔-111和50架容克-88，不料遭到了英军第13大队7个中队共计84架战斗机的迎头痛击。德军战斗机空中指挥第76战斗机团第1大队大队长雷斯特曼上尉还来不及调整飞行状态，就被击落。这支在德国空军中享有盛名的精锐部队，由于梅塞施米特-110战斗机既笨重，数量又少，在英国空军的打击下损失惨重，战损率超过20%，从此第5航空队再未参加不列颠之战。

在英格兰南部的激战中，德军投入了975架战斗机和622架轰炸机，发动了四个波次的空袭，猛烈轰炸了英军5个机场和4个飞机制造厂。英军先后投入22个战斗机中队，全力抗击。战斗一直持续到天黑，全天德军出动战机约2000架次，被击落75架，英军出动战机974架次，空战中损失34架，还有21架轰炸机在地面被击毁，马特尔夏姆和林尼机场遭到较大破坏。这天是不列颠之战开始以来最激烈的一天，被称为"黑色的星期四"，照双方的损失比例，德军仅凭借数量优势，是难以消灭英国空军的。

8月19日以后，由于天气原因，空战暂停了5天。不列颠之战第一阶段结束，德军367架战机被击落，使英军12个机场和7个飞机制造厂遭到破坏，6个雷达站一度失去作用，1个指挥中心被炸，1座弹药库和10座储油库被毁。但德军选择目标不集中，分散了兵力，降低了突击效果，再加上英军顽强抗击，没能达到预期目的。英军在这一阶段损失战机183架。

道丁司令惹人怨

自8月24日至9月6日，为不列颠空战的第二阶段。在这一阶段，戈林命令对英军第11大队的主要基地和英国南部的飞机制造厂进行大规模空袭。在这两周时间里，德军每天出动飞机都在1000架次以上，其中8月30日和8月31日两天，更是达到了日均1600架次！轰炸一波接着一波，一浪高过一浪，空战连着空战。在这决定性的阶段，英军飞行员由于一个多月以来一直处于高度紧张状态，有时一天就要出动几次，非常疲惫。

自空战开始以来，英军有103名飞行员阵亡、128名重伤，伤亡总数占全部飞行员的四分之一！英国空军开始出现人员紧缺的情况，尤其是富有经验的飞行骨干大量伤亡，连一些年仅20岁的青年都已算是老手。在这样严峻的局面下，战斗机司令部司令道丁依旧没有动用保留在北部纵深地区的280架飞机，他的这种战略受到了前线艰苦奋战的将士的谴责和后方待命的将士的抱怨。

尽管如此，英军依然在顽强苦战，有些飞行员一天出动几次，但依然保持着高昂的士气。9月6日，英军的出动架次竟然超过了德军！地勤人员夜以继日地维护保养、抢修受伤的飞机，体力、精力都达到了极限，很多人在工作中晕倒。在这两周中，英军有295架飞机被击落、171架被重创，而同一时间生产出的新飞机加上修复的飞机，总数只有269架，英国空军元气大伤！更严重的是，英国南部最重要的5个机场遭到严重破坏。英国空军的指挥中枢地下扇形指挥中心与飞行员之间的通话，竟被德军通过无线电监听截获。

于是，德军便全力攻击这种指挥中心，南部地区和伦敦附近的7个指挥中心有6个被摧毁，英国空军的指挥和通信系统到了崩溃的边缘。照这样发展下去，英国空军很快就会失去抵抗力量！而德军在数量上的优势开始逐步发挥出来，在这两周里，德军损失了214架战斗机和138架轰炸机，但还有足够的力量继续发动攻势。就在英国空军遭到无法长期承受的巨大损失、即将到达崩溃边缘的时候，德军突然改变了战术，不再攻击英军的机场和指挥中心，转而对伦敦实施大规模空袭。

这一改变，完全是因为一个偶然事件。8月24日，12架迷航的德军轰炸机飞临伦敦，把炸弹投到了市中心。8月25日，根据丘吉尔的指示，英国空军出动81架轰炸机空袭柏林。尽管空袭造成的物质损失微乎其微，但在心理上极大地震撼了德国！8月28日夜和8月31日夜，英军又两次空袭柏林，柏林市民也真切地体会到战争的滋味。

大编队作战损失小

希特勒被激怒了，叫嚣着要彻底毁灭伦敦！9月3日，戈林召开参谋长会议，决定从9月7日起，攻击重点转为伦敦。

从9月7日起，一连7天，德军对伦敦不分昼夜地实施了大规模空袭，使伦敦蒙受了巨大的人员、财产损失，但英国空军得到了宝贵的喘息之机，迅速恢复了战斗力。此外，英国空军指挥序列也有了变动。道丁和第11大队大队长派克主张以中队为单位的小编队逐次投入战斗，而第12大队大队长马洛里则主张以3至7个中队组成大编队迎战。在实战中，小编队作战使英国空军损失较大。经过一段时间的检验，英国空军肯定了大编队作战。空军副参谋长斯坦莫尔上将接替道丁，第12大队大队长马洛里接替派克，分别担任战斗机司令部司令和第11大队大队长。

9月15日，经过8天的调整和补充，英国空军先后出动了19个中队的300余架战斗机，迎战前往伦敦的德军200架轰炸机和600架战斗机组成的大机群，激烈的空战持续了整整一天。在英军英勇的抗击下，很多德机漫无目的地投下炸弹，匆匆返航。全天有56架德机被击落，其中轰炸机34架，另有12架在返航和着陆途中伤重坠毁，还有80架飞机是带着满身弹痕着陆的。英军在空战中损失了20架"飓风"和6架"喷火"战机，还有7架战机因伤重报废。

这一天，是不列颠空战的转折点。德国空军终于意识到，他们没有掌握英国南部的制空权，并不能在白天进行为所欲为的空袭，英国空军没有被消灭，而且还很强大！丘吉尔亲临第11大队的指挥中心督战，他将这天称为世界空战史上前所未有的最为激烈的一天！战后，英国将9月15日定为不列颠空战日。

战略轰炸的"雏形"

经过第一、二阶段的激战，不列颠空战进入最后阶段，德军空袭的目的不再是消灭英国空军，而是对英国工业城市进行空袭，以削弱英国的军事力量，并制造欲进攻英国的假象。这样一方面可以牵制英国大量的海、陆、空军于本土，另一方面掩护为进攻苏联而进行的准备。

这一阶段最典型的战斗，就是发生于11月14日夜间，代号为"月光奏鸣曲"的行动，德军空袭的目标为英国航空工业基地考文垂[1]。尤其悲壮的是，英军通过破译德军的最高机密——埃尼格玛密码机，事先已掌握了德军的空袭计划。为了不让德军察觉到这一"超级秘密"，英国战时内阁决定一切照常，既不增加考文垂的防空力量，也不提前发出警报疏散平民！当晚，德军共出动449架轰炸机，由于使用了代号为"X-蜡膏"的无线电导航技术，轰炸非常准确，有394吨爆破弹和56吨燃烧弹落在考文垂市中心。德军还投下了127枚延时炸弹，以破坏英国人的救援行动。考文垂有5万多幢建筑被炸毁，死亡554人，重伤864人，12家生产飞机零部件的工厂遭到严重破坏，致使英国飞机减产20%，考文垂市区的水、电供应中断了35天才恢复。时至今日，在英国民谚中还有"send somebody to coventry（考文垂）"一语，意思是"别告诉他，让他去倒霉"。后来等英国人缓过劲儿来，为报考文垂这一箭之仇，联合美国轰炸摧毁了德国的德累斯顿[2]。战后，两国相逢一笑泯恩仇，考文垂和德累斯顿结成了友好城市。

单从军事角度看，此次空袭非常成功，具备了战略轰炸的典型特征，被很多军事家誉为战略轰炸的"雏形"。但这已是强弩之末，由于德军无法完成夺取制空权的计划，登陆英国、迫使英国投降或合作的意图无法实现。德国空军损失了超过2000名空勤人员和将近2000架飞机，虽然不至于影响整体实力，但

---

[1] 考文垂，地处英格兰中心，地处英格兰中心，20世纪开始发展人造纤维、电子和军火工业。

[2] 德累斯顿，德国萨克森州首府，是德国东部重要的文化、政治和经济中心。

对于资源有限的德国来说，这些损失在对苏联开战之前都无法完全恢复。

同时，在心理上，英国暂时挡住了德国进攻的锐气，也打破了德国空军在开战初期全胜的战绩，使英国士气得以在欧洲大陆接连挫败之后有了稍微恢复的机会。不列颠空战，实际上是二战中德国第一个没能达成战略目标的战役。英国皇家空军的英勇战斗，保住了欧洲最后的自由的种子。丘吉尔首相在战后深情地说："历史上从来没有这么少的人，为这么多的人，做出这么大的贡献！"

10. "小弟"投靠了别人

六千水兵大起义

法国的投降，标志着纳粹德国吞并欧洲的步伐，迈出了重要而坚实的一步。按照《我的奋斗》中的既定方针，纳粹千年帝国的梦想，应该建立在东方。所以，希特勒决心即便不列颠空战未能使英国屈服，也要准备对苏联开战。不过，苏联国土辽阔，边境线漫长，因此必须先征服东欧，控制巴尔干半岛，把与苏联接壤的国家拉过来做"兄弟"，这样打起来才比较靠谱。于是，纳粹德国瞄准了中东欧地区。

二战爆发前，德国就已吞并奥地利、苏台德地区，继而拿下了整个捷克斯洛伐克。开战后，占领了半个波兰。东线已跟苏联接壤，再往南数，与苏联临近的国家还有匈牙利、罗马尼亚、保加利亚。如果把这三国拉过来，从北到南，就可以对苏联形成包围之势。有意思的是，这三个国家没有一个是德国出兵摆平的，都是半推半就主动送上门来的。这里既有历史的渊源，更有那些亲纳粹领导人的功劳。

先说匈牙利，匈牙利原本是1867年成立的奥匈帝国的一部分。一战结束后，奥匈帝国解体，匈牙利获得了独立。此时的匈牙利出现了两个政权：一个是资产阶级政府，另一个是以库恩·贝拉为首的苏维埃。1919年3月，苏维埃最终夺取了政权，建立了匈牙利苏维埃共和国。

匈牙利国内保守势力感觉大事不妙，于是便开始相互串通，暗地里组织武装对抗苏维埃政权，协约国也决定出兵干涉。这时候出现了一个"力挽狂澜"的人——霍尔蒂。

霍尔蒂，生于1868年，出身于贵族家庭，少年时就被家里送进奥匈帝国的阜姆海军学校学习，毕业后又进入意大利的海军学校受训，回国后进入奥匈帝国海军服役。凭借着先天的机敏，他在海军中一直步步高升，相继出任奥匈帝国皇帝弗兰茨·约瑟夫一世的侍从武官、随从参谋、巡洋舰舰长、舰队司令。

一战爆发后，霍尔蒂率领舰队与协约国海军作战，曾数次重创意大利海军，因打破意大利对亚得里亚海的封锁而名震一时。但陆地战场的溃败，使得奥匈帝国的统治开始动摇。1918年2月1日，驻守在亚得里亚海卡塔罗40艘军舰上的6000多名奥匈水兵发动起义，他们逮捕了大批军官，建立了士兵苏维埃。起义波及了附近的港口，一些工人也相继加入。

极其苛刻的条约

在水兵的这次起义中，他们要求帝国退出战争，签订和约，废除君主制，成立民主政府，承认帝国内各民族人民的自决权。霍尔蒂当时拒绝参加起义，被困在军舰上。帝国高层惊慌起来，奥匈帝国和德国的大批军队赶到卡塔罗对付起义。霍尔蒂瞅准机会，积极参与了对起义者的镇压。一个月后，他晋升为海军上将，出任奥匈帝国海军司令。谁知，他已是这个帝国的末代海军司令。帝国在1918年10月崩溃后，霍尔蒂回到家乡隐居了起来。

苏联仨邻国，都半推半就贴近了德国

匈牙利独立后不久，国家即陷入动荡。霍尔蒂见有机可乘，便重新出山，参加到资产阶级政府一方，出任军事部长。他组建了一支忠于自己的武装——国民军，凭借着在一战中树立的威望，队伍很快便聚集到5万多人，霍尔蒂指挥着国民军疯狂扫荡苏维埃。由于成绩突出，霍尔蒂获得了欧洲列强和匈牙利上层社会的支持。1919年11月16日，他率领国民军开进布达佩斯。霍尔蒂进城后，首先对支持苏维埃的人进行了血腥镇压，随后几个月，几千人被处死，更多的人被关进监狱。

到1920年春，匈牙利共产党势力被打压下去后，霍尔蒂感觉自己的身份该变化了。他突然派兵包围了国会，迫使议员们选举他为"摄政王"。从此，匈牙利进入了霍尔蒂统治时期。霍尔蒂的军衔一直是海军上将，他依然穿海军上将服，可匈牙利是个内陆国家，没有海军，所以他被人称为"没有海军的海军上将"。因为匈牙利也没国王了，他又被称为"没有王国的摄政王"。

霍尔蒂夺权，是在一战后不久。协约国不可能饶了匈牙利，霍尔蒂为了巩固自己的统治，与协约国签订了《特里亚农条约》。这是《凡尔赛和约》的组成部分，其内容对作为战败国的匈牙利来说极为苛刻。匈牙利丧失了近2/3的国土、近一半的人口，面积由战前的32万多平方公里变成了9万多平方公里；2088.6万人口还剩下761.5万，1000多万匈牙利人一夜间成了外国人；还须支付巨额赔款。即便在那个盛行社会达尔文主义和丛林法则的时代，这么瓜分领土也是很少见的。尽管霍尔蒂心有不甘，但为了取悦协约国，得到他们长期的信任和支持，他还是狠下心接受了这一屈辱条约。条约的签订在匈牙利国内引起了极大震动，匈牙利公共建筑物上的国旗全部降半旗致哀，直到1938年。民众的谩骂声不绝于耳，甚至一些人想要复辟哈布斯堡王朝。霍尔蒂感到了威胁，待地位稳固后，他也想夺回一些东西。或者说，他对凡尔赛体系也是痛恨的。

不自量力的霍尔蒂

在希特勒刚刚上台时，霍尔蒂就与之建立了密切关系。虽然存在一些外交投机成分，但霍尔蒂认为，这次德国的变化与魏玛共和国的历届政府不同，希特勒将建立一个强势政府。何况两国有共同点：一战时是盟友，战败后都饱受宰割，都希望摆脱凡尔赛体系的束缚。而且，密切的经济关系也是两国彼此靠拢的重要原因。吞并奥地利后，德、匈成为邻居，走得更近。

1938年，德国在慕尼黑肢解捷克斯洛伐克，匈牙利很支持，并参与其中，事后分得了斯洛伐克南部（此后，匈牙利的公共建筑物上才重新升满了旗，而不再是升半旗）。在对待1939年匈牙利和罗马尼亚的领土纠纷时，德国更是明显偏袒匈牙利，迫使罗马尼亚将北特兰西瓦尼亚划给匈牙利。

虽然在1939年初，匈牙利就加入了轴心国，但在二战初期，匈牙利还是比较中立的。等到德军击败法国后，霍尔蒂认为匈牙利应该参战，以便在战争结束前多捞点好处。

有个笑话非常具有讽刺意味，说是在珍珠港事件后，德国于1941年12月11日对美国宣战。两天后，匈牙利根据《三国公约》也对美宣战。美国人那会儿对匈牙利十分陌生。当时，匈牙利驻美临时代办到美国国务院递交宣战书。值班的秘书是个新手，于是发生了以下有趣的对话。

问："谁在领导着匈牙利？"

答："霍尔蒂海军上将。"

问："那你们一定拥有一支强大的海军？"

答："没有，我们是内陆国。"

问："那霍尔蒂将军的职务是什么？"

答："他是摄政王。"

问："哦，那你们的国王是谁？"

答："我们没有国王。"

问："美国、英国是你们的敌人吗？"

答："不，我们唯一的敌人是罗马尼亚。"

问："罗马尼亚？是我们的盟国吗？"

答："不是，是我们的盟国。"

问："罗马尼亚是你们的敌人，你们却和罗马尼亚结盟，一起向美国宣战。我实在无法理解这事儿。"

答："是的，你们美国人当然不会理解我们复杂而微妙的欧洲政治。"

从这里可以看出，霍尔蒂这种见风使舵、火中取栗的想法，是多么不自量力！与和他互捧臭脚的墨索里尼倒是如出一辙。他这样做，最终害苦了他自己，也连累了他的国家。

这个元帅很窝囊

此时，罗马尼亚的统治者，是军事法西斯独裁者安东内斯库元帅。此人1882年6月14日生于罗马尼亚南部的皮特什蒂城，早年在法国学习军事。在一战中，作为一名中级军官在罗马尼亚军队中服役。战争结束后，他又跟随罗马尼亚军队镇压匈牙利苏维埃共和国。由于安东内斯库极端仇视苏维埃革命，王室对他器重有加。1919年，他出任驻法国武官兼驻英国武官。1937年，他被破格提拔为总参谋长，1938年再升任国防大臣。

在此前后，他加入了罗马尼亚的法西斯组织——铁卫军，彻底投入法西斯怀抱。二战爆发后，他逐步追随德国和意大利，充当其得力打手。

1940年9月4日，安东内斯库在纳粹德国和铁卫军的支持下夺取政权，自任首相。不久，他迫使国王卡罗尔二世逊位。安东内斯库仿照希特勒和墨索里尼，自称"国家领袖"。罗马尼亚虽然羡慕希特勒所取得的成就，但它在不断的领土争端中一直是个输家。1940年，斯大林为了扩展所谓的东方战线，抢占了罗马尼亚的比萨拉比亚和北布科维那两省（就是今天的摩尔多瓦，原苏联的加盟共和国）。安东内斯库非常生气，遂于当年10月，允许德军进驻罗马尼亚。

1940年11月，安东内斯库代表罗马尼亚正式加入轴心国。1941年，在希特勒的支持下，安东内斯库清洗了铁卫军中的异己分子，掌握军政大权。他依照德国和意大利的独裁体制，宣布罗马尼亚为"军团国家"，废除宪法，取缔政党，在国内建立起了法西斯独裁统治。

1940年12月4日，安东内斯库在柏林同纳粹德国签订了《罗德经济10年合作协定》。根据此协定，罗方必须按照主要经济产品销往德国的方向来改建本国交通线，并聘请德国专家管理本国各个经济部门。而且，为了适应德国战争经济的需要，罗方要降低本国货币对德国马克的比价。连这样苛刻的条约，安东内斯库都能答应。此后，罗马尼亚经济完全沦为纳粹德国经济的附庸。从此，罗马尼亚的军队和经济都被德国控制。

1940年，安东内斯库获悉纳粹德国准备发动对苏联的战争后，于同年11月至1941年5月，三次前往德国向希特勒请求罗马尼亚派军队参战。他不但保证本国军队将协同德国对苏军作战，还许诺承担德军通过罗马尼亚领土前往苏联作战的所有费用。没办法，谁让苏联人缘太"好"呢！没一个邻国它不欺负，自然也就没一个邻国不恨它。

苏德战争爆发前夕，安东内斯库为与德军协同作战，还在罗马尼亚进行了战争总动员。处在两强之间的小国，保持中立固然不易，难道选边站就能更好吗？安东内斯库这样做，有反抗苏联占领罗马尼亚领土的因素，但做得太过了。1946年5月17日，他被苏联控制下的布加勒斯特"人民法庭"处以极刑。

弱国夹缝求生存

与匈牙利和罗马尼亚相比，保加利亚的政策更明智一些。二战前夕，保加利亚奉行中立外交政策，与各大国保持友好，但在经济上深受德国影响。1939年9月1日，德国入侵波兰；9月15日，保加利亚声明在军事冲突中保持中立。

1940年2月15日，保加利亚国王鲍里斯三世任命了一名亲德首相，以取代此前亲英的首相。这也算审时度势，毕竟希特勒的魔爪伸过来了。随后，德国答应了保加利亚对邻国的领土要求，鲍里斯三世的外交政策开始倒向德国。

1940年夏，德国和意大利入侵巴尔干半岛。9月4日，德军进入罗马尼亚。三天后，纳粹德国迫使罗马尼亚将南多布罗加归还保加利亚。德、意、日三国轴心形成后，德国要求保加利亚也加入轴心国。1940年11月17日，鲍里斯三世与希特勒举行会谈。保加利亚表面上同意加入，实则迟迟不签字，并拖延参加战争的时间。

1941年3月，德军进驻保加利亚。鲍里斯三世没有办法，只得正式签署加入轴心国的文件。不久，便得到了马其顿的大部分地区、希腊的爱琴海色雷斯和塞尔维亚的部分领土。鲍里斯三世被称作"解放者""统一者"。然而，这位国王跟德国合作是有选择的，他只允许德军经过保加利亚的铁路进入希腊；当德军入侵巴尔干时，保加利亚应出动军队助德作战。

1941年底，保加利亚在纳粹德国的压力下，向英、美宣战。这遭到了人民的普遍反对，在人民的要求下，保军没有开赴东线作战。从表面上看，保加利亚在德国与盟国的夹缝中颇有斩获（后来又都失去），但鲍里斯三世本人难逃厄运。1943年，他到德国会见希特勒，拒绝了其要保加利亚参与对苏作战的要求，回国后不久即死亡。鲍里斯三世的王后约安娜说："我坚信，鲍里斯不是正常死亡的。"凶手很可能是盖世太保。

11. 屡战屡败的军队

基本没占到便宜

二战爆发后，纳粹德国连打带拉，把整个欧洲都快吞了，它的小伙计意大利看着挺眼馋。早在希特勒发起西线战役时，意大利眼见法国兵败如山倒，就坐不住了。在法国大使已表示愿意让步的情况下，墨索里尼仍对意军总参谋长巴多里奥说："我只要付出几千条生命的代价，就可以与胜利者同桌而坐。"很明显，他要乘人之危发难了。

1940年6月10日，就在法国政府撤出巴黎、防线全面崩溃之际，意大利对法国宣战。墨索里尼的进攻部队共计22个师，32.5万人，3000门火炮、3000门迫击炮。与他们对阵的法军只有6个师，17万人。但法军没有退缩，他们被德军连续挫败，正憋着一肚子火呢，于是将送上门来的意军一顿猛揍！法军的不断反击，使意军遭到了重创。直到法国对德国签署了《停战协定》，意军占领的法国领土还只能按英尺计算。墨索里尼因为没在法国投降前捞到好处而怒不可遏。

法国投降后，德国占领了法国五分之三的领土，只分给墨索里尼832平方公里的法国领土。墨索里尼很不服，我也是法西斯轴心国之一，凭什么你占那么大地儿，给我这么点地儿？希特勒说，这是根据在战争中贡献大小决定的，你的贡献是负的，不让维希法国占你一块地儿就算不错了。墨索里尼一看，法国不是我用武的对象，人家毕竟是帝国主义国家，百足之虫，死而不僵。我打不过法国，那怎么办呢？

沦为欧洲的笑柄

打不过法国，我进攻希腊去。墨索里尼决定抢在德国之前占领希腊，以增强意大利的地位。墨索里尼准备出动百万大军，还宣称："进攻希腊不过是去雅典散散步。"

1940年10月28日，意军分三路突然向希腊发起进攻。由于在阿尔巴尼亚边境驻防的希腊军队较少，前两三天，意军向希腊境内推进了50—60公里。希军利用山区有利地形顽强抵抗。11月1日，意军遭到希军的猛烈反击，经过两天激战，11月3日，希军粉碎了意军的进攻，将意军赶回到阿尔巴尼亚境内。意大利外交大臣齐亚诺承认："战役进行到第8天，主动权就落入希腊人手中。"

希腊战役爆发后，英国为保持其在巴尔干的影响，开辟对德作战新战场，于10月29日开始援助希腊，派遣航空兵支援希军作战。

11月7日，墨索里尼下令暂时休整，准备新的进攻。还没等意军准备好，11月14日，希腊军队集结了12个步兵师、2个骑兵师和3个步兵旅，从西马其顿全线反攻，击溃了意第11集团军。战至11月21日，意军全线溃退。为了掩盖其尴尬处境，意大利竟然宣布，希腊阻止意军战略撤退的企图遭到了失败，成为全欧洲的笑柄。12月4日，希腊军队继续增兵，压向阿尔巴尼亚境内。为了挽回颜面，1941年3月，墨索里尼命令意军又发动了一次进攻，再遭失败。前线意军极力要求撤回国内。

对意大利来说，这回可不是在非洲了。他们遇到了既勇敢又有先进武器的希腊人。据说，墨索里尼问意大利军队失败的原因，军方回答："我们没法进攻，希腊境内有芬兰部队。"芬兰军队以骁勇善战闻名欧洲。墨索里尼要求芬兰从希腊撤军。芬兰政府调查后发现，只有三名芬兰士兵和三名军官在希腊当志愿兵，于是芬兰政府回复，所谓部队只是六个志愿者。墨索里尼十分生气，发电给芬兰政府：我指的正是这些人！

12. 克里特岛激战

两个一块儿打

意大利失败后，希腊军队反攻到阿尔巴尼亚境内。在英国的支持下，希军居然大造登陆艇，摆出一副要越过亚得里亚海去进攻意大利本土的架势。当时，法国人特别幽默，在法、意边界上立了一块牌子，上面写着：希腊人请止步，这里已是法兰西。暗示整个意大利都会被希腊占领。墨索里尼一看又玩砸了，赶紧向希特勒求救。

希特勒对墨索里尼的求援非常厌恶，狠狠地臭骂了他一顿。不怕狼一样的对手，就怕猪一样的队友。不过，他还是答应援助意大利——主要是因为，希特勒要防止英国开辟巴尔干战场，守住罗马尼亚油田，控制地中海，以保证德军入侵苏联时侧翼的安全。

1940年11月4日，希特勒决定介入希腊战役。英国军队则于4天前进驻希腊的克里特岛①及米科诺斯岛。希特勒计划经过罗马尼亚和保加利亚入侵希腊，1941年3月初，德军30万人进驻保加利亚。

1941年3月25日，南斯拉夫政府被迫签署参加德、意、日三国轴心的协定。不料，27日，南军中的亲英派发动政变，夺取了政权。新成立的南斯拉夫政府拒绝与德结盟，反而于4月5日同苏联签订了《互不侵犯条约》。南斯拉夫

---

① 克里特岛位于地中海北部，是希腊第一大岛，总面积8300平方公里。这里曾是希腊文化、西方文明的摇篮。

发生的突然政变令德国震惊，希特勒召开紧急会议，决定修改单独进攻希腊的计划，连南斯拉夫一起打。

绝不向意大利人投降

1941年4月5日深夜，德军对希腊和南斯拉夫同时发起进攻。

在希腊方向，德军从保加利亚发动突袭，机械化部队和坦克师从背后包抄了进入阿尔巴尼亚的希腊军队。正与意军交战的希军因侧后受到威胁而被迫后撤，但为时已晚，希军已陷入重围。尽管希军英勇作战，但还是被各个击破，被击溃的希军躲进了奥林匹斯山区。面对德军的凌厉攻势，英军望风而逃，丢弃了大量装备。

4月18日晚，坚决主战的希腊总理科里齐斯[1]自杀。20日，被围希军主力向德、意军队投降。23日，希腊政府签署投降书。但希军投降时有一个条件，意大利人不能参与受降，向他们投降？丢不起那人！于是，在轴心国举行受降仪式时，意大利军官被德国同行礼貌而坚定地请到隔壁喝咖啡去了。次日，德军突破英、希联军防线，27日占领雅典，30日占领整个伯罗奔尼撒半岛。4.1万英军和部分希腊军队经海路撤至克里特岛。德军伤亡约1.15万人；希军22.3万人被俘，英军损失1.2万人。

但这仗还没打完，至少英国人还在希腊的克里特岛。英国早在1939年就宣布援助希腊，声称"我们会动用一切力量，保障希腊或罗马尼亚政府"。在希腊政府准许下，英国军队于1940年10月在克里特岛登陆，使希腊政府能让驻防此地的第5克里特师增援本土。

---

[1] 科里齐斯（1885~1941），1941年曾短暂担任希腊总理。他出任总理时，在很大程度上并无实权，但他仍然要为4月6日的德军入侵负责。不到两周之后的4月18日，德军向雅典进军，雅典城陷入戒严状态，科里齐斯开枪自杀。他的死最初被报道为心脏病发作，这或许是为了防止在雅典造成大规模恐慌。

援助希腊的决定主要是丘吉尔做出的。实际上，那时英军已经在北非与意大利交战。英国没有足够的军力同时在北非和巴尔干半岛进行大规模军事行动。即使英国能帮助希腊抗击德国的进攻，也没有能力越过巴尔干进行反击。

德军进入希腊南部后，希特勒本想停止巴尔干战事，但德国空军将领在思考以空降作战的方式夺取克里特岛。他们认为，允许英国人留驻克里特岛，无疑是在德军背后留下一枚钉子，应该夺取克里特岛，结束巴尔干战争，然后德国才能抽身对付苏联。

大规模空降作战

克里特岛位于东地中海，在爱琴海与地中海的交会处，是地中海第五大岛，也是爱琴海最大的岛屿。西邻马耳他岛，东邻塞浦路斯，西北距伯罗奔尼撒半岛只有90公里，南与北非重镇托卜鲁克隔海相望，距埃及的亚历山大港约560公里，战略地位极其重要。如德军占领该岛，既可控制东地中海，威胁英国在地中海区域和中东的阵地，保卫罗马尼亚油田免遭英军空袭，又可将该岛作为入侵中东的前进基地。

对英国而言，克里特岛则是保卫埃及和苏伊士运河的前哨阵地。克里特岛为长条形，东西长，南北宽，总面积约8300平方公里。全岛地形崎岖不平，山峦起伏，陡峭难行。岛上交通不便，通信联络比较困难，这都不利于英军的反登陆作战。克里特岛四五月间气候晴朗少雨，对掌握制空权的德军实施空降作战非常有利。

德国空降兵的创始人——第11航空军军长施图登特中将建议，在克里特岛实施一次真正的大规模空降作战，以证明空降部队的战略价值。在取得戈林同意后，施图登特当面向希特勒汇报，获得了希特勒的首肯。

4月25日，希特勒下达了代号为"水星"的作战指令，规定以空降部队为主占领克里特岛。

5月16日，英军击落一架德军侦察机。被俘飞行员称，攻击将在未来48小时内开始。5月17日，英军全面进入最高戒备状态。5月18、19日，德军空袭频繁、猛烈。英军侦察机也发现，德军在希腊南部机场集结了大量空降部队和飞机，由于英军在该地区航空兵太过薄弱，几次轰炸，效果并不显著。

德军俘虏的口供并不确切，"水星"行动实际于5月20日全面展开，德军突然出动550架运输机和60架重型滑翔机，投下了一个空降师，扑向这个英军在西地中海的最后据点。

守岛英军大约3万，包括一个新西兰师、一个澳大利亚师和一个坦克旅。守军面朝大海，他们没有看到春暖花开，看到的是背后从天而降的德军。

双方战至5月26日，新西兰师已濒临绝境。师长下令丢弃装备，人员从海上撤退。但是，海滩上全无遮拦，白天根本无处躲避空袭，只能等天黑后趁夜色撤退。此时，岛上其他守军也打不下去了。5月28日至6月1日，类似敦刻尔克的"奇迹"再次上演，英军4个晚上救出1.65万人。不同的是，这次德军的伤亡也不小。

希腊民主军横空出世

克里特岛空降战役历时12天，以德军占领该岛告终。在战役中，德军阵亡、失踪约4000人，其中包括第7空降师师长萨斯曼少将，伤1万人，损失飞机220架。德军唯一的空降师——第7空降师，在战役中遭受重创，伤亡超过5000人，近全师的四分之三。由于德国空降部队在此次战役中损失巨大，克里特岛因此又被称为"德国伞兵的坟墓"。

克里特岛上的英军阵亡1700人，伤1.5万人；海军伤亡约2000人，合计约1.8万人。希腊军队被俘约6000人，伤亡约3000人。英军在克里特岛进行的抵抗，实际上挽救了马耳他岛，因为经过这场战斗，德国已没空降部队可以参战了。

这场战役失败后，希腊本土被德国、意大利及保加利亚瓜分，德军占领了很多战略要地。希腊被占领期间，面对极权统治，很多人因困苦、饥饿而死亡，这导致了希腊民主军的建立。他们对占领者发动游击战，同时他们还建立了情报网络。

令人称奇的是，希特勒在1941年对国会的发言中，表达了对希腊军队的赞誉，他说：“从历史公正的角度来看，我不得不指出，在我们所面对的所有敌人中，希腊士兵在战斗中表现出了他们无比的勇气，他们只有在继续抵抗是不可能或徒劳无益的情况下，才有条件地投降。”希特勒命令，所有的被俘希腊士兵在被解除武装后，即释放及遣送回国，“因为他们的英勇”。据希特勒的最高统帅部参谋长、陆军元帅凯特尔[1]说，希特勒“希望能给希腊人一个光彩的和解协定，以表示对他们英勇抵抗的敬意和无可指责的反抗，毕竟这都是由意大利人导致的问题”。

受到希腊抵抗德、意两国入侵的鼓舞，丘吉尔说：“至此我们今后将无法再说希腊人英雄般地战斗（因为希腊已经沦陷），但英雄们将像希腊人般地战斗。”在回复给希腊国王乔治二世的信中，美国总统罗斯福也说：“所有的自由民族，都对希腊民族的英勇和坚定不移，感到深受鼓舞。”

历史上有种说法，希腊战役的实施，推迟了德军进攻苏联的时间表。这种说法尚有争议。丘吉尔就曾以此为由，替自己在这场战役中的一些失误进行辩护。但在当时，谁又敢肯定希特勒要进攻苏联呢？

---

[1] 凯特尔（1882~1946），纳粹德国陆军元帅。1946年10月1日，在纽伦堡的国际军事法庭上被判处死刑，10月16日被执行绞刑。

13. 南斯拉夫被瓜分

保罗王子的危机

就在入侵希腊的同一天，德军进攻南斯拉夫。这个国家原本可以兵不血刃地拿下，因为它已经签署了和约。可又突然发生政变，这是怎么回事呢？

作为巴尔干地区最后的一个中立国，南斯拉夫受到了德国空前的压力。一直以来南斯拉夫的摄政王保罗王子都不希望跟德国走得太近。但和保加利亚一样，由于德军强大的军事实力已经压了过来，不得已才慢慢屈服。虽然他想尽一切办法，让南斯拉夫避免受到德国人的干扰，但潮水般的德军已涌入匈牙利和保加利亚，南斯拉夫变得四面楚歌。

这个时候，保罗王子不得已于1941年3月10日前往柏林会见希特勒。在见面会上，希特勒告诉这个南斯拉夫的实际统治者，他并不要求南斯拉夫派出部队或给予军事援助，也不会要求南斯拉夫的领土和主权，德军更不会通过南斯拉夫进入希腊。他只希望南斯拉夫在三国同盟条约上签字。相反，只要签了字，南斯拉夫就可以得到梦寐以求的萨洛尼卡港，并巩固其未来在欧洲新秩序中的地位。这明显就是"胡萝卜加大棒"式政策。面对如此"好事"，保罗王子动摇了，有心签下和约，这样南斯拉夫就有可能加入法西斯轴心国。

但是，这个消息在南斯拉夫内部引起轩然大波。当保罗王子和他的部长们将要屈服于德国人的压力时，满含愤怒的人们包围了南斯拉夫皇宫，无数信件如同雪片一样，飞进了南斯拉夫内阁成员及其军事领导人的办公室，有人甚至威胁说，如果保罗王子敢在条约上签字，就要他的命。南斯拉夫政府内部也有人反对，很多官员说，只要南斯拉夫屈服于德国，他们就集体辞职。

此外，美国和英国也对南斯拉夫的这个举动感到震惊。罗斯福认为南斯拉夫此举并不十分明智，这会破坏巴尔干地区的平衡。英国外相艾德礼更是在电报中破口大骂，他认为南斯拉夫如果这么做，这个国家将会跌入万劫不复的深渊，保罗王子也会下地狱！

可是，当3月26日德军进入保加利亚边境时，保罗王子扛不住了，他宣布南斯拉夫加入法西斯轴心，并将派人前往维也纳签署条约。宣布这事之前，他的顾问仍然希望能够规劝这位摄政王放弃这个想法，并且警告他说，如果政府签订和约，势必会引发起义。对此，保罗王子悲痛地说："我没有办法，我是被逼无奈的，我只有屈服。"

元首的震怒

当首相和外交部长前往维也纳签订条约时，南斯拉夫表面上看十分宁静。不过，当天晚间，南斯拉夫的陆军和空军军官们就发动了一场闪电般的军事政变。他们在天亮之前就推翻了政府，军队从贝尔格莱德的主要空军和陆军基地出发，分头占领了国防部、警察总部、安全总部，主要的邮电局、电话局和国家电台。南斯拉夫占多数的塞尔维亚人对英国人普遍有好感，当两支起义队伍出现在皇宫的时候，皇宫守卫并没有开枪，反而打开大门加入了起义者的队伍。起义军逮捕了很多倾向于德国的将领和官员，并将其关押。但他们没有找到保罗王子。这位摄政王在起义军到达之前，就神秘地从皇宫里失踪了。保罗王子的侄子彼得接过其叔叔的王冠，成为了南斯拉夫的国王。

贝尔格莱德市民热烈庆祝这场政变，人们欢呼雀跃，高唱国歌，在街灯上挂起英国国旗，还有人高举着英王乔治五世的画像穿街过市。艾德礼得到这个消息之后，兴奋地对众议院的议员们说："南斯拉夫重新找到了它的灵魂。"英国媒体也认为这是英国在外交上的一次重大胜利。

这其中最愤怒的人是希特勒，他眼见煮熟的鸭子飞到了别人桌上，到手的胜利在最后一分钟被人抢了去，这令他无法忍受，他觉得这是对他的人身污辱。他高声喊叫，令三军首脑立刻到元首府报到。这就是前面提到的修改只针对希腊的作战计划，希特勒当场宣布："现在要消灭这个国家！"

墨索里尼对希特勒的决定表示坚决支持。他断言，南斯拉夫近来的事态是1914年"萨拉热窝事件"的再现，是由同一类不可救药的货色挑起来的。于是，南斯拉夫成为德国在欧洲的第九个牺牲品。

南斯拉夫被灭掉

4月5日凌晨时分，涂有法西斯标志的德国轰炸机群一浪接一浪地涌至完全未设防的贝尔格莱德上空。许多人还没从政变的欢乐中醒悟过来，以为这是本国的军用飞机。然而，致命的炸弹扔了下来，斯图卡式轰炸机毫无顾忌，随心所欲地俯冲投弹，供水系统、人群、民房、医院、教堂、学校全都是目标。贝尔格莱德的废墟下留有1万多人的尸骨，同时德、意航空兵对南斯拉夫的交通枢纽和其他重要城市，也实施了猛烈轰炸。

南斯拉夫政府和最高统帅部陷于瘫痪，德国第1装甲集群和第2集团军一部越过保加利亚南部、罗马尼亚南部和匈牙利南部边界，对贝尔格莱德实施向心突击；德第2集团军主力从奥地利和匈牙利向南斯拉夫克罗地亚首府萨格勒布实施钳形突击。11日，意军分别由伊斯特拉半岛和阿尔巴尼亚的斯库台出发，对杜布罗夫尼克实施向心突击；匈牙利第3集团军10个旅从塞格德地域攻入南斯拉夫。13日，德第1装甲集群和第2集团军在贝尔格莱德地区会师并占领该市。次日，南军最高统帅部命令部队停止抵抗，17日投降。德军伤亡500余人，南斯拉夫军被俘约34.5万人。

4月15日，南斯拉夫政府与国王逃往希腊。4月17日，南斯拉夫王国政府代表在投降书上签字。短短10天，南斯拉夫作为统一的主权国家，已不复存在。

在这之后，南斯拉夫大部分地区被划归邻国，其余地区则处于军事占领之

保罗王子有心签约之事，在南斯拉夫国内引起了轩然大波

下。戈雷尼斯和什塔那尔被德国吞并，剩余的斯洛文尼亚地区划归了意大利。匈牙利得到了普列科穆尔耶、梅久穆尔那、巴奇卡和巴拉尼亚。保加利亚则得到了它早就垂涎三尺的马其顿奥赫里德以北地段以及科索沃的一部分和塞尔维亚的东部地区。黑山被意大利接管；塞尔维亚剩余地区受德国军事长官直接管辖；克罗地亚被宣布成为独立国，边界亦有更改。德军进入克罗地亚，在那里，他们被当地民众当成解放者而受到欢迎。

14. 惹不起的游击队

最高统帅负伤

到1941年，欧洲除了英国和苏联，其他国家都处于希特勒的控制之下，欧洲成了希特勒的欧洲。正是在二战最危急的时刻，南斯拉夫爆发了起义。1941年6月27日，南斯拉夫共产党成立了南斯拉夫人民解放游击队司令部，铁托任总司令。此后几个月，游击司令部所统率的部队达到8万，他们开辟了一系列敌后根据地。在解放区的边界，德军竖起大牌，正面醒目地写着："注意！匪区！"可见南军游击队的威力。

9月18日，铁托克服重重险阻，从首都贝尔格莱德平安进入解放区，成为南斯拉夫反法西斯战场上的军事统帅。不久，游击队攻占乌日策城，建立了象征性的乌日策共和国。

1942年，德军痛感游击队的严重威胁而加紧进攻解放区，南斯拉夫人反抗法西斯的斗争进入最困难时期。南共多次向苏联求援，苏联借口"技术困难"没有给南共丝毫实际援助。游击队缺衣少粮，大批伤员因缺医药而得不到及时治疗，成千上万的难民挣扎在死亡线上。

铁托率领游击队在无任何外援的情况下孤军奋战，进行了南斯拉夫游击队的“长征”，向北长途行军200英里到达波斯尼亚西部解放区，连续打退德军的多次进攻，摆脱了绝境。

在6月份的苏捷斯卡战役中，铁托一行遭到德机轰炸，由于他的爱犬卢克斯舍身相救，他才死里逃生。铁托是二战中唯一负伤的最高统帅。

游击队很活跃

1941年11月28日，阿尔巴尼亚“响起了反法西斯武装斗争的第一枪”，地下军在地拉那杀死了一个专门迫害政治活动分子的阿奸警察队头目。到1942年，几乎整个阿尔巴尼亚都有游击队，据统计共有40多队，人数超过1万。他们袭击意大利军的汽车队和部队，与此同时，地下军也在城市中消灭法西斯。阿尔巴尼亚共产党还把游击队或个人所取得的战果，通过秘密发行的定期公报和小册子，报道给公众。

当然，二战期间，阿尔巴尼亚的地位并不显眼。盟军从未承认过国王索古领导的阿尔巴尼亚流亡政府，也没有在任何一次国际会议中讨论过阿尔巴尼亚及其边界问题。没有人为阿尔巴尼亚在战争期间的损失进行过可靠统计。不过，联合国善后救济总署报告说，阿尔巴尼亚在二战期间有3万人死亡，200座村庄被毁，1.8万幢房屋倒塌，大约10万人无家可归。当然，实际损失应该超过这个数据。历史不应忘记，也不该忘记，每一个不屈的灵魂。

战争就是这么回事儿：
袁腾飞讲二战·上

第五章

双峰对峙万骨枯

（苏联大清洗，苏德战争）

我们所建成的，与我们为之奋斗的完全两样。

——题记

01. 斯大林的崛起

四处打家劫舍

20世纪是集权主义风行的世纪，这方面涌现出了很多代表人物，其中最有代表性的，绕不开一个人——斯大林。当然，至今有些国家对他仍褒贬不一，所谓"誉满天下，谤满天下"，正是指此类人。

斯大林是沙皇俄国统治下的少数民族格鲁吉亚人，父亲是皮鞋匠，算是小资产者。所以，他后来才能上富家子弟进的东正教中学，这学校相当于中国的团校。他毕业后是以神甫为职业的，欧洲封建时代基督教会掌管意识形态，神甫的地位与共产党国家的基层党委书记差不多。虽然后来斯大林没当一天神甫，但他学的专业知识并没有白费。他采取偷天换日的手法，将"马克思主义革命理论"转换成宗教般的教义。斯大林的父亲脾气暴躁，喝醉酒后经常打他，这可能与后来斯大林暴戾性格的形成有关。

斯大林读神学中等学校时就加入了社会民主工党，后来追随了党内左派，即以列宁为首的布尔什维克派。斯大林入党后主要从事"剥夺"行动，打土豪分财产，四处打家劫舍，抢银行、劫火车，筹集党的活动经费。当然，他掌权后御用学者从来不提他这段"辉煌历史"，以免给党抹黑。

为了在党内往上爬，斯大林拼命地讨好列宁。他文化程度不高，但还是竭力读了不少书，有一定的理论修养，写了不少著作。十月革命前他反对过列宁武装起义的主张，后来他隐瞒了这段历史，把自己说成是列宁的忠实信徒。

粗暴无礼惹反感

十月革命后，列宁担任人民委员会一把手，斯大林担任民族事务人民委员（相当于部长）。他主张推行大俄罗斯主义，受到了列宁的严厉批评，说他"比俄罗斯人更俄罗斯"。列宁领导的社会民主工党多数派（后来改名共产党）一直实行党内民主制，党内没有最高职位，党的领导集体由民主选举产生，重大决策集体讨论，最后以少数服从多数原则投票决定。斯大林一直担任秘书长职务，后来中国将这个职位翻译成总书记。在俄文及英文中，秘书与书记是同一单词，这个职位相当于一般单位的办公室主任。

斯大林在担任总书记时，掌握有一定的权力，但他刚愎自用、粗暴无礼的个人品质也暴露了出来，甚至对列宁夫人也敢辱骂。这引起了列宁的极大反感，在遗嘱中列宁建议解除斯大林的总书记职务。

列宁去世后，在接替他的人选里，托洛茨基①呼声很高。当时党内无最高职位，这是一种新型的无产阶级民主政治形式。列宁的领导地位不是靠制造个人迷信、排除异己建立的，而是靠他的民主作风、团结包容各种不同意见同志的高贵品格，在革命实践中自然而然形成的。托洛茨基是列宁最为欣赏、信任的人物。十月革命前列宁被临时政府通缉逃亡国外，起义工作实际上是由担任军事委员会主席的托洛茨基领导的。后来，在保卫苏维埃政权的国内战争中，也是托洛茨基组建了红军，被称为"红军之父"。如果他有一点个人野心，列宁去世后，他窃取党政军大权，简直不费吹灰之力。

---

① 托洛茨基（1879~1940），原名列夫·达维多维奇·布隆施泰因，俄国与世界历史上最重要的无产阶级革命家之一。1940年，他被其当作朋友的苏联情报单位特务拉蒙·麦卡德用冰斧残忍地杀死。随着档案的披露，证明斯大林对这次暗杀行动负责。

高层们的私心

如果列宁去世后，苏共中央委员会遵照列宁的遗嘱，解除斯大林总书记的职务，那么后来就不会发生"斯大林攫取党政军大权，建立个人独裁统治，并将所谓的斯大林主义，推行到所有社会主义国家，最终断送了世界上第一个社会主义国家苏联，乃至整个国际共产主义运动体系"的事情。

列宁去世后，在苏维埃代表大会及政府部门担任高级职务的一些领导人，却不希望托洛茨基成为党和国家的新领袖，其原因就是嫉妒，这也是民主选举领导人与个人任命接班人不同之处。托洛茨基出身上流社会，受过良好的教育，风度翩翩，才华横溢，又能说又能写；在革命斗争经历中，功勋卓著，在人民群众中威信极高。而斯大林恰恰相反：一米六三的矮个儿，说一口乡音浓厚的俄语，完全端不上台面。

而且他在窃取大权前，见人都是一脸谦卑的神情。高层们觉得让这样的人暂时代替列宁位置，自己以后有机会可以取而代之，如果让托洛茨基上台，所有人都将黯然失色。

02. 阴谋在慢慢地酝酿

"伟大"领袖过生日

20世纪30年代初期，斯大林战胜反对派之后，已掌握大权，踌躇满志。托洛茨基已被驱逐出境，彻底打翻在地，永世不得翻身，直到1940年被斯大林的特务暗杀。斯大林作为党的总书记，通过伏罗希洛夫指挥红军，通过雅戈达指挥安全机构，通过宣传机器把任何功绩都与斯大林联系起来。于是，布尔什维克党内和苏联国内，出现了近乎迷信的个人崇拜现象，斯大林俨然已成为了人民心目中的神明，一切成绩的取得都归功于斯大林，因为他是党和国家的象征。

1929年12月，苏联为斯大林50寿辰举办了盛大的庆祝活动，报刊上出现了对"伟大"甚至"天才"领袖和导师斯大林的祝贺。原来被击败的反对派，也参加了对斯大林歌功颂德的大合唱，季诺维也夫、加米涅夫、布哈林，以及其他领导人一个接一个地发表文章，在承认自己错误的同时，大谈"全世界人民的伟大领袖"斯大林同志是如何正确。

消灭新的敌人

与此同时，另一种倾向也是存在的，并形成一股潜流。斯大林所推行的政策，越来越依靠由他挑选、提拔的年轻干部。老一代布尔什维克，绝不会有青年一代对斯大林的热情、忠诚、崇拜。因此，斯大林对老一代布尔什维克的轻蔑态度，逐渐转变为仇恨。他坚信必须把那些不同意或怀疑自己政策的人，赶下历史舞台。这些人对他所设计的"伟大的社会主义事业"是有害的，起妨碍作用。

另外，1934年1月，苏共在十七大形成了共产党中央书记组成的秘密联盟。据猜测，这次大会刚开始或大会前夕，一批党的工作者和风头正劲的政治局委员，同中央委员会书记基洛夫谈过话，提出必要时撤换斯大林。从后来参加谈话的人在肃反运动中的命运来看，斯大林通过秘密渠道，知道了这些谈话内容。

对斯大林个人来讲，1934年是他一生中重要的一年。正如他在前几年击败反对派一样，他要消灭、清洗新的一批敌人，包括基洛夫在内的曾帮他战胜过反对派的这些人，但现在这些人已对他的统治构成了威胁。从政治经验来讲，他知道历史给每个人一次机会。假若没有战胜对手，对手就要利用这个机会打倒自己。

闻到了"阴谋"的气味

在苏共十七大上，斯大林的"亲密战友"基洛夫在发言时22次提到斯大林，他为斯大林创造了好几个新的专有名词，譬如"伟大的社会主义建设的掌舵人"等，他甚至提出"把斯大林同志总结报告中的所有论点和结论，当作党的法律来贯彻执行"。

基洛夫的这些话，每次都被热烈的掌声打断，但斯大林没有被假象所欺骗，他知道在掌声和动听的颂词后面，一场针对他的前所未有的阴谋正在酝酿。

他闻出了聚集到十七大的"阴谋"气味。按规定，党的总书记，也就是斯大林，出现在主席台时，掌声应该是10分钟，政治局委员则应控制在2分钟。可基洛夫上台时，暴风雨般的掌声，远远超过了规定时间。

在这次的中央委员会选举中，基洛夫得到的反对票最少，只有3票；而斯大林得到的最多，292票。政治局委员卡冈诺维奇下令将选票销毁，宣布斯大林和基洛夫并列得到3张反对票。斯大林得以继任总书记，而基洛夫任政治局委员、党中央书记、中央组织局成员。斯大林曾建议基洛夫到莫斯科工作，基洛夫没有同意，仍担任列宁格勒州委书记。十七大以后，斯大林感到，他面临着前所未有的严峻政治局势。

03. 基洛夫被刺杀

迷雾重重的刺杀案

1934年12月1日，是基洛夫的一个正常工作日，也是他生命中的最后一天，这也是即将席卷全国的镇压狂潮掀开序幕的一天。这一天傍晚，当基洛夫走进列宁格勒州委机关所在地斯莫尔尼宫，向州委第二书记办公室走去，当他在走廊里停下脚步开门时，一颗子弹射中他的脖子。他摇晃一下，转了半个身子，就一头栽倒在镶木地板上，鲜血从伤口里向外冒。

凶手尼古拉耶夫是内务部的工作人员，而且有证据表明，在这次谋杀之前，他曾几次企图暗杀基洛夫，企图靠近基洛夫时曾被其警卫人员逮捕。可奇怪的是，不久之后刺客就被内务部释放了。这引起了基洛夫警卫人员的警惕，但内务部告诉他们，这事用不着他们去管，并以收缴个别警卫人员的党证相威胁。最后刺客带着武器再次潜入斯莫尔尼宫，惨案就此发生。诡异的是，在基洛夫遇刺时，平时戒备森严的列宁格勒州委大楼空无一人，不见一个警卫；基洛夫遇刺倒地后，大楼警卫人员就像从地底下冒出来一样突然出现，将凶手按倒在地。

更令人奇怪的是，基洛夫的警卫队长被提去接受审讯，他是被用有篷的大卡车接走的，里面还有几个手持铁棒的契卡（"肃清反革命及怠工特设委员会"俄文缩写的音译）人员，一人坐在司机身旁。不久，基洛夫的警卫队长死了。当时医生做了"鉴定"，指出他是因车祸而死。他们当中有些人活到苏共二十大时才说，鉴定书是被迫做出来的，警卫队长是被很粗的铁棒打死的。

借谋杀案树权威

从基洛夫被刺案的发生，以及整个侦查过程可以看到，有一只有力的手，在指挥着整个事件的进行，这绝非尼古拉耶夫的个人行为。因此，无论斯大林是否指使过这次谋杀，他都会最大限度地利用这件事消灭他的对手。

当时，基洛夫由于自己的才华，在全国的影响力不断增长，到1934年时成为党内仅次于斯大林的人物，享有很高的声望。而且他独立性强，才能出众，善于团结工人，坚持自己的观点，不会附和斯大林的意见，并且有时能赢得多数票。斯大林的猜疑与嫉妒就此爆发。而共产党一些领导人对日益严重的个人崇拜及经济建设中的问题感到不安，于是在第十七次党代会上，酝酿着选举基洛夫来取代斯大林，担任党的总书记职务。斯大林对此感到十分震惊。

所以，1934年的斯大林，已将"基洛夫被刺事件"变成他树立党内绝对权威以及建立完全独裁统治的一个最重要步骤。因此他需要制造舆论，把手中的剑挥向他的敌人——一大批党内优秀干部，以及大批无辜的人。而在以后，他又把执行他命令的这些凶残的刽子手处决，以平息一些人的仇恨。斯大林的阴险罪恶由此可见一斑。虽然目前没有直接证据证明斯大林是这一谋杀行动的主谋，但他却充分利用此事件，使基洛夫被谋杀成为大清洗的导火线，成为20世纪30年代苏联肃反运动的开端。

"特别程序"危害大

1934年12月1日晚，根据斯大林的建议，苏联中央执行委员会和人民委员会通过《关于修改各加盟共和国现行刑事诉讼法典的决议》，规定对各个加盟共和国现行《刑事法法典》在"侦查和审理恐怖组织，和对苏维埃政权工作人员进行恐怖活动有关事宜"进行如下修改：凡属恐怖组织和对苏维埃政权工作人员进行恐怖活动的案件，侦查工作不能超过十天；控告结论在正式开庭审判前一昼夜交给被告；原告、被告双方都不参加审判；不接受判决上诉书和豁免请求书；极刑判决被宣布后立即执行。

当时，很多干部没有意识到他们在接受这个严酷与专横决议的同时，也为自己挖掘了坟墓。这是斯大林战胜敌方、清洗大批党内干部最有力的武器，因为这些人已经没有什么能保护自己了。斯大林再指挥内务部时就可以为所欲为、肆无忌惮，任何人都可以被说成是人民的敌人，是阴谋集团成员。

这个后来被称作"特别程序"的规定，为政治清洗中采用非法手段罗织罪名、迫害异己打开了方便之门，成为斯大林随心所欲清洗政治对手的工具。此后，肃反运动被逐步推向高潮。

当时，斯大林的一名亲信——苏联总检察长维辛斯基叫检察官们放心，不要有任何顾虑。他在1937年3月份一次检察工作会议上宣称："大家应该记住斯大林同志的话，在社会生活中，在我们自己的一生中，总有这样的时刻——法律成为过时的东西，而应该被撤到一边。"他又从学术上论证了一个前提："即在国家的罪行中，被告的口供是最重要的和决定性的证据。正因为如此，内务部才不惜以一切手段逼取口供。"

1934年12月22日，苏联政府发表侦查基洛夫案的通报，首次提到有一个名为"列宁格勒总部"的恐怖组织，说尼古拉耶夫就是这个组织的成员，该组织主要由季诺维也夫-加米涅夫等反对派成员组成。12月27日，苏联政府公开关于"列宁格勒总部"的控告结论，确认基洛夫被杀是该组织指使所为，并说谋害基洛夫是该组织谋害斯大林和党的其他领导人的长远计划的一部分。在立即处死尼古拉耶夫后，1935年1月15日对"总部"主要成员进行了审判，季诺维也夫等人坚决否认自己与基洛夫案有任何牵连，尽管拿不出证据，法庭仍判处季诺维也夫有期徒刑10年，加米涅夫有期徒刑5年。

接着，苏共中央向全国党组织发出秘密信，要求各地动员所有力量深挖敌人，由此开始了遍及全国的大逮捕，制造了无数冤案。清洗名单是逮捕人的重要依据。保安机构要负责提出"可疑分子"的名单，并按照一定的标准把他们加以分类。根据苏共第二十次代表大会上公布的材料，在大多数情况下，这些名单斯大林都亲自过目，由他或他最亲密的同事，例如莫洛托夫、卡冈诺维奇、马林科夫或伏罗希洛夫，来决定名单上那些人的命运。

04. 残酷的大清洗

含义模糊"两面派"

在1935年至1936年初，镇压与逮捕在国内与党内并没有遇到明显的反抗。虽然这些镇压引起了一些党员极大的不安，但没有发生任何有组织的抗议行动。这种情况，使得斯大林更加大胆地实行他的清洗计划。

随着恐怖大清洗的加剧，作为专政机关的内务人民委员会，便成为一个重要的政治部门。斯大林把它变成自己的权力工具，扩大了人员编制。斯大林在1937年二三月份的苏共中央全会上，为他的镇压清洗制定了一个理论依据。

在这次全会上，斯大林提出了一个论点，即随着苏联社会主义建设的顺利发展，阶级斗争日益激化。他宣称：党内仍有隐藏的日本、德国和托派奸细阴谋集团。在这次全会上，除已有的"破坏分子""代理人""叛徒"这些字眼之外，又多了一个新的含义模糊的词——"两面派"。从此，在处决党的干部时，就常常使用这个词。大规模的镇压与清洗，很快便降临到苏共与苏联人民头上。

多人被处以极刑

为了给"大清洗"披上"合法"外衣，1936年8月19日至24日，苏联最高法院军事法庭举行了第一次公开审判，被告是所谓的"托洛茨基-季诺维也夫联合总部"成员季诺维也夫、加米涅夫、斯米尔诺夫等16人。在审讯中，法庭没有出示任何证据，所有的指控都建立在被告的"交代"和"承认"上，在没有律师辩护的情况下，被告的"供词"被作为定罪的依据。

法庭最后宣布，季诺维也夫等人与已被驱逐出境的托洛茨基相勾结，主使谋杀基洛夫的罪名成立，判处16名被告死刑并立即执行，没收全部财产。判决后不到24小时，报纸即报道："死刑已经执行。"这次审判，对所有被告都处以极刑的做法，导致了以后更大规模的镇压。

1937年1月，苏联最高法院军事法庭对所谓的"托洛茨基反苏平行总部"进行了肃反运动中的第二次公开审判。被告中的著名人物有皮达可夫、拉狄克、索科尔尼科夫、谢列勃里亚利夫。这些人过去是布尔什维克和苏联出名的活动家，积极参加了十月革命和苏联国内战争，在20世纪20年代中期是托洛茨基的积极拥护者，为此被开除党籍。

在20世纪30年代初，他们实际上和托洛茨基断绝了关系，恢复了党籍，并在各人民委员部出版机构及其他单位中任领导职务，但还是被指控"接受托洛茨基指示"，"背叛祖国，从事侦察和军事破坏工作，实行恐怖和暗害勾当"。与第一次公开审判的程序一样，17名被告中皮达可夫等13人被判死刑，拉狄克等4人被判处10年或8年监禁。

由于拉狄克在受审时交代他与布哈林、李可夫[1]等有"罪恶的联系"，1937年2月底，布哈林、李可夫在出席中央全会时被捕。3月初，苏共召开中央全会，斯大林在会上做了报告。他在报告中强调，托洛茨基主义已经"变成了一伙暗害分子、破坏分子、间谍和杀人凶手组成的寡廉鲜耻的无原则的匪帮，他们按照外国谍报机关的指示进行活动"。

受审者安慰审问者

1937年2月23日，苏共中央宣布把布哈林、李可夫开除出党。次年3月，苏

---

[1] 李可夫（1881~1938），苏联早期主要领导人。因与布哈林一起反对斯大林的独裁被撤职、开除党籍，并于1938年被苏联最高法院军事委员会判处极刑。

联最高法院军事法庭对所谓"右派-托洛茨基联盟"进行了肃反运动中第三次公开审判。布哈林等21名被告被以"谋害罪"和"叛国罪"起诉，其中包括布哈林、李可夫在内的19人被判处死刑。

布哈林在被捕前几天，给党的几位领导人写了一封信。他在信中写道："我就要离开人间了，我不是在无产阶级的斧钺下低下了我的头，无产阶级斧钺应该是无情的，但也应该是纯洁的。我在万恶的机器面前是无能为力的，这台机器居然使用了中世纪的方法，拥有无比强大的力量，大量地炮制有组织的造谣、诽谤。这些万能的机构能把任何中央委员、任何党员磨成粉末，把他变成叛徒、恐怖分子、暗害分子、间谍。如果斯大林对自己产生怀疑的话，那这个机构也会立即找到证据的。"

布哈林是在审讯人员威胁要把他的妻子与刚出生的儿子杀死时，他才开始交代并承认了自己的"罪行"。到1937年底，实际上所有反对派成员都被捕了，不管他们被捕时持什么观点。

三次公开审判，都是肃反运动中为欺骗国内外舆论而精心炮制的假案，这几次审判所涉及的对象，也只是肃反运动中无数冤屈者的极少数代表。实际上，肃反运动所制造的冤假错案，远比公开审判所暴露的多得多，清洗的对象，从中央到基层，几乎包括所有的社会领域和各个阶层。

苏联著名作家爱伦堡曾出席过对肃反对象的审判，据他亲眼目睹，大多数被告精神萎靡不振，非常消极。这些人用机械的语言交代，没有其本人正常时所特有的语调与风度。因此有人猜想，审判者可能利用药物或其他极端手段，才获得了被告的口供，因为这些人毕竟曾经是出生入死的革命者。内务部的鹰犬们，大多数也难逃被清洗掉的命运，暴君都是用人时脸朝前，不用人时脸朝后，过河拆桥、卸磨杀驴。而这一情形，古今中外一再上演。

内务部的工作人员，在审讯"反革命犯罪分子"时，经常喝得烂醉，大喊大叫道："今天我审问你，明天不知道谁审问我。"在这个时候，总能看到一些花白头发的受审者，把年轻的审讯者搂在怀里，轻声地安慰他们。

沙俄将军的感叹

"大清洗"究竟制造了多少冤案、杀害了多少无辜者，至今没有一个确切的统计数字，但作为一场政治性镇压运动，其规模之大、涉及面之广、危害之深，在历史上堪称空前，它是俄国历史上最黑暗的一页，在人类罪恶史上也留下了浓墨重彩的一笔！

1953年斯大林去世，苏联开始重新审查这些案件。1956年2月，赫鲁晓夫在第二十次党代会上做报告时说，过去两年里已有7679人被"恢复名誉"。他们中大多数都已死去。更令人震惊的是，在1934年号称"胜利者代表大会"上选出的134名党中央委员会委员中，有98人，即占全部委员的70.9%，在1937~1938年期间被逮捕和枪毙。

斯大林死后，苏共政治局立刻要求安全部门提供有关在押"反革命犯罪分子"人数的详细资料。1954年2月，苏总检察长、公安部长、司法部长向苏共政治局联名递交了相关报告。报告中说，从1921年到1954年2月1日止，以"反革命罪"判刑的人数是377.738万人。其中被处死刑的有64.298万人，被判劳改和监禁的有236.922万人，被判流放和强制迁居的有76.51万人。在所有判刑人员中，对大约290万人的判决是由政治保卫局工作组、"三人审判组"和特别专案组等非常规司法机关做出的。剩下的90万人是由一般的法院、军事法庭和最高法院做出的。

1992年，当时的俄罗斯联邦国家安全部档案登记处处长，向舆论界通报了苏联时期的全部"政治犯"资料。这些资料显示，从1917年到1990年，总计有385.39万人以政治罪名（反革命罪、国事罪）被判处各类刑罚，其中82.7995万人被判处死刑。但是，这里有一小部分死刑判决没有被执行，而是改判为其他刑罚。与之相对照的是，1825~1917年沙皇俄国只判刑了625名政治犯，其中死刑不到200人。一位在斯大林监狱里长期坐牢的沙俄将军感叹，跟斯大林比起来，我们的尼古拉皇帝实在是太仁慈了，所以他丢了江山，但斯大林也做了我们皇帝想做却没做成的事——"现在牢房里关的全是犹太人和布尔什维克"。

05. 用假卢布买假情报

苏联红军将领遭清洗

1937~1939年国际形势极其险恶，德、意、日法西斯气焰嚣张，已侵略了许多国家，在这种情况下，斯大林仍指挥内务部开始清洗红军中的优秀干部，在这3年中有几万名忠于苏共的指挥员和政委被杀。

1937年8月，斯大林在红军政治干部会议上发言，号召在红军中根除"人民的敌人"，并要求把他们的活动汇报上来。斯大林这番讲话之后，苏联国防人民委员伏罗希洛夫和苏联内务部人民委员叶若夫对苏联军队提出要求：凡是和间谍多少有些关系的人都要做出交代，那些多少知道或怀疑别人有间谍活动的人要汇报。

根据这些指示，在1937年下半年到1938年期间，镇压机构对红军的基本骨干进行了一个接一个极为沉重的打击。苏联国防人民委员部中央机关，工农红军政治部，苏联革命军事委员会，各军区和海军舰队大部分军、师、团的大多数重要领导干部都被逮捕。国内战争时期最出色、最著名的红军将领，几乎全部被清洗。"大清洗"使苏联的军事人才几乎损失殆尽。

这里有个很有意思的例子，纳粹德国一直密切关注苏联的"大清洗"，并渴望能助斯大林"一臂之力"。盖世太保把一封写有11名苏联红军高级将领

"通敌"名单的信，卖给柏林一个捷克斯洛伐克间谍。这个间谍把信送到了捷克斯洛伐克总统贝奈斯手中，贝奈斯又把信转给了斯大林。其实，这封信明眼人一看就知道是假的，为什么呢？因为纳粹头目海德里希疏忽了一个细节，在他点名的11个苏军高级将领里面，有3个是犹太人。你想啊，犹太人怎么可能为纳粹德国卖命呢？只要是智商正常的人，一眼就能看出这是假的。但斯大林就相信，他实际上是想借机整肃红军中的异己。他是一个业余军事爱好者，就怕军队的将领对他不服。据说，苏联情报部门花了300万卢布，把这份情报买到手。结果，盖世太保把这些卢布拿回去检验，发现也全是假的。

在这场运动中，共有3.5万名军官被镇压，其中包括高级军官的80%，涉及所有的军区司令和绝大部分的集团军司令；在第一批被授予元帅军衔的5人中，有3人被处死；15名集团军司令中，13名被杀；85名军长中，有57人被处决；159名师长，110名被处决；4万多名营级以上军官遭到迫害。这一切都发生在二战前夕。苏联红军骨干的损失，使不久后的苏德战争深受影响。

几家欢乐几家愁

"大清洗"是没边儿的，即使作为"大清洗"工具的保安机构——内务部自身也无法幸免，其成员不断被更新，以维持对领袖的忠诚或被当作替罪羊。肃反运动前期领导内务部的雅戈达因不能满足斯大林的要求，而于1936年9月被更加心狠手辣的叶若夫取代，不久雅戈达被处决。叶若夫按斯大林的旨意，把肃反运动推向最高潮后，也遭到了同样的下场，1938年7月被贝利亚取代，并在1940年4月1日，被以"镇压苏联人民"的罪名枪毙。

此外，这场镇压运动波及各个领域。在知识界，历史学家、生物学家、数学家、艺术家，数以几千计地被迫害、流放。斯大林曾授意肃反机构，枪决乌克兰的几百名民间歌唱艺人。这些民间艺人是乌克兰民族文化的活化石，他们

"大清洗"造成了多少冤案，至今没有个确切数字的歌曲从来没有文字记录，得靠师徒代代相传才能将歌曲传下来。苏联著名音乐家肖斯塔科维奇说："每当他们枪决一个民间歌唱艺人，几百首伟大的音乐就和他一起消失。"

斯大林的镇压同样触及了外国共产党人。列宁的老战友、瑞士的普拉敦和波兰的加涅茨基都被处决了。波兰共产党因此解体，西乌克兰和东白俄罗斯的共产党也莫不如此。拉脱维亚、爱沙尼亚、立陶宛等国共产党都受到镇压，还有南斯拉夫、保加利亚、中国、朝鲜、伊朗、印度等国的一些共产党人也受到影响。

在整个大肃反运动中，只有一个人走到斯大林面前，对斯大林讲述自己对大肃反运动的看法，这个人就是斯大林青年时代的朋友——阿韦尔·叶努基泽，他讲完后不久，就被处决。

不过，凡事都有两面性。大肃反也使相当一部分人得到了提升，肃反过后，党内、政府内、军内出现了许多空缺职位，许多人因此被迅速提升。例如，一个叫勃列日涅夫的工程师在三年内，便当上了第聂伯罗彼得罗夫斯克的州委书记；一个叫柯西金的小厂长当上了俄罗斯联邦共和国的副总理；一个叫库兹涅佐夫的巡洋舰舰长成为苏联海军司令。

06. 坚贞不屈的芬兰

领导全国大罢工

俄国十月革命后，苏联的建立及其实行的大清洗，无不对周边国家造成影响。斯大林热衷于扩大苏联版图，对此希特勒评价说，其原动力来自"俄罗斯民族主义"的比来自共产主义的多。在这种情况下，与苏联接壤的小国，尤其是波罗的海沿岸国家，先后被并入苏联。只有一个国家例外，这个国家就是芬兰。

1809年俄瑞战争后，芬兰并入俄国，成为大公国。芬兰人为"维护自治权，反抗沙皇统治，抵制俄罗斯化"进行了不屈不挠的斗争。随着资本主义的发展和马克思主义的传播，1899年芬兰建立了工人党（后更名为芬兰社会民主党），1905年该党领导了芬兰历史上第一次全国性总罢工，迫使沙皇恢复了芬兰的自治，取消一切俄罗斯化法令，废除四等级议会，公民（包括妇女）获得了平等和普遍的选举权。同时，农村佃农的斗争也获得了胜利，迫使地主不得随意驱赶佃农。

1917年俄国十月革命成功，同年12月6日，芬兰宣布独立。列宁领导的苏维埃政权根据民族自决原则，承认芬兰为一个主权国家，芬兰终于摆脱了沙皇俄国长达108年的殖民统治。

芬兰是幸运的

芬兰独立后，由于苏俄的干涉，1918年1月至5月，芬兰爆发了残酷血腥的内战。

芬兰电影《四月之泪》，多少反映了那个时代的一些情况：一名白军士兵押送一名被俘且遭凌辱的红军女战士到军事法庭受审，两人产生了一些情愫，最终那位白军士兵为救这位红军女战士而被枪杀。

芬兰内战其实是苏联内战的一个组成部分，不同的是，在这个战场上，红军未能取得胜利，芬兰没有像前沙皇帝国的其他区域一样，成为苏联的一个加盟共和国，而是建立了白色政权。这也给我们提供了一种想象，假如在苏联内战中，红军失败了可能会怎样？

芬兰后来的结果，没有想象中那么糟糕。一段白色恐怖之后，芬兰没有像苏联一样经历大肃反，当1939年苏芬战争爆发时，人们同仇敌忾地抗击敌人的入侵。并且，这个白色政权现在是社民党执政。

可是，在90年前，一切都是未知的，人们只能凭着自己的直觉来进行选择，可悲的是，人们还要根据选择的不同立场去相互残杀。据说，约8万人加入了红军，而另外8万人参加了白军。经过残酷的内战，双方数万人（当然不限于武装人员）战死或被处决。

不过，芬兰是幸运的。至少他们现在懂得去愈合这种伤口。当今天不同信仰的人们，共同去祭奠当年不同信仰的遇难者时，这样的悲剧也许就不会再降临到他们身上。

07. 苏芬战争

芬兰的恐惧

在争取芬兰独立的过程中，芬兰和俄国以及其后苏联的关系一直很冷淡，苏联支持的芬兰社会主义者起义已经失败，斯大林当时非常担心纳粹德国会进攻苏联，因为苏芬边界距离列宁格勒只有32公里，他担心芬兰会成为德国进攻苏联的根据地。1932年苏联和芬兰签署了《苏芬互不侵犯条约》，1934年又进一步确定此协定10年有效。

1938年4月，苏联和芬兰进行外交谈判，希望能与芬兰联合抵抗德国，并希望芬兰将列宁格勒外围领土和苏联北方领土进行交换，以达到保护列宁格勒的目的。但谈判持续长达一年也没有实质性进展，这时欧洲的形势已经开始恶化。

1939年秋季，苏联要求芬兰将边界从列宁格勒往后拉25公里，并租借汉科半岛30年，以建设海军基地。苏联割让面积为两倍的领土给芬兰作为交换，但这部分领土接近北极，除了雪和北极熊，唯一盛产的只有石头，其产业与国防重要性远远不如苏联所要求的领土。而且，苏联已于同年九十月份强迫波罗的海三小国容许苏军进驻，芬兰对苏联以谈判为出发点蚕食芬兰的可能威胁感到恐惧，便以警戒的立场回应，11月初芬兰提出让步较少的解决方案，遭到苏联拒绝。

莫洛托夫成"商标"

眼见谈判不成，苏联军队制造了"曼尼拉事件"，宣称芬兰军队炮击曼尼拉村造成苏联士兵死亡，进而要求芬兰政府赔礼道歉，并将军队后撤20~25公里，被芬兰政府拒绝。苏联以此为借口废除《苏芬互不侵犯条约》，随即准备开战。

1939年11月30日，苏军以20个师共45万人、2400辆坦克、1980门大炮和700余架作战飞机，向芬兰发起全线进攻。同时宣布在其占领区内成立芬兰民主政府，声称红军是应该政府要求越过边界的。

苏联为侵略芬兰进行了部分动员，摆开了要把芬兰一口吞掉的架势。反观芬兰，它只是一个200万人口的小国，军队总数不到3万人，陆军的装备还停留在一战水平，大炮多是1900年前后的轻炮，其至还有1887年制造的没有现代助推装置的加农炮，坦克只有28辆一战时的法国雷诺战车和10辆左右比较现代的轻战车，芬兰唯一比较先进的只是在步兵轻武器方面，这些武器射击准确性较高。

但是，芬兰军队凭借在卡累利阿地峡修建的曼纳海姆防线的坚固工事，利用严寒和沼泽森林的有利地形，展开反击。苏军除在北冰洋的贝柴摩和萨拉地区外，在卡累利阿地峡和拉多加湖一带伤亡较大，对芬军主阵地久攻不克。

战争爆发后，许多苏联士兵称芬兰军为"白色死神"，可见芬兰军出其不意的杀伤力。芬兰军最喜欢的目标是补给车队和野战厨房，这些目标不但容易攻击，而且还可以让大量苏军没有办法得到热食，士气受到打击。这种战术成功到什么程度呢？苏军第44师师长因败退被斯大林处决时，罪名之一就是丢掉了55个野战厨房。

在苏芬战争中，有两种武器被冠以苏联外长莫洛托夫之名。苏联空军于开战首日即对以芬兰首都赫尔辛基为主的大都市进行空袭，甚至使用了子母弹式的燃烧弹。然而，面对芬兰的指责，莫洛托夫却恬不知耻地称：苏联空军并未轰炸芬兰，而是为芬兰部分城市内饥饿的工人空投"面包"。因此，整个战争期间，芬兰人都将苏联空军的炸弹戏称为"莫洛托夫的面包"。

在冬季游击战期间，芬兰军大量使用发明于西班牙内战，以玻璃瓶等容器盛装石油、磷、助燃剂等物的燃烧瓶，对苏军阵地与车辆造成极大损害，由于多以酒瓶为容器，芬兰官兵称之为"这是给莫洛托夫的鸡尾酒"，于是"莫洛托夫的鸡尾酒"成为汽油弹的别称。

苏军损失惨重

1940年1月，苏军重新组织攻势，总兵力增加到46个师，以密集炮火和重型坦克在卡累利阿地峡发动总攻，空军对芬兰后方城市和交通线狂轰滥炸，突破曼纳海姆防线，芬兰军于2月26日退守维堡一线。到3月5日，芬兰军已濒于兵力枯竭、弹尽粮绝、外援无望的险境。在这种情况下，芬兰政府在瑞典的斡旋下于3月7日派代表赴莫斯科议和，3月13日两国签订了《和平协定》。芬兰将其东南部包括维堡（芬兰第三大城市，重要工业中心和塞马运河出海口）在内的卡累利阿地峡、萨拉地区和芬兰湾的大部分岛屿割让给苏联，共计4万多平方公里土地，占全国面积的十分之一，并把汉科港租给苏联30年。

芬兰军总司令痛楚地说："该协定给我国的战略地位带来了灾难性的后果，我们丧失了本来可以保证我们阻止入侵军队前进的全部要地。新的国界使芬兰暴露在侵略者面前，而汉科则像一支指向我国心脏的手枪。"然而，仅仅过了一年，芬兰就在苏德战争中配合德军，夺回了失去的土地。

芬兰抗击苏军，自1939年11月到次年3月，前后不过4个月，使苏军遭受了惨重损失。莫洛托夫在1940年3月向苏军最高统帅部报告的红军伤亡数字为：死亡4.8745万人，伤15.8863万人，这还只是一个大大缩水了的数字。据赫鲁晓夫的回忆录透露，苏军在战争中实际受伤上百万人，死亡20万人以上，苏军全建制被芬兰军歼灭的就有第163师、第44师、第54师、第18师、第168师，第122师和第88师遭到了歼灭性的打击，被俘5.5万人，而芬兰军队只有2.3万人阵亡，4.7万人受伤（战争期间，芬兰正规军进行了扩编）。

更可贵的是，芬兰军通过战争，彻底打消了苏联吞并芬兰的企图。苏联动用大军进攻芬兰是志在必得。但苏芬战争的惨重代价，使苏联不得不正视现实，重新与芬兰谈判。芬兰通过战争，避免了被并入苏联的命运，最后虽对苏联进行了一些妥协，但基本上保证了国家主权和民族独立。

08. 芬兰为何那么坚挺

为制度而战

芬兰抗击苏联侵略的卫国战争之所以打得这么好，主要是因为芬兰真正把国民当人看，真正爱护人民。芬兰在独立之初还是个农业国，农业人口占66%，而这66%的农业人口中无地佃农占76%，贫富极其悬殊。芬兰独立后，这76%的无地农民，就成了政府重点关怀的对象。1918年，政府公布了《土地改革法案》，规定由政府先垫付资金向土地所有者买下土地交给耕种的佃农，再由佃农分年偿还，《土地改革法案》彻底改变了芬兰农村贫富悬殊的局面，到1930年，农村小土地占有者占农业总人口的94%，彻底解决了无地佃农问题。

　　对于一般居民，芬兰于1917年一独立就公布了8小时工作制的法律。不久，关于工伤事故、年老和残疾者的保险、产妇补助、贫穷儿童的照顾和失业救济等一系列法律也制定了出来，有人担心政府没钱支付这一庞大的福利计划，就问当时力主该计划的曼内海姆钱从哪里来，曼内海姆回答："将军队从10万降低到1万，节约了军费自然就有钱了。"问的人大为担心，说军队少了苏联会乘机打进来。曼内海姆议员回答："苏联人来了，我们大家跟它拼命就是，不能让它伤害到人民。如果现在不实行福利制度，那我们与苏联人又有什么区别？国家等于是还没建立，又谈何保卫？"

　　芬兰独立后的20年里，国家关怀每一个公民，尽一切努力去帮助他们，真正尽到了国家的职责，芬兰经济不断发展，社会日益平等。到1939年，社会50%的财富掌握在工人、农民手里，芬兰被称为"工人和农民的社会""一般劳动者的共和国"。

　　西兰珀女士的经历可以说是芬兰社会的缩影，她1866年出生于一个普通劳动者家庭，做过工人和女仆，1900年开始担任女仆工会的管理员，1905年担任《仆妇杂志》主编，1907年担任《劳动妇女》主编，1919年国家独立后被选为议员，1926年进入政府担任社会事务部部长。国家能做到真正由普通的劳动者来管理，人民还有什么不放心的呢？

　　所以，1939年苏联进攻时，芬兰人民就像保卫家一样保卫国，就连芬兰绝大部分社会主义者也没站到苏联一边，反而和同胞们一起战斗。因为，芬兰是他们自己真正的祖国。保卫芬兰，实际上就是在保卫自己的8小时工作制、义务教育制度、国民生老病残全面保险福利制度。这种制度激发出来的强大力量，即使强大如苏联、强硬如斯大林者也抵挡不住，斯大林摊上这么一个生而自由的芬兰邻居，真是倒了八辈子霉。

真正为国民着想

苏芬战争结束后，对国民在战争中的损失，包括人民在战争中自发坚壁清野的损失和从苏占区搬出的难民被迫放弃的资产，全由芬兰政府进行赔偿，其中损失在6500芬兰马克以下的政府全额赔偿，由此金额往上则赔偿比例逐级递减，100万芬兰马克以上赔偿10%——这才是真正为国民着想、视国民为主人的国家，这样的国家，没办法不富裕，没办法不繁荣，没办法不强大。

然而，几十年来，苏联官方材料始终把这场战争说成是由芬兰挑起的，是芬兰对苏联进行武装挑衅的结果。20世纪60年代苏联领导人赫鲁晓夫说："我们要芬兰人让给我们一定面积的领土，把边界移得离列宁格勒更远一点，这可以满足我们国家的安全需要，但芬兰人拒绝接受我们的条件，所以我们无计可施，只好用战争来解决问题。"

相比之下，还是当时任苏军总参谋部作战部副部长的华西列夫斯基[1]将军说得更实在，他后来承认："芬兰战争是我们的一大耻辱，它败坏了我军在国内外的形象，许多事情都需要做出交代。"

不用忙着交代，德国人在旁边看了个一清二楚，他们派出了许多军事观察员到芬兰观战。当他们看到苏联红军连芬兰这种小国寡民、甲兵不完、城郭不固的对手都无法应付时，无疑使和芬兰军队同样高素质且有更精良装备的德军信心大增。

---

[1] 华西列夫斯基（1895~1977），苏联元帅（1943）。二战苏军总参谋长，斯大林格勒反攻作战的指导者，克里米亚的收复者和柯尼斯堡的毁灭者。

09. 吞并波罗的海三小国

爱沙尼亚屈服

在捍卫主权独立的斗争中，芬兰是胜利者，但芬兰的三个邻居——波罗的海沿岸三国，却没能逃过被侵吞的厄运。1939年8月23日，苏德签订《苏德互不侵犯条约》。拉脱维亚和爱沙尼亚被纳入苏联的势力范围。9月28日，苏德两国签订有关友好和边界的条约，立陶宛转入苏联势力范围。苏联从德国那里获得承诺后，立即着手兼并波罗的海三国。波罗的海三国极为担忧。苏联驻里加（拉脱维亚首都）全权代表向莫斯科当局报告说："里宾特洛甫到莫斯科签订条约一事，首先引起了各界的警惕，害怕苏德勾结……瓜分波兰和波罗的海三国。"莫洛托夫连忙否认与德国有瓜分势力范围的任何协议，并指望与波罗的海国家签订互助条约，同时要求获得军队进驻权。

9月19日，苏联借口波兰"鹰"号潜艇事件向爱沙尼亚施加压力，声称苏联将不承认爱沙尼亚对其沿海水域拥有主权，它的安全将由苏联来保卫。为了解除危机，爱沙尼亚外长率团赴莫斯科，请求和解。莫斯科当局趁机要求签订互助条约，并递交了苏方拟定的互助条约和议定书草案。莫洛托夫威胁说："如果你们不想和我们签订互助条约，那么我们将不得不通过其他途径，也许是更严峻、更复杂的途径来保障我国的安全，请你们不要迫使我们对爱沙尼亚使用武力。"

莫斯科当局为迫使爱沙尼亚政府就范，不断派出飞机在爱沙尼亚领空示威。9月26日，苏联国防人民委员伏罗希洛夫命令苏军："立即开始在爱沙尼亚和拉脱维亚边境集结兵力，并于9月29日完成这一行动。要求列宁格勒军区对爱沙尼亚实施强大而坚决的突击。"

在苏联的强大压力下，9月27日，爱沙尼亚政府决定接受缔约建议。外长奉命再次飞赴莫斯科。在谈判过程中，苏联又以"保卫苏联在爱沙尼亚港口的海军基地和保证爱沙尼亚安定"为由，向爱沙尼亚政府提出了驻军3.5万人的新要求，并责成爱沙尼亚方面立即做出答复。

爱沙尼亚政府经受不住苏联的步步紧逼，被迫接受了苏联提出的所有要求，双方于9月28日，也就是苏德有关友好和边界的条约签订的那一天，签订了《苏爱互助条约》及其秘密议定书。但是，秘密议定书对苏联驻爱军队人数、时机做了明确规定：入驻须在欧洲战争期间，人数不得超过2.5万。苏联成功地迫使一个主权国家签订了类似《辛丑条约》的不平等条约。

拉脱维亚让步

《苏爱互助条约》签署后，苏联马上把目光转向拉脱维亚。10月1日，莫斯科当局建议拉脱维亚政府就两国关系进行"磋商"。拉脱维亚领导人考虑到苏德、苏爱条约的签订，对东欧局势产生了重大影响，原则上同意与苏签约。第二天，拉脱维亚外长赶至莫斯科，在苏、爱模式的基础上开始谈判。莫洛托夫说："如果你们同意这个意见，那我们就能够确定原则了。我们需要在不冻海岸建立基地。"斯大林当时说："我们想谈谈机场和军事防御问题。我们不会触动你们的宪法、机构、部委，或外交、财政政策以及经济制度。我们的要求是由于德国与英、法作战产生的。"

拉脱维亚代表团表示：总体来说，这是迈向友好的一步，但它有可能导致苏联对拉脱维亚的控制，而且在驻军人数上苏方提出的5万人，要求过高，拉方需要慎重考虑。对于莫斯科当局的狼子野心，三国其实都心知肚明。

10月3日，谈判继续进行，拉脱维亚代表团表示很难将苏联提供的条约草案给政府，而且无法向人民解释，拉外长说："条约将被理解为建立某种保护关系，对于爱好自由的人民来说，那是不可接受的，更何况拉脱维亚目前完全足以保证本国的安全和间接地保证苏联的安全。"同时，拉脱维亚代表团还反对苏联在拉脱维亚建立军事基地，并坚持要求苏联将驻军限制在2万人以内，以不超过拉军平时的人数，进驻时间也只适用于"目前欧战期间"，一旦欧战结束，苏军应立即撤回。

莫洛托夫拒绝了拉脱维亚代表团的建议，声称："你们的建议是绝对不能接受的，请考虑一下局势吧！"斯大林补充说："你们应当从最坏的形势来考虑，你们不信任我们，而我们也不信任你们。你们以为我们想侵占你们，我们本来可以现在就直接这么做，但我们并没有这么做。"

经过持续、紧张、激烈的争论，双方签订互助条约。条约内容与《苏爱互助条约》类似。苏爱、苏拉条约签订后，就轮到了立陶宛。

立陶宛低头

按照苏德秘密协定，立陶宛本属德国的势力范围。9月28日，苏德友好和边界条约又将它列入苏联的势力范围。30日，莫洛托夫召见立陶宛驻莫斯科公使，要求谈判两国关系。10月3日，立陶宛外长到达莫斯科，斯大林提出以苏拉、苏爱条约为蓝本，签订一个互助条约，条约有效期20年，战时苏联驻军5万人。立陶宛外长指出，苏联方面提出的条约草案实际上是对立陶宛的占领。斯大林说："苏联无意威胁立陶宛的独立，相反，驻军是对立陶宛的真正保障。"莫洛托夫威胁道，爱沙尼亚已签署了类似条约，拉脱维亚也表示同意，如果立陶宛拒绝，将破坏即将建成的防御体系。在苏联的压力下，立陶宛外长被迫做出让步，但要求把苏联驻军人数缩减到2.3万人，并只驻扎在维尔诺地区。斯大林当即拒绝了这一要求，提出苏联驻军人数不能少于3.5万人。

立陶宛代表团就苏军进驻时机等问题提出新建议，但苏方对此不感兴趣，并利用被苏联控制的维尔诺地区对立陶宛人施加压力，莫洛托夫威胁说："苏联政府不可能使维尔诺人民长期保持安定而不关注他们的要求。"立陶宛人如不接受互助条约，就不能得到维尔诺。《真理报》也不断发出信息，声言要把这个城市划归白俄罗斯。白俄罗斯高级领导人则频频飞往维尔诺，以图"接收"产业和建立苏维埃制度。

10月10日，立陶宛代表团接受了莫洛托夫的修订案，签订了内容与苏爱、苏拉条约相同的不平等条约，苏联驻军可达2万人。

苏联的矛盾"心境"

波罗的海三国对苏联恐吓威逼它们签订"互助"条约的强盗行径敢怒不敢言，它们对斯大林集团缺乏信任，对波罗的海三国未来的前途忧心忡忡，拉脱维亚外长说："这是拉脱维亚历史上的转折点。"立陶宛外长指出：立陶宛是怀着十分沉重的心情签订条约的。爱沙尼亚外长则在签约后就递交了辞呈，以免落下"爱奸"的名声。

在"互助"条约签订后的一段时间里，由于西欧战事的发展尚不明朗，莫斯科当局采取谨慎的观望政策。苏联考虑的是，英法与波罗的海三国有着良好关系，一旦英法取胜，苏联与德国势力范围的划分协议将没有价值，苏联如根据苏德协议对波罗的海三国采取行动，英法将视为敌对性行动而出兵干涉；而且苏联在波罗的海地区的政策只是区域性的，应服从全局需要。为此，莫斯科当局严禁军政领导人干涉波罗的海国家的内政。

1939年10月14日，莫洛托夫致电驻考纳斯全权代表："必须禁止同左翼团体的一切来往，只能和政府、官方团体保持联系。"10月23日，莫洛托夫向驻塔林的全权代表，也发出了同样的指示："你们应当明白，不能出现干涉爱沙尼亚内部事务的任何举动。"10月25日，国防人民委员会就红军进驻问题发布命令，要求全体官兵"在任何情况下都不干涉三国内政"，称"关于波罗的海国家实行'苏维埃化'的议论与我们的政策是根本矛盾的，毫无疑问，这是一种挑衅言论……如果军人中存在这种'苏维埃化'的情绪和言论,就应当彻底清除,今后必须毫不留情地予以制止"。

三国相继被兼并

1940年5月10日,德军入侵荷兰、比利时、卢森堡和法国。卢、荷、比很快沦陷;英法军队连连受挫,在敦刻尔克面临绝境。斯大林见德军顺利西进,英法自身难保,就立刻变脸,开始改变过去信守"互助"条约的政策,转而准备吞并波罗的海三国。在他眼里,《宪法》就是一本书,条约就是一张纸,想怎么写就怎么写,想怎么改就怎么改。

5月25日,苏方声称,"在立陶宛政府机关的庇护下",出现红军战士失踪事件,苏方照会立陶宛政府立即停止挑衅,否则苏联将采取特别措施。立陶宛政府为了止息苏联的愤怒,于第二天答复要"立即进行详细调查",并成立了调查委员会。但是,莫斯科当局醉翁之意不在酒,继续促使冲突升级,并坚决拒绝与立陶宛调查机关进行任何合作。立陶宛方面为防止事态进一步发展,一面表示"衷心欢迎莫斯科当局对查明事件所提出的一切要求",一面进行了一系列逮捕,并加强对苏军驻地附近居民的监视。立陶宛总理和外长先后赴莫斯科与苏方会谈,力争解决冲突;又应莫洛托夫的要求,免除了内政部长和政治警察署署长的职务,以体现解决这一事件的诚意。

但苏联方面仍不断扩大事态,声称"波罗的海三国缔结军事同盟,为的是反对苏联"。其实三国1934年9月12日订立的同盟条约,不仅曾被莫斯科当局视为集体安全的一部分,而且苏联在与三国签订"互助"条约时,也没有任何反对保持这一同盟的要求。1940年6月14日,苏联继续加大压力,莫洛托夫发表声明说:"立陶宛政府力图使苏军不能驻在立陶宛……粗暴地破坏了与苏联签订的互助条约,准备侵犯苏联边境。"并要求立陶宛政府组成"有能力、有决心保证忠实执行互助条约和坚决压制反对者的政府",保证"苏军能够自由通过立陶宛领土，以便部署在立陶宛的重要地区，苏军人数应足以保证互助条约的实施和防止反驻军的挑衅行动"。莫斯科当局要求立陶宛在10个小时内做出答复，否则"苏军将立即开进立陶宛"。立陶宛在孤立无援的情况下，被迫在苏联最后通牒到期前15分钟，通知莫洛托夫，立陶宛接受一切要求。

立陶宛被迫就范后，莫斯科当局又故技重施，向拉脱维亚和爱沙尼亚公使递交了声明，指责两国签署的波罗的海条约，要求两国成立新政府并同意苏联驻军，限令6小时内做出答复。两国政府势单力薄，在规定时间内接受了苏联提出的条件，原政府宣告辞职。莫斯科当局立即派特使分赴三国谈判新政府的组成问题，三国元首迫于苏方压力，完全接受了苏方指定的候选人，组成了亲苏政府（即苏联的傀儡，"带路党"政府）。苏军相继进驻立陶宛、拉脱维亚、爱沙尼亚。新政府的成立和苏军相继进驻各国，实质上使三国完全丧失了独立性。三国政府在实行任何一项重要措施时，都得秉承莫斯科的指示或莫斯科代表的旨意。7月14日，三国同时进行议会选举，宣布成立苏维埃政权。1940年8月初，苏联最高苏维埃第七次会议决定吸收立陶宛、拉脱维亚、爱沙尼亚为苏联的加盟共和国。波罗的海三国正式被苏联兼并。苏联增加了17.4万平方公里土地，586万人口。

10. 究竟该信任谁

"东方战线"受争议

自从二战全面爆发后，德军很快席卷了北欧、东欧、西欧和巴尔干半岛。到1941年初，德国控制了包括法国、波兰西部、挪威、南斯拉夫等16个国家的人力、物力资源。这时的世界，只有英国在独自和法西斯轴心国抗衡。

当德军横扫欧洲大陆之时，苏联和英国不同，它是以纳粹的同道、共同分赃者的姿态出现的。苏联入侵芬兰、占领波兰东部、侵占罗马尼亚部分领土、吞并波罗的海沿岸三个主权国家。斯大林看到如此强大的德国必然会威胁苏联的安全，便开始着手采取防范措施：将苏联的重工业和军工工业，有计划地迁移到乌拉尔山脉①以东；对德国和谈，避免刺激德国；稳住东方的日本，和日本签署中立条约；建立所谓"东方战线"，靠武力增加战略纵深。

在苏联的防范措施中，建立"东方战线"最受争议。在这个过程中，苏联根据《苏德互不侵犯条约》中的秘密条款，占领了约60万平方公里的土地，将芬兰、罗马尼亚等邻国迅速推向自己的对立面，还遭到了世界各国的强烈谴责。事实上，"东方战线"在战争中起的作用极其有限，就像苏联"肃反运动"一样，目的是消灭敌人，结果制造的敌人远远比消灭的敌人多！

谁我都不相信

德国方面，西线战事早已平复，只有英国凭借隔海的优势仍在叫板，这让希特勒感到有机会腾出手来，对付东边的大国苏联。而德国情报机构对苏联的判断，也让希特勒认为苏联是非常容易对付的，便开始制订入侵苏联的计划，代号为"巴巴罗萨"②。

1941年春天的头几个星期，斯大林一直颇为苦恼。他拥有世界上最好的情报机构，那些情报人员不是为钱，而是为了理想在从事危险的工作。他们报告

---

① 俄罗斯境内大致南北走向的一座山脉，位于俄罗斯中西部，是欧亚两大洲分界线，乌拉尔山脉最高点是位于其中北部的纳罗达峰，高1895米。
② 德军入侵苏联军事计划的代称。该计划是集中大量兵力，以"闪电战"从数个方向实施迅猛而深远的突击，占领苏联首都莫斯科、苏联第二和第三大城市列宁格勒和基辅等，把苏联红军的主力消灭在苏联西部地区，然后向苏联腹地长驱直入，进抵阿尔汉格尔斯克、伏尔加河、阿斯特拉罕一线，并用空军摧毁乌拉尔工业区，从而击败苏联。

西线战事早已平复，只有英国仍隔海向德国叫板说，德国正在谋划大举进攻苏联。斯大林不相信情报人员的话，就像任何人都会背叛自己的上司一样，斯大林坚信别人也会背叛他，特别是以"撒谎"为职业的间谍。从表面上看，他的这种想法也有一定道理：情报人员几个月前就在报告德国要入侵苏联，现在不还是好好的吗？

此前，英国首相丘吉尔送给斯大林一份秘密情报，提醒斯大林，德国即将入侵苏联。丘吉尔对自己的绅士风度颇为满意。然而，这个警告的效果正相反。在过去20多年，丘吉尔一直是个立场坚定的反共分子。所以，他的警告更让人怀疑是挑拨离间。斯大林认为丘吉尔的警告用心险恶，是英国想祸水东引，想让苏联和它的纳粹同志火并。斯大林最不希望在没有准备好之前，就跟德国开战。但苏军在肃反运动中失去了那么多高级将领，只有天知道他什么时候才能准备好。

"红色间谍"佐尔格

关于苏德战争，斯大林没有任何可以信赖的人来讨论。自从他的第二任妻子莫名其妙地"自杀"之后，再没有女人能在他的生活中占有一席之地。他没有朋友，至于同事，都像他一直希望的那样，平平庸庸、唯唯诺诺。经过1936~1939年的大清洗，苏联的外交队伍几乎分崩离析。外交事务的掌门人莫洛托夫也只干了两年外交，且一门外语都不懂，他的外交特长比起搞阴谋的特长还差一些。虽然贝利亚掌管的国外间谍网发展迅速，但在大清洗前，他只是一个地区的警察头目，没人教他如何运营一个国际间谍网，如何解读和评估到手的情报。能够帮助莫洛托夫和贝利亚的那些人，虽然受过良好教育，有丰富的经验，但他们都已躺在了墓地里。

在这种情况下，一份份情报被送到斯大林的办公桌上，等着斯大林自己做判断。情报显示，德国即将入侵苏联。这类情报来自多名特工，这些特工中最著名的就是至今还被一些德国老兵痛恨的、前德意志帝国士兵、"红色间谍"佐尔格[1]。他是德国社会民主党人，马克思和恩格斯的学生兼战友F.佐尔格的侄孙，家族遗传，根红苗正。作为20世纪最有胆识的间谍之一，他的信条是，不撬保险柜，文件主动送上门；不持枪闯入密室，门却自动为我打开。

1941年6月14日，佐尔格向斯大林传递了一份对苏联命运至关重要的情报：德军将于6月22日进攻苏联。这个情报的准确性甚至可以用伟大来形容，它根本没有误差。而且，这份情报传到苏联的时候，距德军开始进攻还有8天！

如果相信这份情报，一切都还来得及应付，但斯大林对这种情报感到厌烦。他竟然在一份报告旁边批示："或许我们应该让这个情报员'滚蛋'。他提供的不是情报，而是谎言。"知道斯大林根本不相信这些警告，情报分析人员只好把这类情报归入"可疑和误导"一类的档案中。

心里一直没概念

不仅仅是情报员，连苏军边防部队也开始报告德军行为异常。1941年，德军飞机经常侵犯苏联领空，以进行侦察。3月27日至4月18日，德军飞机侵犯苏联领空不下80次，每次德军飞机都要深入苏联领空20~30英里，而苏联只是若无其事地发个"抗议"照会。斯大林给人的感觉像只鸵鸟。

而此时，连奴性十足的贝利亚都感觉苗头不对。通常，贝利亚总是告诉斯大林一些他喜欢的情报。现在，他也向斯大林报告，德国向白俄罗斯、乌克兰和立陶宛派遣了许多破坏分子。他们或是一个人，或是一个组，携带无线电发报机、武器、现金和苏联护照，他们中的一些人是前白俄军官。20年前，这些

---

[1] 佐尔格，德国人，共产主义间谍。20世纪三四十年代在德国、日本等国长期为苏联获取有价值的情报。1941年10月18日被日本警察逮捕。1943年9月29日被判处死刑，1年后被处以绞刑。

人曾在同一地方和红军打过仗。1941年5月，苏联边防军抓获353人，他们想偷越边境。6月初，抓获108人，还不清楚有多少人成功偷越了边境。但斯大林对这些情报仍然不重视。

6月11日，贝利亚的手下在桑河河底发现电话线，德军一直在监听红军的电话。斯大林听到这类消息，有时会被激怒，有时勉强装出一副冷静的神态，他会说："希特勒和他的将军们，不会愚蠢到要在东西两线作战。一战中，德国人就是这样被扭断了脖子的。希特勒才不会冒这个险。"兼听则明，偏听则暗，一个人如果天天被人喊"万岁"、被人歌颂成"伟大""光荣""正确"，他肯定会以为自己"一句顶一万句，句句是真理"，脑子短路是一定的，比被门挤了还傻！

然而，斯大林也感觉到，他和希特勒现在都陷入了一场紧张的竞赛之中。谁能首先集结足够的兵力，谁就能赢得战争的胜利。斯大林只是在几个星期前才开始加速备战。在长达数月的时间里，斯大林都犹豫不决，对苏联到底要打一场什么样的战争，心里一直都没概念。

就不这么认为

1941年5月底，斯大林告诉自己的两位高级指挥官朱可夫和铁木辛哥[1]，德国政府请求苏联准许其派人在苏境内寻找一战时阵亡的德军士兵坟墓。斯大林指示："要确保不要让他们进入边境太深，告诉各军区，要和我们的边防哨兵保持密切联系，赶快给边防哨兵下命令。"

对于斯大林的准许，朱可夫和铁木辛哥感到很吃惊。"德国人想搞清楚他

---

[1] 铁木辛哥（1895~1970），全名谢苗·康斯坦丁诺维奇·铁木辛哥，苏联元帅（1940），生于今敖德萨州富尔曼诺夫卡镇，1918年加入俄军，参加过一战，是1941年苏德战争爆发时的苏军高级指挥官，曾两次获得苏联英雄荣誉称号。

们计划进攻的地方，"朱可夫说，"至于找坟墓，那只不过是个骗人的借口而已。"铁木辛哥补充道："德国人最近一直在频繁地侵犯我国领空，并且还深入到内地，朱可夫和我都认为我们应该把德国飞机打下来。"

斯大林断然否决了这个意见："德国大使已经解释过了，他们空军的许多年轻飞行员还没受过训练，总会迷航，大使已要求我们不要理会这些迷航的飞机。"斯大林的行为越来越古怪，他对希特勒有一种不可思议的信任，而对那些可以信赖的人却不信任。

德国政府也在掩饰这种骗局，他们向斯大林透露，德军在边境的调动只是为了避开英国远程轰炸机。德国甚至向苏联解释，他们故意要让英国以为他们正准备进攻苏联，而事实上他们正准备进攻英国。因此，斯大林在思想上，并不认为德国会入侵苏联。

到6月中旬，德军仍继续在边境地区集结重兵。德国外交官及其家属开始撤离莫斯科，这已是重要信号。但斯大林仍拒绝给红军下达战备命令。更可笑的是，苏联的列车还在源源不断地向德国运送战略物资，这些物资包括150万吨粮食、10万吨棉花、200万吨石油、150万吨木材、14万吨锰。这都是根据《苏德互不侵犯条约》的贸易协定交付的。斯大林完全配得上德军"运输大队长"一职。

6月14日，苏联《真理报》刊发了一篇著名的政府声明，针对苏德之间即将发生战争的"谣言"，声明说德国从未向苏联提出过领土要求，德国正严格履行《苏德互不侵犯条约》，苏联也在认真遵守这个条约，一些苏联军事单位只是出于训练目的而移驻边境地区。这份报纸上面的话，没有一句是真理！对于这个声明，铁木辛哥和朱可夫都感到很震惊。不管这是不是一种外交宣传手段，它都会对苏军产生极其消极的影响。

在这期间，斯大林曾连续43个小时没有办公。直到6月20日，星期五晚上

8时，他才回到办公室。这次，他再次收到警告性情报。他的老搭档、主管外贸的米高扬告诉他，德国的一支拥有25条货船的船队，没有装卸完货物，就匆匆离开了里加港。斯大林说："他们有权这么做。"但他也感觉好像要发生什么事。斯大林给莫斯科军区防空司令打电话，命令他："局势有些反常，提高防空等级。"然而，他没有给铁木辛哥和朱可夫打电话。他仍然不想刺激德国人，所以不想让边境部队进入战备状态。

开始警觉起来

1941年6月21日，斯大林的直觉终于告诉他，无所作为是危险的。他采取的第一个措施是，召集了许多著名诗人，下令让他们谱写反纳粹的战斗歌曲！第二个措施倒很实际，他指示苏联驻柏林的外交官，立即会见德国外长里宾特洛甫，要求他解释为什么德国在边境集结重兵。德国答复，里宾特洛甫不在柏林。这一天所有的质问，得到的都是这个答复。当晚，斯大林才开始真正警觉起来，下令召开紧急会议。

会议进行中，朱可夫打来电话报告，一个德军士兵越过边境，说自己信仰共产主义，他告诉苏军指挥官，德军将在6月22日黎明入侵苏联，这时离战争爆发只有几个小时。

直到这时，斯大林才显得特别不安。他问道："这次警告是不是德国的挑衅？"铁木辛哥和朱可夫回答："绝对不是。"他们可以肯定，这个德国士兵说了实话。他们坚持要让西部边境的部队立即进入战备状态，但斯大林仍在思考。

几个小时后，苏军前线部队总算接到一份通知：德军可能要"挑衅"，然后在6月22日或23日入侵苏联。各部队要谨慎应对挑衅，以阻止德军"更大的阴谋"，换句话说就是战争。这项通知不是战备命令，它没有规定哪些行为是挑衅，哪些行为是战争，更不要说下令开火。而且，它也不是以斯大林的名义发布的。

一切都太晚了，"巴巴罗萨"计划就要付诸行动，这个名称来自神圣罗马帝国皇帝弗里德里希一世的绰号"红胡子"。这位皇帝曾说："生存与毁灭只有在战争中才能证实。"希特勒很喜欢这句话，并认为自己就是这话的实践者。

按照"巴巴罗萨"计划，德军的作战时间只有两个月，为什么呢？因为希特勒跟斯大林走两个极端，他过分相信来自苏联的情报，认为"我们只要往门上踢一脚，整座腐朽的建筑就会倒塌下来"。这就是说，希特勒不正常，是个自大狂。

11. 战略失误的恶果

全线发起攻击

1941年6月22日凌晨3时30分，德军纠集包括芬兰、罗马尼亚、匈牙利、意大利等国的共550万大军、3700辆坦克、4900多架战机、4.7万门火炮、193艘舰艇，从北起波罗的海、南至黑海的2000多公里边境，全线对苏联发起攻击！德军坦克师和步兵师，如潮水般向前奔涌。他们正在检验元首对苏联的狂言是否属实。

德军兵分三路，北路的北方集团军群由冯·李勃元帅指挥，从东普鲁士出发，沿波罗的海进攻列宁格勒。芬兰的15个师又3个旅，越过边境协同德军作战，以图收复失地，这全是苏联自找的。中路的中央集团军群由冯·包克元帅指挥，沿比亚韦斯托克、明斯克、斯摩棱斯克轴线直取莫斯科，中央集团军群拥有古德里安的第2装甲集群在内的9个装甲师、6个机械化师及1个骑兵师，突击能力相当强。南路的南方集团军群由冯·龙德斯泰特元帅指挥，由卢布林和喀尔巴阡山脉出发，扑向乌克兰首府基辅，进而向顿巴斯（乌克兰最大的煤炭基地）推进。

战斗第一天，德国空军猛烈轰炸苏联西部的重要城市、交通枢纽、军事基地以及国境线上的部队，并在苏军防御纵深内空降伞兵，抢占要地。同时以全部火炮对苏军防御工事、通讯设施、部队集结地狂轰滥炸。之后坦克和摩托化部队迅速开进。开战仅半天，苏军西部66个机场上就有1200架飞机被摧毁，其中800架还未起飞就被炸毁于地面，而德机的损失只有区区10架战机。苏联声称击落德机75架，就按苏联的注水数字算，1200：75，也算是人类战争史上比例最悬殊的了！在德军的猛烈打击下，苏军边境军区指挥机构基本陷于瘫痪，部队盲目抵抗。有些部队甚至这时才给士兵发步枪，让他们冲上前去打坦克。

前线如此，苏联国防委员会也被打蒙了，在战况不明的情况下，他们当晚发布命令，要求边境军区实施猛烈反突击，消灭敌人！这就等于给德国人"送餐"啊，完全是只顾面子的胡乱指挥，前线战况因此更加恶化。苏军部队被分割包围，大批军人成为俘虏。德军开战第一天就向前推进25~50公里。

德国人很乐观

6月27日，"装甲兵之父"古德里安指挥的第2装甲集群与霍特指挥的第3装甲集群，在白俄罗斯首府明斯克会师，装甲部队已深入苏联境内200公里。6月28日，德军第9和第4集团军在比亚韦斯托克以东会师，对苏军形成了两个包围圈：一个比亚韦斯托克包围圈包围了苏军第10集团军，另一个沃尔科维斯克包围圈包围了苏军第3及第13集团军。最终，在17天内，苏联西方方面军的62.5万人损失了42万。6月29日，明斯克落入德军手中，而苏军第20机械化军及第4空降军发动的反攻，也归于失败。6月30日包围圈大部被德军封锁，苏军第3、第10、第13集团军全部及第4集团军一部共20个师，向德军投降，苏军第4集团军残余向东撤退。苏联西方方面军后来经过重组，重新投入战场。

令德军惊讶的是，陷入巨大包围圈的苏军仍坚持战斗，因德军步兵欠缺摩托化运输，包围圈仍有空隙，所以很多苏军逃了出去，这是希特勒极其希望避免的。当希特勒得知在比亚韦斯托克及明斯克只是取得局部胜利时，他指责装甲部队将领在战线上留下的空隙太多，于是他命令装甲部队在封闭包围圈时停止向东推进，等待步兵跟进合围，他担心如果装甲部队失去冲击力后，苏联在第聂伯河及道加瓦河的防守将会被加强。

即便如此，德军仍逼近斯摩棱斯克，这是进攻莫斯科的门户，这亦令德军最高统帅部充满乐观情绪，德国人相信对苏联的战争在开战数天后已取得胜利。

不愿看到的后果

1941年7月3日，斯大林经过数天精神恍惚之后，终于打起精神站到麦克风前，号召人民发起伟大的卫国战争，以对抗入侵者——纳粹德国。

德国中央集团军群的步兵集团军与装甲部队会合后，本想再度前进，但7月初突发的暴雨使道路满布泥泞，部队一时不能前进。这主要"归功"于苏联糟糕的公路系统。苏联不像德国，没有一条高速公路，向东通往莫斯科的主路上，连沥青都没铺，一下雨可想而知。所以，苏军只要再炸毁一些桥梁，德军的推进速度必然会慢下来。应该说，德军突袭给苏军的最大震撼并非突袭的时间，而是同时进攻苏联领土的德军数量之多和配合之紧密。德军的攻击速度之快，使得苏军的防御完全瘫痪，而无线电和通讯设备的严重缺乏，造成了苏军部队之间难以协同作战。

在苏德战争的头3个星期，德军深入苏联腹地500多公里。至7月中旬，德军已占领拉脱维亚、立陶宛、乌克兰和白俄罗斯大片领土，逼近列宁格勒、斯摩棱斯克和基辅。这期间，苏军70个师的人员和武器损失过半，200个军火库落入敌手。不过，德军也伤亡了25万人，坦克损失一半，飞机损失1000多架。可以说，苏军虽然指挥不力，但给德军造成的损失大于法国。

但是，德军的攻势导致了一个苏联最不愿看到的后果——许多苏联占领国发起了独立运动。6月22日开战当天，立陶宛就发生了反苏联的起义，大约3万立陶宛人加入起义，并在隔天发布了《独立宣言》。随着德军攻势的进展，起义也蔓延至爱沙尼亚和南方的乌克兰。尤其是乌克兰，那里有大批百姓出来迎接德军，把他们当成"解放者"。古德里安曾经回忆："有个老太太把我们的吉普车拦住，送上面包和牛奶，非要等我们吃完，才放我们走。"乌克兰是苏联的重要产粮区，俗称"面包篮子"。只要稍微了解苏联在农业合作化运动中的作为，就能理解乌克兰人对纳粹的"感情"。

纳粹党的核心理论家，出生于波罗的海地区的罗森堡早在开战之前，就预见到了这种形势。他向希特勒进言："我们应该信任他们（苏联加盟共和国的民众），给他们一定的自治权。每个加盟共和国都应区别对待。例如，乌克兰'应是与德国联盟的独立国家'。"倘若希特勒听从罗森堡的建议，那他就真的成了解放者。但是，希特勒歧视斯拉夫人，不愿平等地对待他们，他倾向于支持希姆莱，命令枪毙所有俘虏的苏军政委。

年龄小不是优势

其实，在苏德战争打响时，苏军虽然毫无防备，但在边境上的军队数量和装备，还是占有一定优势。可为何会败得这么惨？这主要是人的因素。大量富有作战经验的苏联军官，在大清洗期间被杀害，而以大批具备"政治经验"却毫无作战经验的军官替代，造成了苏军内部充斥着大量年轻而缺乏训练的军官。举例而言，在1941年，红军的军官里有75%任职尚未超过1年。红军集团军指挥官的平均年龄，比德军师指挥官的平均年龄小了整整12岁，这些军官在战场上往往缺乏积极行动的意愿，而且很大一部分根本没有能力胜任其位。

同时，苏军的部署相当分散，部队之间往往无法互相联系，也缺乏运输工具把有效战力集合起来。虽然苏联红军有非常多的先进火炮，但这些火炮很多都没配备弹药。而且，火炮部队缺乏运输工具，无法迅速部署。坦克部队数量庞大且装备良好，却极其缺乏作战经验和后勤支援，维修保养的水平也非常差。大量的坦克往往被草率地送上战场，而没有任何燃油、弹药或人员补给的安排，通常在经过一次作战后坦克便被毁坏或报废。

这种战术不合适

在战前，苏联的宣传机器总是说红军如何强大，任何针对苏联的侵略都会被轻易击退。但到了秋天，宣传基调改变为"红军变虚弱了""战争准备的时间不足""德国的攻击太过突然"等。

其实，在1941年6月之前，苏联人什么都看见了，什么都研究了。1940年法国战役的结果，曾给了苏联人极大的震撼，当时世界上规模排名第二的法国陆军，不到6周便被德军彻底击败。苏联对此进行了分析，认为法国的崩溃，是过度依赖战线防守而缺乏装甲部队支援造成的。苏联决定不再重蹈覆辙，遂取消了掘壕防守的战术，改用将步兵部队集中为大规模机动队伍的战术。而步兵部队放弃掘壕的战术，也导致了灾难性后果，在机动性不强又没有坦克支援的情况下，苏联步兵根本无法在战场上灵活调度。所有坦克都被集中至31个庞大的机械化军，苏联宣称这样一来，每个军都会比德军的装甲军大。苏联人计划得挺好，可战争爆发前，很少有哪个军能达到这种规模。

12. 史上最强围歼战

放弃包围战术

为攻占莫斯科，德军中央集团军的下一个目标是斯摩棱斯克，这是向莫斯科推进的必经之地，面对德军的是沿第聂伯河与道加瓦河建立的旧斯大林防线，守军是西方方面军第13集团军及最高统帅部预备队的第20、第21及第22集团军，另外还有刚刚编成的第19集团军及第16集团军，它对德国第3装甲集群的第39装甲军构成了很大的威胁。1941年7月6日，苏军第20集团军第5及第7机械化军的700辆坦克，发起了大规模反攻，但德军在强大的空军支援下取胜，两个苏联机械化军在3天的战役中，被彻底摧毁。

同时，德军第3装甲集群的第20装甲师，在道加瓦河东岸建立了桥头堡，直接威胁维捷布斯克。在南面，远离主要进攻方向，德军第2装甲集群向第聂伯河一带的守军，发起突然进攻，苏军第13集团军被迫后退，损失了5个师，当德军两个装甲集群向东推进后，在斯摩棱斯克一带的苏军第16、第19及第20集团军有被包围的危险。

在斯摩棱斯克南面，古德里安的第2装甲集群快速前进，其第129摩托化步兵师于7月16日攻占斯摩棱斯克。在北面，由于沼泽地带下雨仍是一大问题，霍特的第3装甲集群进展较慢，而苏军仍然坚持战斗，以突破包围。7月18日，德军两个装甲集群的先锋距离只有10公里，但最后仍用了8天时间，才将包围圈封闭，之后又用了10天时间清理包围圈，最后虽然有30万苏军被俘，但由于德军未能及时封闭空隙，令20万苏军得以逃脱。他们在斯摩棱斯克与莫斯科之间重新建立防线。8月上旬，斯摩棱斯克战役基本结束，战役迟滞了德军向莫斯科推进的速度。

鉴于以上情况，希特勒放弃包围战术，"巴巴罗萨"行动进行了4个星期，希特勒及其最高统帅部清楚地意识到，虽然遭受到人员及物质的巨大损失，但苏联仍未崩溃，德军中央集团军群两翼在苏军的反攻下遭到削弱，希特勒决定将中央集团军群的坦克，调往北方集团军群和南方集团军群作战，他认为德国应用经济上的打击来摧垮苏联，希望德军快速攻占列宁格勒及南方的乌克兰。

意见很是不一致

对于纳粹德国来说，拿下乌克兰的粮仓和油田至关重要。对苏联来说，乌克兰也是必保的。此时，德军已经兵临乌克兰首府基辅，如何守卫基辅，苏联指挥中枢却出现了严重分歧。

1941年7月29日，朱可夫打电话给斯大林，准备当面汇报自己对基辅保卫战的打算，斯大林在办公室接见了朱可夫，当时在场的还有苏联总政治部主任梅赫利斯——此人自私、狭隘，经常向斯大林打朱可夫的小报告。

斯大林有一个特点，听部下汇报的时候，不喜欢坐着，总是捏着烟斗，哪怕烟斗灭了，也要捏着烟斗在房间里走来走去，时不时停下来，走近对方，用烟斗理理胡须，注视着对方。他不愿意说话，说话时声音很低。斯大林不喜欢笑，笑也不发出声。用朱可夫的话讲："斯大林意志坚强，性情深沉，目光锐利，但容易冲动。"

当斯大林听到德军有可能向坚守在基辅的苏军西南方面军实施包围时，脚步停了下来，他问："你的建议是什么呢？"朱可夫回答说："首先，应从西部方向加强1个集团军给西南方面军。"调1个集团军过来？斯大林马上打断他的话："你怎么了？难道你认为可以削弱莫斯科方向的防御吗？"朱可夫说从西部，也就是从白俄罗斯调1个集团军加强给乌克兰方向，而白俄罗斯当面就是莫斯科，所以斯大林说"难道你认为可以削弱莫斯科方面的防御吗"，朱可夫说："不，斯大林同志，我不是这样认为的。我是想，这个方向的敌人暂时不会向莫斯科方向推进，我们可以在半个月内从远东调来8个师，来加强莫斯科方向的防御。"接着，他谈了自己的意见。这时梅赫利斯发言了，他挖苦朱可夫说："你是不是想把远东送给日本人呢？"要从远东调来8个师，那远东防御就会受到削弱。朱可夫看了梅赫利斯一眼，没理他。

朱可夫继续对斯大林讲："我们一方面向中央方面军加强兵力，一方面将西南方面军立即撤出，撤过第聂伯河，使得西南方面军和中央方面军形成一个拳头伺机打出去。"西南方面军担负着基辅的防御任务。斯大林听完以后，捏着烟斗走近朱可夫，这时候烟斗已经灭了，他用严厉的目光盯着朱可夫，问了一句："那基辅怎么办？"

朱可夫感到最关键的时刻到了，他知道放弃基辅和斯大林要坚守基辅的理念不一致，但他豁出去了，他要把自己的想法讲出来，他说："作为总参谋长，我有责任建议——放弃基辅。"当时斯大林没有说话，仍然看着朱可夫。但朱可夫还是把自己的想法说完了，他说："放弃基辅后，我们可以在西部方向马上组织反突击，夺回叶利尼亚突出部，如果不夺，德军很可能会利用这个突出部，作为桥头堡进攻莫斯科。"

朱可夫最后一个尾音还没发完，斯大林突然火了，他厉声喝道："哪有什么反突击！把基辅交给敌人，亏你想得出！简直是胡说八道！"

朱可夫听到这儿也豁出去了，撕碎龙袍是死，打死太子也是死。他当面反驳："斯大林同志，如果你认为我这个总参谋长只会胡说八道的话，你把我的职务撤销好了，把我派到前线去，或许在那里我会对祖国有点用处。"在场的人愣了，斯大林在苏联就是真理啊！房间里静得可怕，好半天斯大林才说了一句话："请你冷静一下，没有你，我们更行。"

朱可夫接着说："斯大林同志，我是一名军人，随时准备执行最高统帅部的任何决定，但我对形势和作战方法有清醒的认识，我相信我这个建议是正确的，我和我的总参谋部怎样想的，我就应该怎样向你汇报。"斯大林还在摆弄烟斗，他平静下来了，说："朱可夫同志，冷静些。请你先出去，我一会儿叫你再进来。"朱可夫推门而出。

方面军司令被打死

朱可夫在门外等了半小时，斯大林把他叫回办公室，说道："是这样的，朱可夫同志，我们方才商量了一下，决定解除你的职务，由沙波什尼科夫[1]接替。不过，你还是统帅部成员之一，我想让你到前线去。"朱可夫说："到哪个部队？"斯大林说："你愿意到哪儿呢？"朱可夫回答："我可以做任何工作，指挥一个师，一个军，一个集团军，一个方面军，只要祖国需要。"

这时斯大林感觉朱可夫还是有气，他反而笑了，安慰他说："你冷静些，冷静些。"想了一会儿，斯大林说："你方才说叶利尼亚突出部，你想在那里组织一次反突击是不是？你就到那个地方去负责好了，我从现在开始，任命你为预备队方面军司令员，你准备什么时候去？"朱可夫说："1个小时之后，我离开莫斯科。"

就这样，由于作战问题的分歧，并且顶撞了斯大林，朱可夫被撤销了总参谋长职务。当时作为总参谋长，朱可夫是统帅部大本营军事指挥机关的最高首长，他自然对战争全局心里有数。当时苏军从南到北，所有的方向都面临严重局面，朱可夫根据战场形势得出结论，对付德国快速军团在行进中实施的突

---

① 沙波什尼科夫（1882~1945），苏联元帅。死后葬于红场克里姆林宫墙下。

破，苏军最好的战法就是通过反突击，以积极的防御不断地迟滞、消耗、疲惫和杀伤敌人。可要实施这个战法必须满足两个条件：第一，在苏军重兵集团面临被德军合围和歼灭的威胁下，尽快从敌人的包围圈内撤出来，以避免更大的伤亡和损失，该撤的时候要撤；第二，收缩苏军重兵集团兵力，用撤出的兵团实施反突击。朱可夫根据战场情况，认为当务之急是放弃基辅，收缩兵力，再实施反突击，否则在乌克兰方向的西南方面军和中央方面军，将有被全歼的危险。然而，朱可夫的想法和斯大林"寸土必守"、利用坚守现有阵地、实施反击的战争理念不一样。

由于斯大林拒绝采纳朱可夫的意见，西南方面军的主力部队迅速被德军分割包围，陷入一片混乱。9月17日，斯大林让苏军总参谋长沙波什尼科夫元帅下令同意西南方面军突围，但为时已晚。9月19日，基辅陷落。西南方面军在合围中继续战斗，为其解围的尝试由于兵力不足，无果而终。仅部分军队分成小群得以向东突围，最后共有15万官兵突出德军重围。9月20日，西南方面军司令基尔波诺斯上将、军事委员会委员布尔米斯坚科和参谋长图皮科夫少将在突围战斗中阵亡。从包围圈中逃脱的有布琼尼元帅、铁木辛哥元帅及政治委员赫鲁晓夫。9月26日，西南方面军基本被歼灭，总计66.5万苏军成为俘虏。这场战役，是战争史上规模最大的一次围歼战。作为"巴巴罗萨"计划的一部分，德军取得了这场战役的完胜。

这是苏军前所未有的大败，超过了六七月份在明斯克的灾难，苏联西南方面军需要重建。

罗马尼亚很生猛

基辅保卫战结束后，整个乌克兰成为德军的囊中之物。德军之所以能够顺利夺取乌克兰，与罗马尼亚军队的付出有重要关系。

在二战中，罗马尼亚军队作为德军的仆从，大部分时间充当"小弟"的角

基辅保卫战，战争史上规模最大的围歼战

色。而在1941年夏秋之际的敖德萨战役中，罗马尼亚军队充当了轴心国一方的进攻主力。这次战役成为罗军在二战史上的最强一击。

苏德战争爆发后，罗马尼亚先后派遣22个师投入东线作战，在兵力上远胜其他仆从国，如匈牙利、保加利亚。敖德萨战役就是以罗军为主进行的一次攻坚战。

1941年7月，希特勒要求罗马尼亚军队在德军支援下，攻占苏联黑海港口城市敖德萨，切断苏联通过敖德萨从黑海向乌克兰输送兵力和物资的通道，同时也方便德军抽出兵力进犯苏联腹地。

8月3日，罗军第4集团军在司令尼古拉伊·索皮卡中将的指挥下，横渡德涅斯特河。罗军计划兵分两路，左翼第3集群负责正面强攻敖德萨，右翼第5集群负责由敖德萨以南发起侧攻。

8月8日至10月16日，敖德萨战役全面展开，双方搏杀之激烈，较苏德两军有过之而无不及。战至最激烈时，双方竟展开了一场中世纪般的搏杀：罗军骑兵抽出锋利的马刀，策马出击；苏军步兵排着整齐的队列，步枪上好雪亮的刺刀，高喊着"乌拉"，杀向罗军骑兵。一时间，敖德萨外围血肉横飞、杀声震天。这场战役，最终以罗马尼亚军队获胜而告终。德军借此切断了苏军从黑海通向乌克兰的运输线，得以顺利控制乌克兰。

13. 打不垮的列宁格勒

"刻不容缓的任务"

在德军兵分三路入侵苏联的进程中，除了中路和南路，北路的战斗同样激烈。1941年8月下旬，希特勒在北翼调集了32个步兵师、4个坦克师、

4个摩托化师和1个骑兵旅的兵力，配备6000门大炮、4500门迫击炮和1000多架飞机，向列宁格勒发动猛烈攻势，扬言要在9月1日占领列宁格勒。在"巴巴罗萨"计划中，攻占涅瓦河上这座城市被看作是"刻不容缓的任务"。希特勒渴望能从地球上抹掉列宁格勒，杀光居民，以毁灭十月革命的摇篮。

8月底，德军变更部署后沿莫斯科-列宁格勒公路发起进攻。德军在付出重大损失后，于8月30日抵达涅瓦河，切断了列宁格勒与外界的铁路联系。9月8日，德军进抵拉多加湖南岸，从陆上包围了列宁格勒。自此，列宁格勒陷入德军的三面包围，只能从拉多加湖和空中得到补给，长达900天的列宁格勒保卫战拉开了序幕。

包围列宁格勒之后，德军对该市实施了野蛮轰炸和炮击，投掷了10万多枚航空燃烧弹和航空爆破炸弹，妄图用轰炸和饥饿困死守城军民。

9月9日，德军向列宁格勒发起新的进攻。斯大林的酒友和跟屁虫伏罗希洛夫元帅由于指挥不力被撤职。9月10日，朱可夫大将接替指挥列宁格勒方面军。朱可夫做出的第一个决定是，即使战至最后一人，也要守住列宁格勒。他的口号是："不是列宁格勒惧怕死亡，而是死亡惧怕列宁格勒！"

与此同时，朱可夫迅速调整和加强了列宁格勒防御，各预备部队得到了民兵支队的补充，大批海军军人离舰上陆，一部分高射炮调到高地上用于打坦克。至9月底，列宁格勒西南和南面的战线趋于稳定。德军一举夺取列宁格勒的计划破产，抽调北路兵力进攻莫斯科的企图也随之破灭。

从南面夺取列宁格勒的计划失败后，德军于10月改向突击，与芬兰军队会合，企图完全封死列宁格勒，但德军未能突至斯维里河。11月中旬，苏军转入反攻，收复了部分失地，将德军赶过沃尔霍夫河。

作曲家的臣服

列宁格勒保卫战具有全民动员性质，列宁格勒的工业给前线提供了武器、装备、服装和弹药，而该市居民在被封锁后第一个冬春就提供了10万多新兵。为了使居民免于挨饿，拉多加湖区舰队承担了湖上给养、弹药和武器的输送。11月中旬，湖上航行因为冰封而中止。11月19日，又在拉多加湖的冰上开辟军用汽车路，被围城市通过冰上交通线得到了战斗和生活必需品，疏散了没有劳动能力的居民以及工业设备等。

尽管得到了一些给养，但还是远远不能满足守城军民的需要。列宁格勒城内被迫实行配给制，工人每人每天只能得到8两面包，儿童、病人和公务员每天4两。但是有记载显示，即使在列宁格勒城里饿死100万人时，粮食还在被用于酿特殊的好酒，给官员们享用，当时的人们根本不知道这些情况。

列宁格勒军民不畏困难，每天有4.5万人修筑防御工事，工人们在德军的炮火下坚持生产。全城军民步步为营，铸成了一条攻不破、打不烂的钢铁长城。

1941年，一生都在等待枪决的苏联第一作曲家肖斯塔科维奇为列宁格勒创作了《第七交响曲》。他本人在自己的家乡列宁格勒，参加了志愿消防队，成为一名优秀的消防队员。

这个才华横溢的作曲家曾触怒斯大林，但没有被枪决，因为他的音乐对斯大林的统治是种有益的装饰。"斯大林喜欢把一个人与死神面对面地放到一起，然后让这个人按着自己的旋律跳舞。"最终，肖斯塔科维奇选择了屈服。为了"赎罪"，他完成了《第五交响曲》，将它献给斯大林。这部作品为他赢回了一度失去的声誉，令他正式成为苏联音乐界第一人。但是，后半生他一直惴惴不安，说："当我们脏时爱我们，别在我们干净时爱我们。干净的时候，人人都爱我们。"

打破列宁格勒之围

1942年1~4月，苏军在柳班方向发动突击，8~10月又在锡尼亚维诺方向实施了顽强战斗，疲惫和消耗了德军的兵力。苏联游击队也在德国占领区展开了积极的战斗，使敌军遭受重大损失。

1943年1月12日，苏军在远程航空兵、炮兵和红旗波罗的海舰队航空兵的支援下，兵分两路在拉多加湖以南的狭小突出部实施了相向突击，力图打破德军对列宁格勒的封锁。1月18日，两路苏军成功突破德军防线，在拉多加湖与战线之间形成了8~11公里宽的走廊，并在17个昼夜内铺设了铁路和公路各一条。

1943年夏秋，苏军又打破了德军再度封锁列宁格勒的企图，并肃清了沃尔霍夫河岸登陆场的德军，从而改善了战役态势。

1944年1月14日，一支苏军从奥拉宁包姆登陆场转入反攻。次日，另一支苏军也从列宁格勒转入反攻。1月20日，两路苏军会师，消灭了被合围的德军集团。1月21日，德军开始退却。到1月底，苏军相继收复了普希金城等城市。

至2月15日，苏军在游击队的配合下，完全突破了德军的防御，此后继续追击德军。3月1日，苏军已进抵拉脱维亚边界。德国北方集团军群遭到重创，列宁格勒州几乎全境收复，加里宁州一部收复，苏军进入爱沙尼亚境内，为粉碎波罗的海沿岸地区和列宁格勒以北之敌，创造了有利条件。

1944年夏，苏军在海军波罗的海舰队、拉多加湖区舰队和奥涅加湖区舰队的配合下，击溃了苏德战场北翼的德军战略集团，列宁格勒的安全有了充分保障。

14. 莫斯科保卫战

"台风行动"计划

1941年8月上旬，德军攻占斯摩棱斯克，这是通往莫斯科路上的一个重要据点，但斯摩棱斯克以外的战斗持续到9月上旬，阻碍了德军的攻势，有效地瓦解了闪电战战术。其后，古德里安的装甲部队到达莫斯科外围，但希特勒命令他转向南方去支持龙德施泰特指挥的南方集团军群对基辅的攻击。

由于德军的"巴巴罗萨"作战计划中预定目标未能实现，为此，德军统帅部在1941年9月29日，又制订了"台风行动"作战计划，要在10天内拿下莫斯科。9月底，德军集结部队，做好了"台风行动"的攻势准备。

1941年10月2日，包克指挥的中央集团军群终于向莫斯科发动攻击。德军认为莫斯科在政治和军事战略上具有重要意义。德军计划以各坦克集团实施突击，割裂苏军防御，并在维亚济马、布良斯克两地域合围歼灭西方面军、预备队方面军和布良斯克方面军，然后以强大、快速集群，从北面和南面包围莫斯科，在步兵兵团实施正面进攻的同时，攻占苏联首都。

根据"台风行动"计划，德军第2装甲集群9月30日在布良斯克方向，第3、第4装甲集群10月2日在维亚济马方向，相继开始进攻。尽管苏军顽强抵抗，德军仍突破了其防御。德军第2集团军突破了苏军第50集团军的防线，于1941年9月下旬夺取布良斯克。10月3日奥廖尔陷落，德军沿着奥廖尔-图拉公路推进。莫斯科以西的维亚济马方向，西方面军和预备队方面军，进行了艰苦的防御战斗。德军10月7日进抵维亚济马地域，苏军两方面军大部分军队在此陷入合围，一直顽强抵抗到10月13日。维亚济马守军大部被歼，一部后来突出重围。布良斯克方面军陷于合围后也开始向后退却，至23日大部被歼。德军在维亚济马–布良斯克战役中，俘虏苏军67万人。这是基辅会战之后，德军又一次辉煌的胜利。

领袖仍留莫斯科

自此，苏军莫扎伊斯克防线成了接近莫斯科的主要抵抗地区，驻守的4个集团军总共只有9万人，这些兵力不足以在整个地带建立坚固防御。为了改进军队指挥，西方面军和预备队方面军于10月10日合编为西方面军，朱可夫大将任司令。10月中至11月初，在莫扎伊斯克防御地区展开多次激烈战斗，苏军对德军的优势兵力进行了顽强抵抗，阻止了德军的攻势。

10月14日，德军突入加里宁地域。10月17日，苏军以西方面军右翼为基础组成了加里宁方面军，由科涅夫上将指挥。德军想从加里宁向东南进攻并包抄西北方面军和西方面军后方的企图被粉碎。

德军虽然在维亚济马—布良斯克战役中，消灭了大量苏军有生力量，但随着天气的变冷，秋雨把道路变成泥沼，这几乎使德军的进攻瘫痪。

德军被迫全线停止前进，以待大地封冻。德军暂时的停进，使苏军赢得了宝贵的喘息之机。到10月底，苏军最高统帅部开始抽回一些部队作为预备队，使其得到必要的休息，新的预备队也在源源不断地赶到。10月末，战线分布在加里宁–库宾卡–谢尔普霍夫–阿列克辛–图拉。德军虽遭重大损失，但仍增调兵力，变更部署，企图在冬季到来前合围并占领莫斯科。

1941年冬季，就算以俄国人的标准来看都异常寒冷。德军因战线过长，补给不足，在战斗中消耗过大，既没有设防御阵地和战役预备队，又无在冬季条件下作战的准备，11月上旬入冬，虽然道路能够使用，但由于德军认为在入冬前就能结束战事，德军的冬季装备不足，平均5人一件棉衣，坦克和其他车辆都因低温而不能动弹。德军士气严重受挫，苏军士气则有所恢复。

莫斯科疏散了许多政府机关和最重要的企业。10月20日，国防委员会在莫斯科及其附近地域实行戒严。当局命令居民在街道筑起防御工事，连克里姆林宫附近都不例外，并且组建了新的民兵师，使全城做好巷战准备。苏联政府向东撤退到古比雪夫（现在的萨马拉），但斯大林仍留在莫斯科。

为了提振国民及军队士气，斯大林命令11月7日在红场照常举行纪念十月革命的阅兵式。队伍在克里姆林宫前检阅，然后直接开赴前线。苏军以预备队和补充兵员加强了西方面军。11月10日，布良斯克方面军撤销。各方面军受领命令扼守所属地区，阻止德军从西北和西南方向迂回靠近莫斯科。

收拾细软赶快跑

苏联官方拍摄的二战影视作品中，在德军逼近莫斯科之际，全城百姓同仇敌忾，无数志愿者加入战斗，自发起来保卫家园。但事实上，在莫斯科保卫战初期，很多官员和百姓还是选择了弃城逃跑。

1941年10月16日，苏联国防委员会通过了《关于疏散苏联首都居民》的决议。很多人将其理解为，莫斯科城不久将被拱手送给德国人。城内很快乱成一团，地铁关闭，有轨电车停运。一些苏共官员首先逃离出城，据记载："第一天便有779名领导干部逃出首都，随身携带有价值2500万卢布的金钱和贵重物品，他们还动用了100辆轿车和货车运送家属。"看到领导们都逃了，普通市民们也收拾细软，想办法出城。接连三天，出城的公路上人满为患。但到了10月20日，莫斯科城进入被围状态之后，人员大量外逃现象便不复存在。

11月15~18日，德军经过调整和补充后，向莫斯科重新发起进攻。德军在加里宁沿克林、罗加切沃方向和图拉方向分别实施主要突击，企图从北面和南面迂回至莫斯科。11月底至12月初，德军在付出巨大代价后前出到莫斯科运河。12月4日加里宁失守。12月5日莫斯科以南165公里的小镇图拉被局部包围，但德军遇到了苏军的顽强抵抗，莫斯科附近的战斗变得异常激烈。苏军派了无数新兵和志愿者，甚至把一个妇女营投入到了德军的机枪与炮火中。

发动大规模反击

在莫斯科保卫战中，苏军的一个战斗小组表现得尤为英勇，他们守卫在距离莫斯科200公里的一个公路路口，在与德军鏖战4个小时之后，击毁德军18辆坦克，击毙德军数十人，自己也只剩28人，指导员克罗奇科夫为激励战士，说出了"俄国虽大，但已无路可退，身后就是莫斯科"的话，最后28名勇士弹尽粮绝，全部牺牲，克罗奇科夫抱着一捆手榴弹扑向德军，炸毁了一辆德军坦克。苏军经过11月底至12月初的顽强防御和多次反突击，德军突击莫斯科的企图破产。苏军虽然经常处在危急状态，但终于坚持下来并消耗了德军。仅11月16日至12月5日，德军在莫斯科附近就死伤15.5万余人，损失坦克约800辆、火炮300门、飞机近1500架。

这时，苏军转入反攻并粉碎莫斯科城下德军的条件已经具备。斯大林任命华西列夫斯基中将代理总参谋长，并命令他立即拟定反攻作战计划。苏军反攻的指导思想是：同时粉碎德军中央集团军群和从北面、南面威胁莫斯科的最危险的突击集团。反攻的基本任务赋予了了西方面军。加里宁方面军和西南方面军分别在其北面和南面实施突击。

1941年12月5日，朱可夫带领苏军发动大规模反击，最主要的攻势集中向德军中央集团军群。12月6日，苏军攻势在莫斯科地区全面展开。此时德军进攻能力已经衰竭。在秋季，朱可夫从西伯利亚和远东地区，调回了一些装备精良的部队到莫斯科，一直留待反击之用。这次，斯大林相信了苏联间谍佐尔格的情报：日本不会攻击苏联远东地区。此时德军已经非常接近莫斯科中心，朱可夫投入大量援军以对抗德军的攻势。苏军部队已经为冬季战事做好了准备，包括多个滑雪营。

12月8日，希特勒签署了在苏德战场全线，包括莫斯科方向转入防御的训令。12月16日，苏军收复了图拉。1942年1月7日夺回了莫斯科以北的加里宁。1月初，西部战略方向的反攻完成。精疲力竭的德军撤退到100~250公里外。德军的38个师，有15个坦克师和摩托化师遭重创。进攻莫斯科的突击集团被击溃，德军惊慌失措，希特勒要求死守每一个据点，一步也不后退，直到最后一兵一卒。

由于苏军缺乏实施大规模进攻的经验，以及缺少快速兵团，因而未能全部完成围歼中央集团军群基本兵力的任务。2月初，来自西欧的德军增援部队（12个师又2个旅）和中央集团军群北翼部队，分别实施了反突击，苏军的态势恶化。4月20日，苏军最高统帅部命令西方面军部队转入防御、撤回外线作战部队，会战至此结束。

莫斯科保卫战，使纳粹德国企图快速征服苏联的计划破产，打破了德国陆军不可战胜的神话，使其遭到了无法弥补的物质损失。接下来，苏德这两头令人恐怖的猛兽，互相瞪着眼睛，挥着爪子，张着血盆大口，开始了3年多的拉锯对峙。

战争就是这么回事儿：
袁腾飞讲二战·上

第六章

剑舞黄沙洒热血

（决战北非战场）

骄傲在败坏以先，狂心在跌倒之前。

——题记

01. 意军个个是活宝

墨索里尼又犯二

苏德战争打响后，二战进入全面爆发阶段。这时候，遥远的北非也不平静。飞扬跋扈的墨索里尼总是自命不凡，但在欧洲，意大利除了占领阿尔巴尼亚取得小胜之外，进攻法国、打希腊都是有多大脸现多大眼。所以，墨索里尼深感欧洲强敌林立，不如换换风，放眼地中海对岸的北非。而且意大利在二战爆发前吞并了埃塞俄比亚，虽然那是墨索里尼犯二，得不偿失，但意大利毕竟占领了一个幅员辽阔的帝国。因此，墨索里尼打出"自信心"来了，于是他很自然地把目光投向了北非沙漠，命令意大利驻非洲的军队入侵埃及，去挑衅英国人。

其实，非洲在二战中是一个次要战场，对于战争的最终结局，没有太大影响。而墨索里尼竟然不顾自身实力贸然参战，把盟友德国拖入了根本不想进入的战场，而且越拖越远。德国本来不想打希腊，只要稳住巴尔干，就可以集中力量对付苏联，结果被墨索里尼给搅乱了，打了希腊和南斯拉夫。好不容易巴尔干收住了，现在墨索里尼又把战线拉向更遥远的非洲。

都在对手算计之中

1940年8月8日，墨索里尼命令第10集团军入侵埃及。结果，这个命令下达两天后居然还没有被执行，可见意大利军队是将无战心，兵无斗志。墨索里尼看他的命令没被执行，就指示当时意军北非总司令格拉奇亚尼元帅，说德国的

"海狮计划"马上就要开始,德国马上要在英国登陆了,你打埃及都打不了,以后瓜分战利品又没咱爷们儿什么事。在这种情况下,格拉奇亚尼才开始攻击。但是,正式攻击的时间是9月8日,比墨索里尼下令的时间,整整晚了一个月。很难想象,希特勒下令哪天开战,德军将领能拖上一个月,但这就是意大利!

而且,意大利的运输力量很缺乏,主要靠骡子和人的两条腿,军官的训练水平很低,武器装备不足,总之意大利军队十分虚弱。意大利据称拥有40万大军,但对于装备落后的军队来讲,人数越多越要命,因为人多了后勤就供应不上。北非只有一条沿着地中海海岸的公路,意军装甲部队就只能顺着这条公路前进,谈不上任何出其不意,每一步都在英国人的算计之中。当时,英军在埃及只有3万多人,其中还没有多少英国人,大部分是殖民地的部队,比如澳大利亚、新西兰、印度、南非,都是这些国家的部队。英军司令韦维尔[1]将军命令防卫部队袭扰前进中的意军,命令当时英军在非洲唯一的装甲力量——第7装甲师,从沙漠突击意军侧翼。

意军摆出挨揍架势

到9月16日,也就是正式进攻的第9天,意军就因供给不足被迫停止进攻,墨索里尼一再催促,让格拉奇亚尼元帅赶紧进军,但格拉奇亚尼却命令军队在前线大挖战壕,摆出了一副说好听点是防御,说不好听点是挨揍的架势。因为沙漠里怎么可能修成连绵的战线呢?不可能的,只有绿洲才有水源,所以意军只能在绿洲上修工事,形成了一个个孤立的据点。而且,由于运力不足,这几十万大军沿着海岸线推进,就跟羊粪球似的,稀稀拉拉,先头部队跑出老远,

---

[1] 韦维尔(1883~1950),英国陆军元帅,二战时任中东英军司令部总司令,印度总督。1950年5月24日于伦敦去世。

后续部队恨不得还在几百公里之外。

英国人一看意军摆出这么一副挨打欠抽的架势，就集中兵力、攥紧拳头，把意大利这些据点一个个都攻克了。意大利曾经设防严密的重镇巴迪亚、托布鲁克等也相继被英军攻占，意军逃跑的时候遭到了英军埋伏的第7装甲师的截击。

10个星期不到，意大利第10集团军就被摧毁了，英国人光战俘就抓了13万。丘吉尔曾问前线将领，我们逮了多少意大利战俘？前线将领很得意地讲，5亩地的军官，200亩地的士兵。那是英亩，1英亩合中国6.07亩。

没意面吃可不行

意大利战俘都是模范战俘，绝对不反抗，不违反纪律，成建制地在长官带领下走进战俘营，欢天喜地地放下枪。曾经有一个英国的坦克营，用区区29辆坦克，摧毁并缴获了意大利数百辆坦克，就算意大利坦克皮薄馅大不经打，但凡有战心也不致如此。曾经有一个德军军官发现两个英军士兵押着差不多一个连的意大利战俘，为了解救他们，德军向英军士兵射击。结果意大利人终于跑起来了，不过是朝英军阵地跑去。

意大利人虽然被关进战俘营，但还是得吃意大利面，没有意大利面不行，只要给意大利面吃，意大利人就都是乖宝宝。问题是在前线打仗，英国人还吃不上意大利面呢，哪有那么多面条养活战俘。

因为意大利战俘是模范战俘，英国对战俘营看管很不严，有的战俘营甚至没有看守，就让意大利人自己看着，给他们弄一个圈，画地为牢，自生自灭就得了。据说有一个没有看守的意大利战俘营发生暴动，这帮意大利人全跑了。英国的战俘营长官得知后，觉得非常奇怪，意大利人一向不是这种表现呀，他们很懂规矩，怎么可能集体出逃呢？他根本想不到，这些出逃的意大利战俘，排着整整齐齐的队形，进了下一个战俘营。因为他们听说那个战俘营有意大利面吃。意大利军队就是这种表现。

意大利人爱投降

对于意军，还有一件特有意思的事，英国坦克刚对意军发动冲锋，意大利人就打白旗投降。其实，英军指挥官不想俘虏这帮意大利人，俘虏了他们还得给饭吃，英军指挥官其实是很想把这些人消灭的。但西方国家都是《日内瓦公约》^①签字国，人家投降你就得接受。所以，英军指挥官无可奈何地接受了意大利人的投降，但越看越生气，你们算爷们儿吗？一打仗就投降！英军指挥官问意大利俘虏，你们为什么不抵抗啊？意大利人回答，你们坦克冲上来了，我们的反坦克炮没炮弹，没法打你们的坦克。英军到意军阵地上一看，整箱的反坦克炮弹堆积如山。英军指挥官说，你们这不是有炮弹吗？为什么不用呢？这话简直搞笑到极点了，英国人都替意大利人着急。但意大利人回答得更狠：我们没撬棍，撬不开那些炮弹箱子，所以只能投降了。

还有一次，英军攻打意军的一个要塞，刚打了几梭子子弹，意军就打了白旗。意军指挥官一本正经地对英军指挥官说："我们已经打完了最后一发子弹。"其实他身边堆满了意大利制造的军火。

这个元帅很点儿背

1940年6月30日，意大利驻利比亚总督巴尔博元帅乘坐飞机，该飞机在托布鲁克上空被意大利人自己的高射炮击落。意大利为了掩饰这一惨重的不幸事件，便宣布元帅是在同英国人进行空战时遇难的。这可能是意大利防空部队在二战中战果最辉煌的一次，可与美军猎杀山本五十六相媲美。顺便说一句，巴

---

① 《日内瓦公约》是1864年至1949年在瑞士日内瓦缔结的关于保护平民和战争受难者的一系列国际公约的总称。该公约被认为是国际主义人道法的重要组成部分，是约束战争和冲突状态下敌对双方行为规则的权威法律文件。

尔博是二战被误伤的军人中军衔最高的。

墨索里尼就靠着这么一帮活宝，搞对外扩张。可想而知，意大利人被英国人打得有多惨。墨索里尼没辙，又去找希特勒：大哥，我把脸又丢在非洲了，拉兄弟一把吧。希特勒很反感墨索里尼，但他有一个奇怪的想法，认为意大利的失败是整个法西斯阵营的失败，会让全世界看不起法西斯阵营的。于是，希特勒就把纳粹帝国三大名将之一，与曼施坦因、古德里安齐名的隆美尔派到了北非。

02. 隆美尔就是狠

这个哥们儿不好惹

1941年2月11日，隆美尔中将奉希特勒之命到达北非。他的"非洲军"人数只有3万，装甲部队有限，而且坦克基本上都是轻型的。刚到非洲，隆美尔就在的黎波里，就是现在的利比亚首都，举行了阅兵仪式，为的是吓唬盟国，以及提振意军士气。隆美尔担心万一意大利人一看，德国大哥就带来这么点儿家底儿，不够打的，就更麻烦了，怎么办呢？

隆美尔有招儿，他让坦克通过检阅台之后，再兜个圈子绕回来，继续接受检阅，这样就显得坦克特别多！赫鲁晓夫后来也这么干过，他就三枚洲际导弹，一圈一圈绕检阅台，问题是那会儿有卫星，别人一看就知道原来你就这三枚导弹。隆美尔那会儿没有卫星，所以坦克不断绕着检阅台转，盟国的间谍信以为真。坦克可能没挂车牌，要不然人家一看你老是京A×××××，就该露馅了。

隆美尔到北非之后，接过了前线指挥权，对前线地区做了一番空中侦察，他认为"最好的防御就是进攻"。2月末，德军攻克了一个军事重镇恩努菲利亚。隆美尔利用英军调防、轻敌的有利时机大胆行动，把德军和意军组成混合纵队，一下向前推进了450英里，给了英军一个非常意外的打击。

隆美尔不愧是名将，一来就给了英国一个下马威。接着，他又指挥部队攻占了艾阿格海拉地区的要塞、水源和机场，占领了马萨布莱加，把英军逼到阿吉达比亚地区，不给英军以喘息之机。这可把意大利的最高统帅部吓坏了，他们一辈子也没打到过那么远的地方，既怕中了英军的埋伏，也怕被人截断后勤补给线。墨索里尼一再阻挠隆美尔前进，但隆美尔根本不理，他只服从元首希特勒的命令，继续进军。隆美尔的进攻使英军损失惨重，最终，英军只剩下一支被围困在托布鲁克的部队。从埃及往西，北非的大片领土全部被隆美尔攻占了。曾经指挥英军大败意军的奥康诺将军也成了俘虏。

露了一大手

这下英国急了，怎么搞的，原来我们在非洲打得挺顺手，居然来了一个这么厉害的家伙！于是英国开始向北非大举增兵。1941年11月，英国在北非组建了第8集团军，号称拥有10万人、750多辆坦克，由名将奥金莱克指挥，发动了代号为"十字军"的进攻。隆美尔靠3个德国师，2个意大利军（可以忽略不计），以320辆坦克对阵。这320辆坦克还包括意大利的那种薄皮大馅坦克。由于兵力上处于明显的劣势，隆美尔且战且退，退出昔兰尼加。

1942年1月，隆美尔升任非洲军司令，并得到了150辆坦克的补充，旋即夺回昔兰尼加。到5月下旬，隆美尔又一次向英军发动猛烈攻势，通过一场血战，击溃了英国第8集团军，并向埃及挺进。其实，挺近埃及只是虚晃一枪，他不久就掉转头来，以3个装甲师和1个摩托化师向托布鲁克要塞发动进攻，14个小时就攻克要塞，3万多英军投降。隆美尔因此晋升为元帅，他跳过了大将军衔，直接由上将晋升为元帅。

隆美尔到了北非之后，不是露了一小手，是露了一大手，英国的韦维尔将军、奥金莱克将军，都不是他的对手。

03. 蒙哥马利到非洲

谁能击败隆美尔？

隆美尔晋升元帅时只有51岁。近代军衔制度诞生以来，最年轻的元帅是拿破仑手下的达武，34岁授元帅衔；其次是被斯大林"清洗"掉的图哈切夫斯基，35岁授元帅衔；林彪也是比较年轻的，49岁就授元帅衔。隆美尔也算是很年轻的元帅了，而且他从中将晋升元帅用了不到一年。

隆美尔之所以用兵如神，是因为他认为在北非战场获胜的关键是快速机动。北非战场只有一条公路，此外就是一望无际的大沙漠，没有任何掩护，只有快速机动，才能给对方以沉重打击。隆美尔作战的时候，尽量靠前指挥，坐在指挥车上领着部队前进，不像意大利那些将军，从来不上前线，在后方司令部遥控，在大城市里喝着红酒、吃着面条指挥，根本不了解前线战况。隆美尔的指挥车有时甚至冲到先锋营侦察员的前面。而且他战术灵活，能够根据沙漠地形、气候特点用兵，以少胜多，变被动为主动，因此，英国人把他称为"沙漠之狐"。

因此，击败隆美尔成了英国人最主要的目标，丘吉尔在英国国会演讲的时候曾说过这样的话：虽然隆美尔是我们的敌人，但我们也要向他表示敬意，这样的人如果在我们这边，那不得了。

偷袭意大利海军

不过，隆美尔虽然用兵如神，但德军还是被打败了。因为北非毕竟是次要战场，希特勒并没有给予太多重视，给他的支援很少，其实希特勒即便想支援，也有心无力。因为当时德军主力要进攻苏联，而且轴心国也没有掌握地中海的制海权。当时，德国大型水面舰艇沉的沉，被困的被困，很多军事补给物资无法运到北非前线。而意大利海军纯粹是聋子的耳朵——摆设。

1940年，英国21架双翅膀箭鱼飞机，偷袭意大利塔兰托军港，就把意大利海军吓得再也不敢出海。英国海军当时在地中海只有一艘航母，还坏了，临时又调来一艘，起飞了21架箭鱼轰炸机，这跟日军偷袭珍珠港的规模没法比。结果意大利四艘王牌战列舰，不是受重创就是倾覆，全都不能参战，意大利海军也就不能出海为北非前线提供补给。

盟军实力在增强

美国参战后，给盟国提供了大量的有生力量——十几万棒小伙子。后来美国巴顿[1]将军的主力也来到非洲，盟军实力不断增强。另外，美国发达的工业生产能力这时候表现得非常抢眼，美国参战前也做了准备，生产了大量坦克，像中型坦克谢尔曼坦克。这些坦克运到前线之后，大大增强了英军的装甲力量。

英军原来的坦克分成步兵坦克和巡洋坦克，巡洋坦克速度快，但是皮薄馅大，一打就穿；步兵坦克倒是皮糙肉厚，问题是速度慢。英国人设想的是，步兵坦克用来支援步兵，巡洋坦克用来快速突进，想得挺好，一打仗不是那么回事，两者的优点出不来，缺点倒是表现得淋漓尽致。不知道英国人怎么缺心眼到这种程度。当美国的谢尔曼坦克运到前线，英国人才有了对抗德国4号坦克

---

[1] 巴顿（1885~1945），美国陆军四星上将，是二战中著名的美国军事统帅。作战勇猛顽强，重视坦克作用，强调快速进攻，有"热血铁胆""血胆老将"之称。巴顿不仅是将军，也是文人，是二战中一颗耀眼的军事明星。

乃至后来豹式坦克、虎式坦克的本钱。

蒙哥马利出战

英国政府将敦刻尔克撤退时的英雄，当时的第3师师长蒙哥马利中将派到非洲，做第8集团军司令。蒙哥马利用兵极其谨慎，如果不占绝对优势，他不会轻易出手。蒙哥马利到了前线之后，首先是鼓舞士气，然后玩儿命地给国内拍电报，要人，要装备，要食品，要油料，弄得第8集团军兵强马壮。英军实力越来越强。

在这种情况下，蒙哥马利认为已经掌握了对轴心国军队的绝对优势，这才在阿拉曼地区发动反击。阿拉曼离开罗只有几十英里，一旦被攻克，后果不堪设想。据说，当时英国驻开罗的专员已经准备撤退了，把文件都烧了。如果埃及失守，德国人就会切断苏伊士运河，地中海也将被德国人封锁，德军就会进入亚洲。当时伊拉克、伊朗这些国家都是亲德的，当地贵族仇恨英法的殖民侵略。如果德国在当地扶植起亲德政权，跟日本在印度会师，轴心国两强联起手来麻烦就大了。二战最万幸的一点，就是结盟的轴心国，日本、德国（意大利可以忽略不计）在地理上相距遥远，没法协同作战，基本上是各打各的，不像盟国是配合着打。所以蒙哥马利必须要在阿拉曼挡住德国人，力挽狂澜。

04. 阿拉曼对战

盟军"轻足行动"

1942年10月23日，一个平静的月圆之夜，英国第8集团军882门大炮齐射，轰击德军阵地长达5个半小时，125吨炮弹落到德军阵地上。据说，平均每门炮发弹600枚，炮管都打红了。盟军的炮手一直在开炮，震耳欲聋的声音，使一些炮手的耳朵都流了血，有的都被震聋了，现在炮兵戴着耳罩，那时候没有。

蒙哥马利把进攻行动命名为"轻足行动"，为什么呢？因为，首先出击的是步兵，步兵踩到反坦克地雷也不会炸，因为反坦克地雷是针对坦克的，人的重量轻，不会引爆地雷。英军步兵向前推进的时候，工兵随后为跟进的装甲部队开辟了一条安全通道，这条通道有24英尺宽。为什么开这么宽？因为这个宽度刚好可以让一路坦克纵队通过。工兵们很不容易，他们要在被称为"恶魔的花园"的反坦克地雷阵里，开辟出一条5英里长的通道。这任务太艰巨了，因为德国特别重视布雷，而且雷场的面积很大。实际上，这次工兵排雷的任务并不成功。

因为德军装甲力量不足，运到非洲的虎式坦克数量很少，以连为单位，只能充当消防队的角色。因此，隆美尔对付英国装甲优势主要有两个法宝，一个是反坦克地雷，一个是八八高炮。最早的反坦克炮口径都是37毫米，后来发展到50毫米，然后又发展到75毫米，再没更大的了，但是75毫米反坦克炮也很难击穿坚厚的坦克装甲。隆美尔在攻打法国的时候头一次遇到重型坦克，也就是法国的S-35坦克，这坦克太牛了，德国坦克压根打不了，反坦克炮也打不了，隆美尔就拿打飞机的88毫米高炮打它。法国人不服，说你们怎么这么干，拿打飞机的炮打坦克？

托马水平欠火候

阿拉曼战役开战当天，英国第13军在南方发动了佯攻，与德国的21装甲师和意大利的阿利埃特装甲师交火，英国第30军在德军雷场中为第10军的装甲师开辟道路。到晚上10时，第30军的步兵开始推进，步兵前进到第一片雷场时，工兵开始为装甲部队开辟通路，到第2天凌晨，500辆坦克开始推进。但由于坦克数量太多，在雷场当中只能以一线纵队前进，卷起了太多尘土，后面的坦克看不见，能见度太低，交通堵塞的情况比较严重，基本上相当于上下班高峰时期的北京城区。

即便如此，对于德军指挥部来讲，第一天的战斗仍是一场灾难。盟军的炮击切断了轴心国军队的通信，那时通信大部分是有线的，电线被炸断就联系不上了。而且，战斗打响之前，德军三易主帅。隆美尔当时回国休养，不在北非，他走了之后委托施登姆将军指挥战斗，没想到施登姆将军心脏病突发去世了，临时接替施登姆的是托马将军。隆美尔走时，把权力交给施登姆，是认可施登姆的能力。施登姆死了权力交给托马，至于托马的能力，不恰当地说，可能比隆美尔低了两个等级。关键是他又做不了主，因为司令还是隆美尔。托马一下被打蒙了。蒙哥马利或许得到了情报，发动战役的时机非常好。

双方在苦战

在阿拉曼战役中，盟军还掌握了制空权。阿拉曼开战当天，盟军出动了1000多架次的飞机轰炸德军阵地。暗杀希特勒的施陶芬贝格，就是在这次空袭中丧失了一只眼、左手两根手指和整只右手。

到了日出之后，德军装甲部队才开始攻击英军，但进展很小，德国第15装甲师和意大利里特瑞奥装甲师迎战澳大利亚的装甲部队，双方投入了100多辆坦克，到了晚上，半数都被击毁，但双方仍在僵持。就在澳大利亚坦克与德军坦克战斗的时候，英军第51师的步兵抵抗着德军装甲部队的进攻。他们用步兵来对付德军装甲部队，这场战斗持续了两天，英军在付出极大伤亡后，最终夺取了基德尼山脊。

到了10月25日，双方已经连续战斗两天，盟军穿越了雷场，前进到了东南方向的山体地带。因为轴心国士兵事先挖好了战壕（意大利人最擅长干这事），双方进入到相持阶段。剩下的七天非常可怕，德军第15装甲师和意大利里特瑞奥装甲师发动了一系列反攻，竭力寻找英军的薄弱环节，但一无所获。同时，英军第51师，也是英国的王牌师，连续发动了三次进攻，但步兵进攻装甲部队的结果非常可怕，第51师损失惨重。

在英军第51师苦战时，澳大利亚军队正在进攻一座标高只有20英尺的小山（即"第29点"），德军在这里有一个观察哨所，被蒙哥马利确定为重点攻击对象。就在这么一个小山上，盟国飞机投弹115吨，几乎把小山炸成盆地，海拔20英尺变负的了。盟国军队占领小山后，德国军队仍拼命反攻，想把小山夺回来，这小山就像阿拉曼战场上的"上甘岭"。

05. 大战后的苍凉

攻敌所必救

10月26日，隆美尔回到了北非，收回了托马将军的指挥权，德军从最初几天的混乱中缓过劲儿来。这时候轴心国形势已经不妙了，意大利的特兰托师，所谓的精锐师，损失了一半步兵，第164轻装甲师损失了两个营，轴心国士兵都只剩下一半的口粮，还有很多人生了病。最关键的是，油料储备只够使用三天，坦克、卡车都得用油，在沙漠里靠骡子、马机动是不可想象的。

在这种情况下，隆美尔到前线之后，仍然试图扭转颓势，发动了猛烈反攻，盟军的进攻被挡住了。丘吉尔不耐烦了，抱怨说："我们真的找不到一个能打胜仗的将军吗？"隆美尔下决心要夺回"第29点"那座小山，德军21装甲师、意大利阿利埃特装甲师开始发动猛烈进攻。

一代名将、"沙漠之狐"隆美尔，毕竟刚从德国返回，还没适应战场的环境，这个时候有点儿晕头，判断明显错误，为了这么一个小山包，发动如此猛烈的进攻得不偿失。英军一直在坚守阵地，而隆美尔的部队由于缺乏油料，坦克、卡车动不了，也不能撤退，所以必须攻下这座小山。这个地方就相当于一战时的凡尔登，双方要在这儿把血流干，攻敌所必救。蒙哥马利要进攻敌人绝对不能放弃的地方，吸引敌人的主力部队来决战，这个"第29点"，20英尺高的小山，恰好成了这么一个地方。

德国人不明智地来跟蒙哥马利决战，攻不下来，退不回去，坦克没有油料，只能原地停着，当固定炮塔使。问题是，盟军掌握了制空权，这些坦克都成了铁皮棺材，任由盟军的飞机轰炸。更加要命的是，英国的轰炸机在托布鲁克外海击沉了德军"路易西亚诺"号油轮。补给油船被炸了，隆美尔部队的最后一丝希望破灭了。

当时的战斗非常惨烈，一本名为《阿拉曼》的回忆录中写道："炽热的沙漠在抖动着。士兵们躲在战壕中，从他们满是尘土的脸上流下来的汗汇成了河。空气中弥漫着一股恶臭。一群群苍蝇像乌云一样盘旋在尸体与粪堆上空，折磨着伤员。战场上布满燃烧着的坦克与运兵车，还有损坏的枪炮与车辆。当枪炮中的高爆炸药爆炸时，烟雾与尘土便四处飘散。"

失败是很明显的

双方战斗到10月29日太阳落山的时候，英军还有800辆坦克，轴心国军队还有148辆德军坦克和187辆意军坦克。意大利坦克是皮薄馅大的轻型坦克，只有40毫米主炮。最关键的是没有油料，当隆美尔得知"路易西亚诺"号油轮在托布鲁克外海被炸沉的消息后，跟他手下的军官讲："对我们来说，撤退是不可能的，因为我们没有足够的油料，我们只有一个选择，在阿拉曼战斗到底。"

到10月30日，战斗继续进行，异常激烈，经常出现短兵相接的局面。尽管轴心国士兵（主要是德国士兵）恪尽职守，英勇抵抗，但还是没能夺回任何失地。激烈的战斗带给隆美尔部队的只有人员和装备的损失。对于隆美尔来讲，失败是很明显的，所以他计划撤退。最逗的是，在这时候，元首给他送来了

1200吨油料，可惜太晚了，隆美尔只能把油料白白地烧掉，要不然就便宜敌人了。

实施"增压行动"

到了11月2日凌晨1时，盟军开始"增压行动"，目标是消灭轴心国军队的装甲部队，迫使敌军在开阔地作战，消耗敌军的油料储备，切断敌军补给，最终瓦解敌军。"增压行动"是阿拉曼战役开始以来最紧张、最血腥的阶段。盟军空军连续7个小时对轴心国阵地发动空袭，360门大炮连续炮轰4个半小时，打出去1.5万发炮弹。新西兰军队作为盟军的先锋发动了猛烈进攻，出色地完成了任务。

问题是，工兵在雷场中开辟安全通道的工作完成得不好，所以盟军第9装甲旅无法趁夜色进攻敌人，等到天一亮，轴心国军队就看清了英国坦克在什么位置，德国的八八高炮开始逞威，击中了一辆又一辆英军坦克，第9装甲旅有75%的人员伤亡，128辆坦克中有102辆被击毁，几乎全军覆没。但是，他们毕竟在敌军防线中撕开了一个缺口，使英国第10集团军第1装甲师可以与敌人决战。正午时分，120辆意大利和德国坦克出发，打响了阿拉曼战役中规模最大、最关键也是最后一场坦克大战——阿恰齐尔山脊之战，这也是德国非洲军装甲兵为了维护自己的荣誉进行的一场尊严之战。

到当天夜里，轴心国部队只剩下32辆坦克。隆美尔赶紧给希特勒发电报，说他的部队现在已经不堪一击了，问希特勒怎么办，其实他准备撤退。希特勒却告诉他，再坚持一下。希特勒这人就是固执，认为他的部队打到哪儿，哪儿就是国界线，德国军靴踩到哪儿，哪儿就是德国的边境，不管这地儿有用没用。当时托马将军报告隆美尔，第15装甲师还剩10辆坦克，21装甲师还剩14辆坦克，意大利里特瑞奥装甲师还剩17辆坦克，隆美尔给托马将军看了希特勒的电报说，元首不管咱有几辆坦克，让咱们再坚持一下。托马将军只好回到前线继续指挥战斗，跟几乎被全数歼灭的第15、第21装甲师并肩作战，迎击150辆英军坦克。应该说，托马将军也是硬汉，他坐在指挥坦克中亲自督战，一直到德军最后一辆坦克被摧毁。指挥坦克装的是木头假炮，根本不能打仗。托马将军命大没死，独自一人站在自己那辆燃烧的指挥坦克旁边。这个地方后来被称为"德国坦克的坟场"。

盟军惨胜

在轴心国的坦克几乎被摧毁以后，剩余的军队仍在战斗，但他们的防线已被撕开了一个12英里宽的缺口。托马将军实在不想再做无谓的牺牲，他告诉隆美尔："如果我们还停留在这里的话，我的部队连三天也坚持不了了……如果我执行元首的命令，那么我的部队可能拒绝服从……我的部队是第一位的！"这时候，隆美尔终于违背希特勒的指示，命令部队大规模撤退。

随着隆美尔的归去，阿拉曼战役结束，盟军获得胜利。但盟军损失也很惨重：有2.35万人伤亡或失踪，这是第8集团军步兵人数的四分之一。当温伯利将军向第9装甲旅旅长约翰·居里询问哪些是他的剩余部队时，他指着12辆坦克说："它们是我剩余的装甲部队。"温伯利将军说："不许再这样了。"

战争就是这么回事儿：
袁腾飞讲二战·上

第七章

硝烟正浓鏖战急

（亚洲、太平洋战场）

卑鄙是卑鄙者的通行证，高尚是高尚者的墓志铭。

——题记

01. 军事理念贼落后

中国太不好搞定

1937年7月7日，日军发动"卢沟桥事变"，开始了全面侵华战争。在开战之前，日本人对战争的前景十分乐观，计划三个月内结束对华战事。但是，日本人万万没有想到的是，仅淞沪会战就打了三个月。中国军队虽然付出了惨重代价，但也打死打伤了日军6万多人。这场战役后，中国军队开始了以空间换取时间的持久抗战。

从1937年抗战全面爆发，到1938年10月底广州、武汉沦陷，这一年多的时间，正面战场连续进行了淞沪、太原、徐州、武汉几大会战，以牺牲200万人的代价，打死打伤日军70余万，使日军再也无力发动大规模进攻，抗日战争进入相持阶段。在这期间，八路军、新四军挺进敌后，收复失地，建立了多个敌后根据地，扰乱了日军的后方。日本侵略中国本想以战养战，利用中国的物资来打中国。但现在敌后被八路军、新四军控制，农村的物资日军利用不上，麦子熟了，没等鬼子去抢，八路军一敲锣，"老乡们收麦子去！"全弄走了。

所以，小日本深陷中国战场不能自拔。他们这才明白：中国太不好搞定了，行军这么老远，这地方还叫中国，要搁我们那儿出国二十几趟了。中国大得没边儿，还有许多硬骨头的中国人，日本几十万精锐部队陷在里面，也没能征服中国。到1940年，侵华日军总数达到60万，最夸张的时候，日本本土只剩一个近卫师团，其余陆军部队基本都在中国。那时候，如果中国有能力在日本登陆，围魏救赵，反攻日本本土，日本就完蛋了。

进退两难之困境

抗战期间，日军为灭掉中国的中央政府，曾集结10万精兵由洛阳西犯，妄图攻取潼关后，再经西安、宝鸡直趋四川，走当年忽必烈灭南宋的老路，灭掉国民政府。蒋介石急令李延年指挥大军坚守潼关。李延年立下军令状，经数日激战，潼关始终未被攻破。从此，日军再没敢贸然西进。

在抗战相持阶段，日本实际上陷入了进退两难的困境。要迫使中国屈服就必须切断中国的外援通道，控制南中国海和滇缅公路，这样一来就要拉长战线，延长时间。日本人认识到这是一场长期战争，要进行长期作战，就得控制东南亚的战略物资，特别是石油、橡胶、铁矿石，否则根本支撑不下来。日本本土的石油储备只够维持一年半，这还是按照最省油的算法估计。这是日本人难以接受的，费了那么半天劲儿，死那么多人，最后因为没有油料得撤离中国？那不行。所以，除了把战争进行下去别无选择，日本陷入了一连串灾难性因果关系组成的死亡之旅。

日本人特别逗，他们缺乏大战略，解决麻烦的办法就是制造更大的麻烦。当年，日本想吞并朝鲜，于是先跟比朝鲜强大得多的中国开战，当时清政府太腐败，一不留神让日本赢了。然后日本看中了中国的东三省，跟同样觊觎东三省的沙皇俄国开战。沙皇俄国比中国强大，但当时沙皇俄国的重心在欧洲，而且也处于衰落期，所以日本又赢了。日本就真以为自己武运长久，皇军无敌于天下，所以想吞并整个中国。可是日军又迟迟吞不下，要长期作战就必须夺取东南亚的战略物资，而东南亚是西方国家的殖民地，这样日本就必然卷入同英美的战争，英美比当年的沙皇俄国强大多了。小日本解决麻烦的不二法门就是制造更大的麻烦，直到惹上一个它根本就惹不起的国家，最后被人家像碾臭虫似的碾死为止。

自1937年"卢沟桥事变"起，中华民族遭日军全面侵略

日本少有的战略家

如上所说，日本是不是就没明白人了？非也，还真有！虽然日本当时的明白人像中国今天的大熊猫一样稀少。中日战争爆发后，日本陆军参谋本部内部，一直存在着北进、南进两派之争。北进派力主时机成熟时进攻苏联，向西伯利亚扩张。南进派主张向东南亚扩张。北进派的代表人物就是发动"九一八"事变的元凶，伪满洲国"建国之父"石原莞尔。

1936年，石原莞尔主持修订日本的《国防国策大纲》，这份大纲中强调对美国努力保持"亲善"，目的却是最终与美决战。对中国的战略呢？他提出：东北和蒙古问题的解决是日本存活的唯一途径。"七七事变"后，石原反对急于扩大侵华战争，担心全面侵华会使日本陷入持久战而不能自拔，主张先消化掉东北和蒙古，再逐步占领中国。

可以说，石原莞尔是日本陆军大学几十年毕业生中唯一的战略家。他比那些只会蛮干的日本军人明白、理性得多。所以，他看不起任何人，后来成为甲级战犯的大川周明[①]是石原莞尔的同乡，有一次他到东北出差，先来看望石原莞尔，说完话以后顺便问了一句："东条参谋长的办公室在哪儿？得去和他问个好。"石原莞尔回答："噢，那个东条上等兵啊，就在对面。"东条英机当时是他的长官，他竟这般蔑视。

石原莞尔主张北进，对于偷袭珍珠港也不看好。但他"7号"（日本人对精神病患者的称呼）一样的个性，得罪了东条英机，比较早就以陆军中将衔退役了，在家被监视居住。也正因为如此，战后他才没被划为甲级战犯。

---

① 大川周明（1886~1957），日本极端民族主义者，被称为"日本法西斯主义之父"，二战后东京审判的28个甲级战犯之一，因在法庭上大闹装疯逃脱审判而名噪一时。

综合比较选南进

日本当时南进派的代表，有陆军大将杉山元、东条英机等人。杉山元是日本陆军航空兵的奠基人，早年在军校学习时，因面容憨厚，被戏称为傻瓜元，实际上此人性格异常坚忍顽固。"一·二八"事变中，他指挥日军与19路军作战，还曾向昭和天皇担保，三个月解决中国问题。

除日本陆军这一派人主张南进外，日本海军也力主南进，酝酿偷袭珍珠港。这很容易理解，北上打苏联，日本海军就无用武之地，眼睁睁看着功劳全被陆军抢走，日本海军万难接受。日本的陆海军之间的矛盾，有时比跟外国的矛盾还严重。有一个笑话说，日本海军在二战中拿出三分之一的兵力跟美国作战，三分之二的兵力跟陆军作战，以致日本陆军都要搞航母，以对抗日本海军。两个军种对立严重，陆军不用海军的东西，还非得有水兵，有炮艇、运输船，甚至要搞航母，都到了这种程度。所以，海军反对北进，主张南进，完全从本军种利益出发，不考虑国家的战略。

实际上，日本之所以放弃北进，选择南进，除了石原莞尔跟"东条上等兵"发生矛盾，被迫转入预备役之外，还有一个重要原因是日本曾经北进过，跟苏联打过仗，一打才知道苏联太厉害了，正所谓马王爷长三只眼，锄头是铁打的。从严格意义上讲，日本陆军称不上现代陆军，装备和战术水平基本停留在一战时期。在欧洲国家眼中，日本陆军就是一支轻步兵，缺乏自动火器。1937年日本全面侵华时，一个甲种师团只有108门火炮、24辆坦克，还是10吨不到、皮薄馅大的那种"豆"坦克。

无视高科技

日本也就能侵略亚洲弱国，中国敌后抗日武装还用红缨枪、大片刀呢，与之相比，日本的武器也算先进了，38式山炮就是重火力。但是，一旦遇到真正的对手，日本绝难逃脱覆亡的厄运！比如说，号称"皇军之花"的日本关东军，战术思想极其僵化，无视当时科学技术进步带来的军事思想和战术上的变化。他们还是认为，敌人的数量要靠我们的训练来抵挡，敌人的钢铁要靠我们的肉体去碰撞。肉碰钢不是一碰一个死吗？可能东方人都有这种精神制胜的"非凡想法"。

谈到武器，日本38式步枪在二战各国军队的步枪中是最长的，枪长1.2米，加上刺刀总长1.6米，比日本兵都高。我们看很多日军旧照片，小日本举的步枪比人都高。在东南亚或中国山地作战，扛着这么长的枪行军多不方便啊，但他们不管这些，特别强调用这种带刺刀的长步枪进行近身白刃战。当然也有一个原因，那就是日本国土狭小，资源贫乏，钢产量奇缺，没办法制造大规模的重武器。据说，日本当时已经发明了冲锋枪，但觉得浪费子弹，就没有大规模制造。这跟李鸿章看机关枪差不多，觉得这玩意儿太浪费子弹，玩儿不起。当年，日本伞兵在印尼搞过一次空降，伞兵跳下来就挥着日本刀往前冲，跟中世纪战国时代一样。

谁也不服谁

日本关东军拒绝研究适应工业化时代的战争，陆军战斗条令就强调白刃主义，缺乏对付坦克和飞机的训练。日本军队在战后承认，关东军在近代作战方面的训练几乎为零。但是，日本人在近代历史上战胜过俄国人，他们认为自己很牛。俄国由于经历十月革命、国内战争，特别是斯大林的大肃反，把久经沙场的老将们几乎都干掉了，苏联内务部的一个大将，叛逃到伪满洲国，把苏联的虚实报告给了日本，所以日本觉得苏军不堪一击。

当时，日苏两国争相瓜分中国北方领土。苏联扶植了一个"蒙古人民共和国"，全世界只有苏联一家承认它。日本则在中国东北扶植伪满洲国。日苏两大列强在中国土地上各自扶植一个傀儡政权，双方谁也不服谁，都觊觎对方占领的地盘，因此爆发冲突是必然的。

02. 杀鸡用牛刀

这帮爷们儿不听令

张鼓峰又名刀山，位于朝鲜、苏联和中国交界处一个地图上几乎找不到的地方，发源于长白山天池的图们江从这里经过。从朝鲜罗津（今罗先）至吉林珲春的铁路也从山下经过，山的东边有一个被当地人称为长湖的小湖泊。这里冬天长达8个月，一年中有200多天被冰雪覆盖，但每年4月份以后，小湖就成了黑天鹅和丹顶鹤的家园。这一带长满了亭亭玉立的东北美人松，而从小湖往东则是无边的草原。就在这片人迹罕至的荒僻之地，上演了一幕惊心动魄的战争。

1938年7月9日，苏军突然开进张鼓峰地区，并在山上构筑工事。已经把东北变成伪满洲国、把朝鲜作为殖民地的日本人不干了，尤其是关东军那帮爷们儿，他们无法无天，几个小参谋就能策划"九一八"事变。但是当时日本陆军全面侵华，正在进行武汉会战，伪满地区兵力比较薄弱。当时日军在华共有32个师团，其中关东军只有8个师团——1、2、4、7、8、12、23、104师团。像23师团、104师团，都属于丙种师团。所以，关东军还抽调了驻朝鲜的19师团38旅团组织反击。虽然当时日本大本营决定停止使用武力，并且把决定下达给了朝鲜军司令部，但是当时19师团38旅团已经集结完毕，这等于抗命。一个旅团就敢拒绝大本营命令，可见当时大本营几乎指挥不动前线的这些骄兵悍将。

张鼓峰比武

7月30日，19师团38旅团在得到关东军加强后，猛攻张鼓峰，第二天就占领了张鼓峰主阵地。但苏军没有后退，反复争夺，用炮兵猛轰日军炮兵阵地，并派大批飞机轰炸日军前线，还轰炸了北朝鲜一些城市。尽管如此，日军当日还是守住了张鼓峰。日本19师团38旅团的这次作战行动，未经大本营同意，甚至未经朝鲜军司令官同意，其实是师团长尾高中将抗命搞的一场战斗。

苏联一看小日本挺牛，炸不死，就下令成立步兵第39军，由三个步兵师、一个机械化旅、一支国境警备队，另外还有一些航空队组成，开始猛烈反攻。苏军出动坦克、飞机增援，一直打到8月10日。日军大本营下令驻朝鲜军司令官停止攻击，同时苏军也停止了炮击，双方军队从实际战线各自后退500米，冲突结束。战斗的结果是，虽然双方都没能完全占领张鼓峰，但苏联控制了张鼓峰大部，实际上取得了这场战斗的胜利。

日军损失惨重。当然，日本人认为苏联人之所以能够占便宜，是因为苏军集中优势兵力，而日军受制于全面侵华战争，相对兵力不足，同时日本政府比较克制，在苏联大举进攻的时候没有增兵。

日本人的自信

苏联打张鼓峰是"杀鸡用牛刀"，用了一个军的规模，打日本一个旅团，日本的一个旅团下辖两个联队，也就六七千人。苏联人动用这么多军队，还没能完全占领日军两个联队驻守的阵地。因此，这一仗之后，日本人对苏军的战斗力更加轻视，坚信自己的肉体可以碰撞别人的钢铁，更坚信皇军的白刃战术是成功的，是武运长久、无敌于天下的。在战斗中抗命的19师团长尾高中将，不仅没受到责罚，反而被提升为军司令官，体现了日本人对苏联红军的蔑视。

与此相对的是，苏联在战后也得论功行赏，第40师师长获得了列宁勋章。但远东苏军总司令布留赫尔元帅，也就是北伐战争时蒋介石的军事顾问"加伦将军"，没有得到任何奖励，不久就受到清洗，被说成"日本特务"，被处决了，成了"张鼓峰事件"的替罪羊。布留赫尔元帅这样一员久经沙场的老将被处决，更使日本人坚信远东苏军不堪一击。日本人牢牢固守日俄战争的经验，其实日俄战争的时候就能看出来，俄军的装备比日军要先进，日军打一个旅顺

203高地损失惨重，挂了1万多人，完全是拿胸膛和俄军的机枪较量，但日本人还是觉得白刃战术无敌于天下。

苏日态度差别大

关东军司令部在研究了"张鼓峰事件"后，司令官植田谦吉大将（"一·二八"淞沪抗战时的第9师团长，中国人民的"老朋友"）签发了《满苏边境纠纷处理纲要》，指出下次再遇到类似国境纠纷，就要学习驻朝鲜军第19师团步兵38旅团的做法，要坚决回击，趁机占领阵地，然后造成既成事实，迫使苏联承认关东军的领土要求。

"张鼓峰事件"后不久，关东军又增建了23师团和24师团，其中23师团是国境警戒师团，战斗水平较低，24师团是野战师团。这时候，苏联也检讨了"张鼓峰事件"中暴露出的问题，包括三个步兵师、一个机械化旅在内的优势兵力，居然没能完全占领日本两个联队驻守的阵地。于是远东方面军被解散，改成了两个特别集团军。布留赫尔元帅被处决后，远东地区的大清洗也就结束了。莫斯科当局也认识到再这么自毁长城不行了，对战技战术进行了调整、总结，使作战能力有所提高，为之后的诺门坎战役打下了基础。

03. 苏日诺门坎之战

双方再度交手

诺门坎位于中蒙边境地区，当时是伪满洲国和"蒙古人民共和国"的边界争议地区。1936年，苏联同"蒙古人民共和国"签订了《苏蒙友好互助条约》。

1939年5月11日，在诺门坎地区哈拉哈河畔，伪满军队跟伪蒙军队，在

"国境"上发生了冲突。两天之后，23师团将情况报告给关东军司令部。司令部依据植田谦吉大将下发的《满苏边境纠纷处理纲要》做出决定，让23师团长小松原中将出兵坚决反击。小松原中将派了一个骑兵联队增援伪满军队，该联队的指挥官是东八百藏中佐。与此同时，苏联根据《苏蒙友好互助条约》也出兵外蒙古。1939年5月22日到24日，日本陆军航空兵跟苏联远东空军首次交战，苏联空军由于受大清洗等因素影响，战斗力下降，在首轮交战中吃了亏。日本飞机还轰炸了苏联远东的一些城市，不久，日本陆军航空兵掌握了制空权。

后来，朱可夫到了前线，他特别要求斯大林把参加过西班牙内战的老飞行员派来，不要菜鸟。因为日军航空兵并不落后，战斗力强大。5月28日，日本第23师团的骑兵联队成功偷袭了伪蒙军第6师师部，师长被击毙。但东八百藏中佐的部队马上遭到了附近苏军和伪蒙军余部的夹攻，苏联人出动了坦克和装甲车，东八百藏指挥的骑兵联队纵马挥刀冲向苏联坦克。马刀砍坦克这种事是上演过的，结果可想而知。5月29日，23师团骑兵联队全部被歼灭，东八百藏也阵亡了。

同时，山县武光大佐指挥的第23师团步兵64联队攻占了742高地，并且构筑了工事。当东八百藏的骑兵联队被全歼之后，山县武光的64联队遭到苏蒙联军的围攻。战斗一直持续到6月7日，伤亡惨重的64联队撤出战斗，归队的不足400人。日军一个旅团六七千人，下辖两个联队，一个联队怎么着得三四千人，日军联队相当于中国的团。64联队归队的不到400人，说明损失了大概90%的兵力。第23师团不属于两旅团四联队编制的甲种师团，属于三联队编制的丙种师团，一下子丧失一个步兵联队，可谓伤亡惨重。苏蒙联军方面，伪蒙军一个骑兵师受重创，师长死了，当然它一个骑兵师就千八百人，本来就是傀儡军，战斗力也不强。

战斗胜败很明显，相比苏蒙联军，还是日军损失惨重。可是，日军23师团得到补充后，竟然给上级发"捷报"，可见日本人非常擅长讳败为胜，一直到后来美国轰炸日本本土，把日本列岛都封锁了，日本国内民众才知道原来日军在前线一直打败仗。

不了解对手

关东军司令部收到23师团谎称的"捷报"，以为战争取得重大战果，马上报给东京大本营，东京大本营来电，先对胜利表示祝贺，然后暗示关东军扩大战果。所以，6月20日，关东军司令官植田谦吉大将下达了集结命令，23师团全部，第7师团26联队加28联队的一个加强大队，调往诺门坎，同时把第2飞行师团调到海拉尔。为了对付苏联的装甲部队，植田谦吉还把东北日军唯一的装甲部队，号称心肝宝贝的第一战车师团（驻地在公主岭），也调到诺门坎一线。植田谦吉甚至还想从关内调兵增援诺门坎，但由于被侵华战争拖住了后腿，未能如愿。

到1939年6月，关东军第2飞行师团部抵达海拉尔，各旅团也先后抵达。1939年6月22日，夏至这一天，日本120架战机跟苏联空军95架战机在哈拉哈河上空遭遇，日本30架战机被击落。

6月27日，关东军出动137架飞机，成功轰炸了苏蒙方面的塔木斯克机场，苏联远东空军受到重创。6月29日，日军第一装甲师团到达了诺门坎的集合地，23师团全部、第7师团也都抵达了集合地，完成了关东军司令部的部署。这时日军兵力包括第23师团的64、71、72联队，第7师团的26联队，再加上第7师团28联队的一个加强大队，被打残的东八百藏64骑兵联队余部，还有两个坦克联队、两个炮兵联队、两个工兵联队，外加一个飞行师团、一个汽车联队。重武器方面一共准备了212门火炮，包括反坦克炮128门、山炮24门、野炮60门；飞机182架；坦克82辆、装甲车26辆、汽车400辆。这就是日本当时尽最大可能拼凑出的机械化力量，当时关东军参谋辻政信坚信，凭借这些东西足以打败远东苏军。但是，日军根本不了解当时对手苏联是什么情况。

1939年6月1日，苏联后来被称为"胜利之神"的朱可夫赶到了前线，担任苏蒙联军的指挥官，也就是57特别军军长。他上任后，马上要求莫斯科给前线增加兵力。朱可夫打仗就是这样，跟蒙哥马利差不多，必须拥有绝对优势才会发动进攻。二战时，苏军、美军、英军、日军都是这样打仗，没什么战略战术，主要是拼实力，日军可能还有点儿巧劲儿，像苏美的军队就完全是拼实力，一线平推。反倒是德军的战术最精彩，穿插、迂回、包抄，运用各种战术。

朱可夫要求莫斯科必须派三个步兵师、一个坦克旅，而且要加强炮兵和航空兵。莫斯科为了稳定东方，好好教训小日本，完全同意了朱可夫的要求，给他派来了21个荣获苏联英雄称号的飞行员和当时最先进的飞机。

1939年6月27日，日军第7飞行旅团100多架飞机空袭远东苏军的3个空军基地，事后报捷说击落飞行苏机99架，击毁地面苏机25架。但是，另一种说法是，朱可夫早就预料到这次空袭，放的都是飞机模型。实际上，直到7月，苏日两军的空战一直在进行，在苏军的增援兵力到达之前，日军是占据优势的。

中将差点儿要切腹

日本诺门坎前线的总指挥官、23师团长小松原中将制订了两岸夹击苏蒙军的作案方案。1939年7月1日，日军第7师团步兵26、28联队从哈拉哈河上游渡河进入西岸，攻占苏蒙军炮兵阵地，居高临下炮轰东岸苏蒙军阵地。然后23师团、第1战车师团和伪满兴安骑兵师正面进攻哈拉哈河东岸的苏蒙军，形成夹击，歼灭苏蒙军。26、28联队奉命渡过了哈拉哈河，由于兵力上占有优势，再加上伪蒙军准备不足，日军初步达到了渡河的作战任务。

但是，驻守的伪蒙骑6师进行了激烈抵抗，为朱可夫赢得了几个小时的宝贵时间。朱可夫火速赶到战场，连发三道命令，派重炮部队、装甲部队向日军反攻，并且派飞机轰炸日军。已经渡河成功的日军没有想到，苏蒙军在兵力处于劣势的时候会发动反攻。日本人在中国战场的经验是，一个大队打国民党一个师，向来是以少胜多，所以日军在兵力占绝对优势的时候，认为打赢没问题，没想到苏军兵力处于劣势时还敢反击。

苏军坦克装甲洪流滚滚而来，使日军付出了惨重的代价。很快，苏军突破了日军防线，装甲部队在朱可夫的指挥下迂回进军到了渡口第7师团26联队侧翼，切断了日军补给，直插23师团师团部，23师团参谋长大内大佐阵亡，师团部岌岌可危，师团长小松原中将准备切腹，幸好一小队速射炮兵赶到，打退了苏联坦克，最后这个小队就剩下六个人、一门炮，小松原赶紧率部撤退到山上。

苏打水瓶成武器

当苏军坦克发动猛攻的时候，担任正面进攻的日本第23师团和第1坦克师团并没闲着，第1坦克师团的师团长安冈中将，在经过30分钟炮火轰击后，率领87辆中轻型坦克、37辆装甲车，在23师团步兵联队的配合下发动进攻，但很快被苏军挡住，始终无法突破苏军的防线。这是因为苏军的炮火很猛烈，装甲力量也占尽优势，相比之下，日军重武器非常缺乏，同时步兵、坦克协同作战能力不足，战术呆板。小日本的坦克装甲薄弱，是薄钢板用铆钉铆上的，苏联坦克当时已有了焊接装甲。另外，日军坦克的37炮、57炮，都是短管炮，射程很近，这种炮更多是用来支援步兵的，很难击穿苏联坦克的装甲，尤其是正面装甲。

而苏联还有喷火坦克，经常是小日本的炮打到苏联坦克上，人家都没感觉，接着往前开，冲到日本坦克面前，一喷火，把日本坦克烧掉了。日本士兵在跟苏联坦克决战过程中发现，他们唯一能够对付苏联坦克的武器是苏打水瓶子，就是往苏打水瓶子里面灌上汽油，做成简易燃烧瓶。因此，当一支新的部队开往前线的时候，撤下来休整的部队给他们的最好装备就是这些空苏打水瓶。士兵居然要拿燃烧瓶对付坦克，仗打到这个份儿上，根本就打不下去了。

步兵对抗重炮

7月4日，小松原中将终于跟安冈中将会合了。地面战争暂时告一段落，但是空战仍然十分激烈。日军毕竟在兵力上占优势，累计参战兵力5万多人。苏军在跟日军作战的过程中损失也很惨重，如果不是有几百辆装甲车和坦克，苏联人也顶不住。所以双方打成了相持状态，都在等待救兵。很快苏联出动了上千辆卡车，昼夜不停地往前线运送援兵和武器弹药，而日军就没这个实力。苏军的第57特别军改为第1集团军，朱可夫担任司令官，下辖第36摩托化师，57、82步兵师，第11装甲旅和第7、8、9摩托化旅，还配了一个212空降兵旅。

1939年7月23日，当日晴空万里，日本军队集中了百十来门重炮，发射炮弹1.5万发，试图压制住苏军火力，但遭到了苏军的猛烈回击。当时苏军师属火炮都是122毫米口径，到军一级都是152毫米的主炮，像76毫米炮都作为团炮，很普遍。而日本师团装备的都是75毫米炮，甚至还有日俄战争时候的老炮。日军火炮射程最远的是90式野炮，仍然是75毫米口径，能够打十几公里。其他的38式、41式，只能打几公里远，根本打不着苏联人。日本人的所谓重炮，也就是120毫米、105毫米、100毫米口径的，无论从口径到射程都比不上苏联的师属火炮，就这样的所谓重炮，也只有军一级甚至方面军才能配备。

而且苏军半个多月一直在修建工事，纵深3公里，日本人根本搞不掉苏联人。据说，第4旅团的玉田大佐，成功夜袭了一个苏军炮兵阵地，但是大佐本人阵亡了（日本人很爱搞夜袭，可最后的结果基本上是全体"玉碎"）。日本人终于认识到与苏军的巨大差距，自己的这支轻步兵部队完全不是苏联装甲重炮的对手。关东军司令部无奈下达命令停止进攻，占领东岸战线构筑阵地，准备持久战。

就比一个狠劲儿

日军在苏日战争中巨大的伤亡引起东京大本营的严重不满，此时关东军还在伪满进行了总动员，大力增援，但这些增援都没有得到大本营的同意，大本营跟关东军这时已势同水火。1939年8月20日，就在日本关东军骑虎难下、半死不活之际，朱可夫的大反攻开始了，他要求得到的全部增援力量已基本到位。苏蒙军从南、北、中兵分三路向日本人发动了全面进攻。首先扫荡了日本的高射炮阵地，然后以150架轰炸机、100架战斗机、数百门火炮狂轰日军阵地，一个半小时内日军的炮火根本无力还击，日军的观察所、通信设施以及炮兵阵地都被摧毁。

但是，日军不要命，很顽强，拼命抵抗，战到最后一个人也不投降，战斗仍十分激烈。苏蒙军遇到了异常顽强的抵抗，这是苏军也没有想到的。为此，朱可夫开始动用战略预备队，并加强了炮火支援。26日傍晚，苏军坦克部队和摩托化部队完成了对日军第6军（关东军为统一指挥诺门坎前线部队而特别组建的，司令官获州立兵中将）的合围。随后开始穿插分割，分片分块歼灭被围敌军。由于流沙、沙坑、沙丘遍布，加之日军顽强抵抗，苏蒙军仗打得很苦，全在啃"硬骨头"。

这个时候就是比一个狠劲儿！在反攻作战中，朱可夫展露了他果断严厉的指挥风格。当苏军向纵深进攻时，朱可夫命令步兵第36师攻打日军的一个阵地。这个阵地关系到整个战役的成败，日军抵抗得十分顽强，苏军这个师伤亡也很大，师长发现再次进攻有困难，于是打电话给朱可夫请求暂缓进攻。朱可夫却命令他再次进攻。过了一会儿，朱可夫打电话问这个师长是否继续进攻了，那个师长说，部队伤亡大，一时还无法向前推进。朱可夫对那位师长说：

"现在，我只问你一句话，你还能不能发起攻击？"那位师长回答："有困难！"朱可夫立即说："好，我现在解除你的师长职务，让参谋长接电话！"参谋长接过电话后，朱可夫问："你能否继续进攻，完成任务？"参谋长说："没有问题，司令员同志！""那好，从现在起，你就是师长了！"

可是，这位新任师长还是没有组织起新的进攻。朱可夫没等听完对方解释，就打断道："从现在起，你不再是师长，等候新师长的到来！"

他转过身，在自己的司令部里找到一名上校军官，向他明确了任务，并把炮兵预备队给了他。第三个师长坚决按照朱可夫的意图发起了进攻，最后终于攻占了日军阵地。所以，苏联有这样坚决的指挥官，日本关东军即便增派第7师团给第6军，还计划把第2、第4师团调往前线，同时令第23师团死守待援，都无济于事。

这时23师团覆灭在即，跑都来不及。最后小松原中将率领残部2000余人，每个人两手各举一颗手榴弹，抱定必死之心，才勉强杀出重围。

打醒北进派的迷梦

8月30日，东京大本营派参谋次长来到伪满洲国，传达大本营命令，说关东军兵力不足，诺门坎战争不应扩大，应该立刻设法终结，立足于长期坚守。实际上就是让关东军放手认输，只是日本人很好面子，措辞婉转。9月1日德国入侵波兰，欧战爆发，为了应对世界局势的波动，日本大本营再次严令关东军停止进攻，而关东军司令植田大将，要求东京准许发动一次收拢死难将士尸体的进攻，还放话说你们不让我打，干脆就把我解职吧。东京大本营果然把他解职了，捎带免职的还有参谋长矶谷廉介[①]，此人就是台儿庄会战时的第10师团

---

① 矶谷廉介（1886~1967），日本昭和时期的四大中国通之一，日本陆军中将，南京军事法庭裁定为战犯，并处以无期徒刑，后转交东京法庭。1952年被释放。

苏联有朱可夫这般坚决的指挥官，日军惨败在所难免

的师团长。一个月内，关东军司令部作战部长和所有作战参谋通通被解职，可见日本政府也感觉这场战斗丢死人了。

日本政府开始通过外交途径收拾残局，9月9日苏日双方开始谈判，9月16日签署了《停战协定》。战争的结果，苏蒙军伤亡6000余人，损失78架飞机，113辆坦克；日军伤亡超过5万，战死的就有2万人，特别是作为"国宝"的第1战车师团几乎损失殆尽，连番号都给撤销了，日军装备损失是苏蒙军的5倍。而且大量日军军官阵亡，包括关东军第23师团参谋长，64、71、72联队长，第1坦克师团第3战车联队长，第2飞行集团第15飞行战队队长，这些人都是大佐，全部战死。日本国内报纸哀叹，大量高级军官如此集中伤亡，这是日俄战争以来所未有过的。

这一战打醒了日军北进派的迷梦，他们多少明白了现代化战争是什么样子，认识到自己跟苏军武力之间存在多大差距。在苏德战争爆发后，日军情报部门通过研究判定德军本年内无力迫使苏联投降，而明年的形势不一定有利于德军，所以日军最终放弃了"北进"计划。

诺门坎战役不仅沉重打击了日军的嚣张气焰，还促使日本将"北进"的国策改为"南进"，这就为日本的最终失败埋下了伏笔。同时，诺门坎之战使苏联能够在莫斯科战役的关键时刻抽调远东边境的20个师投入欧洲战场，从而起到了扭转战局的决定性作用。

对亚洲战场而言，诺门坎战役使关东军向关内增兵的计划无法实施，而此时正值中国抗战的艰苦时期，因此诺门坎战役客观上也支援了中国的抗日战争。更关键的是，日本大本营在"南进"战略的布局下，偷袭了珍珠港，将美国拖入了战争，不但失去了与德国在远东会师的机会，还使自己陷入了不能应对的太平洋战场。

04. 暗中酝酿阴谋

急欲夺取东南亚

1940年希特勒为了征服英国，要求日军和德国共同对英作战，日军驱逐了所有在华的英国侨民，夺取了英国在华利益。日本的做法直接影响了英美两国的政治、经济利益。为了给日本一点儿颜色看看，1940年1月16日，美国宣布到期的《美日通商航海条约》不再续约。7月2日，日军在印支南部登陆，美国宣布中止日美贸易，冻结日本在美国的全部资产。

8月1日，美国宣布对日本实施全面石油禁运。对于资源极为缺乏的日本而言，这是致命的。没有石油，日军的坦克无法行驶，战斗机无法起飞，舰艇抛锚，无法继续进行侵略。为了掠夺石油，确保正常侵略，日军中的"有识之士"开始考虑孤注一掷。

这时候，日本的石油储备只能维持半年，日本明白，要么从中国撤兵，与美国达成妥协，停止对外扩张；要么再起战端，夺取东南亚战略资源，以战养战。前一种选择是日本军部无法接受的。但是，东南亚有英国、美国、荷兰的殖民地，进军东南亚就等于向美英两国宣战。但此时，日本已经顾不了了。日军在亚洲战场找到了优越感，同时德国在欧洲战场的胜利又让日本认为国际大势对其有利，日本开始轻视英美两国的力量。

下定决心偷袭

1940年5月7日，美国海军太平洋舰队正式进驻珍珠港，罗斯福总统希望利用这个行动，牵制日军南进。但他没想到，正是这个行动，让一个人对袭击珍珠港下定了决心。

他就是日本联合舰队司令长官山本五十六，作为海军航空兵专家，他首先想到的就是以航空兵偷袭这个遥远的美国太平洋舰队驻地。同时，山本五十六是个优秀的赌徒，非常好赌，且逢赌必赢。他曾夸口："如果天皇给我一年时间，我能赢回一艘航空母舰！"

当然，山本绝不是鲁莽匹夫，他当过驻美使馆武官，曾游历美国，对美国很熟悉。日本海军军令部长永野修身[①]大将曾问山本，一旦皇国对美开战，你有几分把握？山本说，阁下如果到过美国，看看底特律的汽车，堪萨斯的石油，你应该知道没有把握。永野说，军部决定了，你说能坚持多久？山本回答能坚持半年，永野说足够了，半年肯定能消灭美国了。这不是开玩笑吗？山本没永野那么天真。他的想法是，一旦偷袭珍珠港成功，就可以消灭美军太平洋舰队主力，随后不断组织进攻，不给美军积蓄力量的时机，从而争取与美国体面停战。他想得很好。

但是，偷袭珍珠港实施起来难度不小，损失可能很大。所以，即便山本此时已晋升为海军大将，这事仍不能擅自做主。山本手下的两个舰队司令南云忠一和冢原二四三，一致反对偷袭计划，还派出参谋面陈反对意见，但派去的参谋反而被山本说服。不过，光说服参谋不行，东京大本营仍然反对，最终山本以辞职相威胁，甚至通过好友高松宫亲王（天皇的弟弟），将计划直接呈送给天皇，终于在1941年10月19日获得批准。

迷惑美国人

偷袭珍珠港计划获得批准之时，距实施时间只有50天。

[①] 永野修身（1880~1947），日本海军大将，甲级战犯，参与制订并最后批准袭击珍珠港的作战计划。日本投降后被捕，在远东国际军事法庭受审期间病死狱中。

当然，山本五十六抱着势在必行的决心，早就开始准备了。偷袭计划将所有细节都考虑得非常周密。在兵力编排上，既要求具备强大的突击能力，又要求避免编队过于庞大而被发现。山本亲自挑选并任命了海军航空兵中具有3000小时飞行经验的渊田美津雄中佐担任训练总教官，并让他亲自带队实施攻击。针对珍珠港水深只有10~12米的特点，舰载鱼雷机进行了多次模拟实战，直到飞行员们确保鱼雷机在20米高度，投雷命中率达到60%才罢休。

为了迷惑美国人，日本重启了对美谈判。1941年2月，日本政府任命退役海军大将、罗斯福总统的好友、著名亲英美人士野村吉三郎[1]为驻美大使。几个月中，他与美国官员会谈多达数十次。7月，近卫文麿首相致信罗斯福，表示两国之间什么问题都可以谈，保证绝不侵犯美英在东南亚的利益。10月18日，东条英机取代近卫，接任首相。11月5日，御前会议决定对美英开战。就在同一天，日本还派出曾任驻美领事、娶了美国老婆的亲美派来栖三郎为和平特使，赴美谈判。

箭已在弦上

11月26日凌晨6时，突击编队主力从单冠湾起航。山本这个时候还对突击编队主力发出指示，如果对美谈判获得成功，就要立即返航。这充分体现了山本的矛盾心情。其实，他心里也清楚，双方的要价离得太远，谈判根本不可能成功。

前戏演得差不多了，箭已在弦上，该放就放吧！12月6日，山本仿效他崇拜的东乡平八郎向攻击编队指挥官南云忠一发出动员令："皇国兴衰在此一战，我军将士务必全力奋战！"南云的旗舰"赤城"号升起了"Z"字旗。

---

[1] 野村吉三郎（1877~1964），日本海军大将，1932年日本军侵略上海时，任第3舰队司令官，后在虹口公园被朝鲜爱国者尹奉吉炸瞎一只眼。1940~1942年任驻美大使，著有《使美记》。

05. 偷袭珍珠港

别管它了吧

1941年12月7日，突击编队进至中途岛以东600海里，呈防空队形，6艘航母编成两路纵队，2艘战列舰和2艘重巡洋舰位于航母纵队四角，9艘驱逐舰在最外围。南云下令舰队直扑珍珠港。

当天凌晨6时10分，南云中将得到攻击的命令后下令第一波攻击机群起飞。渊田美津雄亲自带队，在一片欢呼声中，他径直走向飞机，这时候一位地勤人员递给渊田一条白头巾说："这是地勤人员的一点儿心意，表示我们跟你们一同飞往珍珠港，请务必收下。"渊田点点头，把头巾紧紧地扎在自己的飞行帽上，带领着第一波攻击机群出发了。

其实，第一波攻击机群出发不到1小时就被美军发现了。瓦胡岛北端有个美军的雷达站，两名美军新兵没关雷达，还在那儿练习。突然，他们发现雷达屏上出现了一堆闪闪发光的斑点。他们将这一发现报告了泰勒中尉，结果这位长官端着咖啡过来，漫不经心地看了一眼说："好了，别管它了吧。"然后确实没人管了。

偷袭改强攻

日军为偷袭准备了两套方案，如果偷袭时判定美军毫无准备，渊田美津雄就打一颗信号弹，让轰炸机群照计划采用偷袭；如果发现美军有准备就打两颗，意即发起强攻。但是，当时云层很厚，渊田在发出一颗信号弹后，以为轰炸机群没看见，就又打了一颗信号弹，结果日军战机立即由偷袭改为强攻。

南云中将得令后，下令攻击机群直扑珍珠港

那是礼拜天早上，珍珠港内的很多水手起床、洗漱、升旗、奏乐，开始享受愉快的周末。凌晨7时53分，当渊田率领的机群到达珍珠港上空时，美军毫无防备。渊田知道偷袭必定成功，就急不可耐地发出胜利密码：托拉！托拉！托拉！（虎！虎！虎！）

接着，渊田率领183架飞机开始第一波攻击，这些轰炸机穿破云雾，突然俯冲下来，紧贴海面飞行，扑向珍珠港，有的已出现在机场上空。看到这一场景的美军水兵还以为是美国机群在演习，由衷地赞叹飞行员们技术高超，甚至还有人喊："Hello，Good morning……"为什么会这样？因为当时美国飞机的识别标志，是一个大白五星，中间一个红圆圈，所以很多水兵误以为日机是本国飞机。打这之后，美国战机的标志改成白五星外面蓝圆圈加蓝白杠，就为了跟日本飞机区别开。

就在美国水兵还在观望的时刻，冰雹似的炸弹倾泻而下，第一批目标是机场，珍珠港四周的机场全被击中。为了准确攻击，有的轰炸机距地面只有几百米时才开始投弹。机场上空有如晴天霹雳，炸弹如雨。一架接一架的重型轰炸机被炸得四分五裂，七零八落。美军地勤人员和飞行员临时抓起机枪进行抵抗，但是根本无济于事。

炸弹的爆炸声把早晨的和平气氛撕得粉碎，日本鱼雷机队开始攻击，刹那间，珍珠港内的军舰笼罩在一片浓烟火海之中。爆炸声此起彼伏，熊熊大火映红了整个海港，港内升起一道道冲天水柱，美军战列舰全部起火。

"迟到"的宣战书

差不多就在日机偷袭珍珠港时，日本使馆的野村和来栖给美国国务卿送最后通牒，因为使馆人员未能及时解码和打印这篇国书，以至这个电报送到国务卿赫尔手中的时候，比预定时间晚了40分钟，因此日方宣战书是在袭击发生后才交到美国。这个"疏忽"很可能是因为电报事关绝密，不能让译电员翻译，必须由使馆的高阶外交官亲自动手译写，而他们的业务又不熟练。

这件事最重要的影响就是增加了美国人的愤怒，赫尔国务卿说："我任职50年来，从未见过如此卑鄙的政府和如此虚伪、歪曲事实的文件。"野村和来栖无言以对，刚想张嘴辩白两句，赫尔就厌恶地朝门口挥了挥手，两人尴尬地一鞠躬，退了出去。据说来栖回去后就向人要武士刀，准备剖腹自尽。看来，这两人也知道自己的政府这次太不地道。

南云是个庸才

偷袭之后，第一波飞机已经返航。渊田留在珍珠港上空观察战果。"亚利桑那"号先是被2枚鱼雷击中，后来又被4枚重磅炸弹命中，最糟糕的是，一枚炸弹穿过甲板，在弹药舱爆炸，全舰1000余名官兵无一生还。"西弗吉尼亚"号被6枚鱼雷击中，舰上重量级拳击手炊事兵陶乐斯·米勒积极救助伤员，后又操作高射机枪猛烈扫射日机。这一幕在2001年的美国电影《珍珠港》里有表现。米勒因为英勇，成为美国海军第一位荣获优异服役十字勋章的黑人士兵。后来，米勒在美军潜艇上服役时牺牲了。

不久，日军出动168架飞机，发起第二波攻击。这次，有数架美军战机起飞迎战，击落了一些日机，但美军损失惨重。港内8艘战列舰中，4艘被击沉，1艘搁浅，其余都受重创；6艘巡洋舰和3艘驱逐舰被击伤。

原计划还有第三波攻击，但南云忠一认为，此时偷袭的时机已过，便放弃了第三波攻击，将主力撤回。山本五十六由此评价南云是个庸才，说他在指挥时就像小贼入室行窃，开始时志在必得，胆大包天，稍一得手便心虚胆怯，急于溜走。这番评价可谓深刻。

美航母突然离港

偷袭珍珠港，日军仅以29架飞机的代价重创了美军12艘主力战舰和其他舰船。美军共有188架飞机被摧毁，155架飞机被破坏，2403名美国军人丧生。

偷袭珍珠港成功后，山本旗舰上一片欢呼！有参谋拿酒来庆祝，山本拒绝饮酒，并忧心忡忡地说日本激怒了一个沉睡的巨人，而这个巨人一旦苏醒，日本可就应付不了了。美国太平洋舰队虽然遭到重创，但航空母舰和新式战列舰都不在港内，一艘未沉，巧的是航母在日军发起攻击前几天才离港的。日本的间谍以侨民做掩护，在珍珠港内潜伏了很长时间，一直报信说有航母在港内。

美军航母突然离港，让日本间谍措手不及，来不及通风报信。正因为如此，战后一直有人认为，日军偷袭珍珠港，美国事先是知道的。不光是美国人，连日本人都有这么看的。美国一直想参加反法西斯同盟，但国内孤立主义思潮甚嚣尘上，反对参战，罗斯福总统也无可奈何。这下好了，被小日本打了，美国可以名正言顺参战了。日本之于美国，就是个小孩，美国在自家被一个小孩给揍了一顿，要是不报一箭之仇，以后还怎么出去混啊？

美国卷入二战

偷袭成功后，东京广播电台正式发布了天皇的"宣战大诏"。其中有这么一句：朕兹对美国及英国宣战，帝国今为自存自卫，已决然奋起，必当摧毁一切障碍！这口气真是够大的，把它拿来跟《终战诏书》对比非常有意思。接着，美国对日宣战，英国对日宣战，已坚持战斗10年的中国正式对日宣战！12月11日，德国对美宣战。这样，美国彻底卷入了二战，二战也进入了新阶段。

在珍珠港遭袭击的那天，全世界有两个人最高兴，一个是蒋介石，一个是丘吉尔。一战之后，日美两国一直在中国竞争主导权，日本最不愿看到的就是中美联手，这下自己帮他们做到了。丘吉尔呢，那天晚上，他说了一句："我们总算赢了。"然后安然入睡。

06. 日军占领菲律宾

这老哥花天酒地

日军偷袭珍珠港取得了战术上的胜利，给入侵东南亚的日军解除后顾之忧。日军根本目的是要夺取东南亚丰富的战略资源。所以，在偷袭珍珠港的同时，日军挥师南进，一路攻取马来半岛，一路发起菲律宾战役，与驻菲美军正面交手。

菲律宾群岛位于亚洲东南部，地理位置十分重要。它北隔巴士海峡与中国台湾遥遥相对，西濒中国南海，东临太平洋，南与印尼和马来西亚隔海相望。要想控制整个东南亚，菲律宾是兵家必争之地。

1898年，美西战争之后，美国人从西班牙手里夺取了菲律宾。1934年，美国承认菲律宾拥有"自治"权，菲律宾也选出了自己的总统，但事实上，菲律宾仍受美国控制。美国在菲律宾建有亚洲最大的海空军基地，构成日军南进的障碍，并威胁日本本土。美国前陆军参谋长麦克阿瑟是驻菲美军总司令，被菲律宾授予元帅军衔。这老哥极其热爱军旅生涯，离婚后在这里安家，过着花天酒地的生活。

现在，麦克阿瑟的好日子到头了。日军企图攻占菲律宾群岛，夺取美军基地，控制日本本土与东南亚之间的海上交通线，为进攻印度尼西亚创造条件。

美菲联军陷被动

1941年12月8日，在同样离过婚的"诗人将军"本间雅晴[①]中将的指挥下，日本组成第14军，负责攻占菲律宾。日军航空兵对菲律宾美军机场和海军基地发起偷袭，由于麦克阿瑟判断错误和处置失当，驻菲律宾的美军轰炸机和战斗机大部被毁，美军丧失了一半重型轰炸机和三分之一以上的战斗机，这是菲律宾的"珍珠港事件"。日军通过这次偷袭，为登陆作战创造了条件。同日，日军一部攻占吕宋岛以北的巴坦群岛。12月10日，日军第48师团田中支队和菅野支队，趁吕宋地区几乎没有舰队，分别在吕宋岛北部登陆并占领机场。

12日，日军第16师团木村支队在吕宋岛南部登陆，占领机场并进一步扩大战果。自11日起，日本航空兵第5飞行集团逐渐转移到吕宋岛已占机场，掩护地面部队登陆和发动进攻。17日，美军仅剩的17架B–17轰炸机撤到澳大利亚。从此，日军完全掌握菲律宾制海、制空权。22日，日军第48师团主力在吕宋岛西岸林加延湾登陆。24日，第16师团在吕宋岛东南部拉蒙湾登陆。至此，登陆日军形成南北夹击马尼拉、围歼美菲联军主力的态势。

诗人将军脑袋"短路"

美菲联军中的美军人数不多，在珍珠港事件爆发前，美军总兵力还不到30万，在菲律宾的美军更是少得可怜，也没有几支像样的部队；至于联军中的菲律宾军队，战斗力约等于零，很多士兵都是匆匆入伍的，连站姿射击都不会。用这样的部队对抗身经百战、堪称虎狼之师的日军，显然凶多吉少。

26日，麦克阿瑟命令吕宋岛上的美菲军队共7.95万人撤向巴丹半岛预设阵地和科雷希多岛，准备长期抵抗。这一撤，从马尼拉出城的3条公路上挤满了

[①] 本间雅晴（1887~1946），日本陆军中将，英国问题专家，1946年4月3日在马尼拉郊外被麦克阿瑟下令枪决，因在菲律宾蹩脚地击败麦克阿瑟以及后来被麦克阿瑟蓄意报复而出名。

推着大炮的牵引车、装载着枪炮的卡车以及小轿车、牛车等。这给了日军空袭美军的绝佳机会，但令人惊奇的是，日机没有前来轰炸。

本间雅晴不知出于什么原因，竟没有在此时出动轰炸机编队，打击地面这股庞大的后撤洪流。显然，本间雅晴以为可能要在马尼拉进行决战，却没有料到麦克阿瑟从马尼拉撤走。面对美军的全面后撤，本间只顾挥兵急起直追，完全忘了这事交给轰炸机就可以解决。更要命的是，他没有运用空中优势摧毁马尼拉北面的两处重要桥梁。这两座桥是撤向巴丹半岛的咽喉要道，只要日军在桥上扔两颗炸弹，就可将美菲联军后撤部队的道路截断。

麦克阿瑟溜走

1942年1月2日，日军占领未设防的马尼拉，并以一部兵力占领甲米地和八打雁，战役主要目的达到。日军认为菲律宾作战大局已定，将海军主力和第48师团调往印度尼西亚，将第5飞行集团主力调往缅甸，仅以第14军的剩余兵力清剿吕宋岛。1月9日，日军开始进攻巴丹半岛，遭遇美菲联军顽强抵抗。美菲联军与日军展开激烈的山地战、丛林战和阵地战。在交战中，木村支队被围，前来救援的日军被歼一个大队。至月底，日军因伤亡严重丧失攻击力，被迫转入防御，战局一度陷入胶着状态。此时，首相东条英机、参谋总长杉山元已对本间雅晴的指挥能力产生怀疑，甚至要撤他的职，只是因为天皇认为临阵换将不妥才未执行。

其实，日本人不知道，他们离又一次战术上的胜利为期不远。美菲联军已使出了吃奶的力气，甚至动用了童子军，也未能打败日军。除了巴丹半岛和科雷希多岛，美菲联军已无路可退。麦克阿瑟几乎要拿父亲留下的手枪自杀，与菲律宾人民共存亡了。但是，罗斯福在1942年2月8日以国家名义，命令麦克阿瑟及其家属撤离菲律宾。2月22日和23日，罗斯福和马歇尔连续给麦克阿瑟发电，允诺让他到澳大利亚去指挥盟军反攻。3月11日晚，麦克阿瑟无奈溜走。

离开菲律宾之前，他发誓"我还要回来"，留守的美菲联军改由温赖特少将指挥。

日军控制菲律宾

为了彻底消灭残余美菲联军部队，日军大本营调动在上海待命的第4师团增援本间雅晴。4月3日，日军以第4师团、第65旅团为主力对巴丹半岛再次发起进攻。

双方在丛林中展开殊死较量。美菲联军既无援兵又缺补给，在日军猛烈攻击下，巴丹半岛美菲守军7.5万人（其中美军9300人）于4月9日投降。日军攻占巴丹半岛后，再向科雷希多岛连续实施炮击和轰炸。

5月2日，日军对科雷希多岛实施火力准备，5日在炮火掩护下分左右两路登陆，对岛上要塞发起攻击。1.5万名美菲联军依托坑道工事抗击日军，并组织敢死队与日军展开白刃战。

6日，日军后续部队投入战斗，温赖特被迫请求投降，并于次日通过马尼拉广播电台命令所有美菲军队投降。7日，日军占领科雷希多岛。10日，驻棉兰老岛和北吕宋山区的美军投降。18日，驻班乃岛美军停止抵抗。至此，日军完全控制菲律宾全境。

"巴丹死亡行军"

自1942年4月10日起，美菲联军7.8万名战俘被押往100公里外的圣费尔南多战俘营，冒着炎炎烈日穿越丛林，在8天行军途中，日本人根本没把美菲战俘当人看。一路上几乎无食无水，上万人死于饥饿、疾病或虐杀，史称"巴丹死亡行军"。

在8天时间里，很多战俘吃的唯一食物就是一个像高尔夫球大小的米饭团子。幸存者克拉伦斯·拉尔森在他的名为《漫长的回家之路》的书中描述了当时的情景，他写道："没有食物倒还不是我们最大的痛苦，最痛苦的是没有

日军打败美菲联军，完全控制菲律宾全境

水，大部分人都快渴死了。他们一路上拼命找水喝，许多人只要看见水就喝，也不管有多脏。旅途中有一个休息点正好在桥上，桥下倒是有水，可是水面上漂浮着绿色的泡沫，你根本看不见水，但一些人顾不得那么多，跳下去便往水壶里灌水，而我没有下去，因为里面还漂着几个士兵的尸体，看样子在里面好几天了，当时的气温有华氏100度（近38摄氏度），你可以想象那水的味道是什么样的。"

对此，另一个幸存者汉弥尔顿表示："更可气的是日本军人，他们简直就是在玩死亡游戏。对许多美国军人和菲律宾军人来说，那样的脏水也是他们的救命水，可日本人一看见有人去取水喝就用刀刺或开枪射击，许多人就因为一口脏水而死在日本人的刺刀或枪口下。即使你有幸逃过了这关，只要你喝了那里的水，也在劫难逃，只不过死得稍慢一点儿，死得更痛苦一点儿罢了，因为河里的水被严重污染，喝了会引发严重的腹泻和呕吐，你会慢慢倒下而掉队，最后的结果还是死路一条。那真是太恐怖了，我实在是一点儿力气都没有了，感觉再向前迈一步也是不可能的，可我亲眼看到有人因为走得慢一点儿被日军开枪打死了，所以一下子好像有一个死亡天使站在我身后，推着我向前走。"

07. 攻克"远东堡垒"

终于有了"赎罪"机会

日军在进攻菲律宾的同时，打响了马来战役。在1941年11月5日，东京御前会议决定对美、英、荷开战后，寺内寿一大将被任命为南方军总司令；而身在长春的山下奉文中将赶回东京，被任命为第25军司令官，负责进攻马来亚^①、新加坡。这让山下奉文积压在心头的重负一扫而空，他曾是发动"二二六"兵变的皇道派核心成员，总怕天皇记恨自己，这次得到重用，感到终于有了努力"赎罪"的机会。

25军由日本陆军最精锐的第5师团、近卫师团、第18师团的骨干编成，共约11万人，东京大本营给山下奉文的任务是在开战100天内越过700公里的马来半岛，从背后攻克有"不破堡垒"之称的英国东方统治中心——新加坡要塞。为了报答寺内寿一伯爵的知遇之恩，山下奉文居然退还了一个师团，只带7万人上战场。

没有最糟，只有更糟

12月9日，日本航空队空袭马来半岛北部的机场，158架英国空军飞机被炸得只剩10架，英国失去制空权，日军在马来亚又一次复制了珍珠港事件。10日上午，英国远东舰队的2艘核心战列舰"威尔士亲王"号和"反击"号带领4艘驱逐舰出海寻战，这么做主要是为了体现丘吉尔的意图，目的是威慑日本人，让他们不敢轻举妄动。但丘吉尔没想到，这些战舰根本没有空中掩护。舰队出现在马来半岛东部的关丹海面时，被85架日机团团围住，激战两小时，"威尔士亲王"号和"反击"号被干净利落地炸沉。英国远东舰队覆没，舰队司令菲利普斯上将与舰同沉，日军控制了制海权。丘吉尔无奈地说："有多少计划、希望和努力，都随这2艘战舰沉入了大海。"其实，他大可不必急着慨叹，最糟糕的事还在后头。

日军夺取了制空权、制海权以后，轮到日本陆军大显神威了。山下奉文率领25军主力从泰国的宋卡、北大年等地登陆，从马来半岛西南穿插，然后沿西

---

① 马来亚，马来西亚联邦西部即位于马来半岛部分的旧称，又称西马来西亚，简称"西马"。当地使用"半岛马来西亚"以取代"马来亚"。

海岸向南推进。同时，牵制部队从哥打巴鲁登陆，而后从马来半岛东海岸出击。日军分东西两路，在轻型坦克和空军的支援下隆隆南下，许多日军骑着自行车前进。

12月11日，英军希思将军指挥的印度第11师首先和日军交火，尽管印度军队人数是日军的3倍，但印度军队训练很差，装备处于劣势，军官与士兵的团结度几乎为零，这样一支军队与日军对抗，其结果可想而知。

12月19日，日军西路主力部队占领了槟榔屿上的英空军基地，消除了英军从印度、缅甸方向对马来半岛守军进行空中支援的可能性，然后沿西海岸急速南下。1月6日，东路牵制部队攻占关丹，继而向柔佛州前进。1月11日，西路主力部队攻进马来亚首府吉隆坡，然后继续前进。

日本步兵骑着自行车紧紧追赶撤退的英军，他们三人一排，有说有笑，好像是去看足球比赛。数以千计的车轮汇成一片嘈杂，溃退的英军惊恐万分，以为是坦克在追赶他们。这是因为马来半岛路面灼热，日本步兵骑的自行车很快爆胎，他们干脆剥去橡胶轮胎，只用钢圈骑行，数千辆这样的自行车发出的响声确实有点儿像坦克。英军吓坏了。失败的阴影像瘟疫一样在英军中蔓延，撤退很快就失控了，越来越多的装备被抛弃，落到日军手中。日本空军竟然在英军的机场装上英军的燃料往英军的阵地上投英军的炸弹。

新加坡沦陷

1942年1月下旬，英军增援部队抵达新加坡，包括英军第18师和50架飓风战斗机。但是，由于马来半岛大部分已失守，第18师已来不及运往前线；而由于训练和装备问题，50架飓风战斗机在与零式战机的交锋中又一败涂地。1月25日，英军司令帕西瓦尔将军下令向新加坡进行最后的撤退。2月1日，英军炸毁了连接新加坡与柔佛州的一千余米长的海峡堤坝，新加坡成了一座真正的岛屿。

2月8日，山下的司令部移到柔佛巴鲁王宫高塔里，以便从塔上俯视柔佛水道。日军大炮向新加坡岛集中轰击，天空被烧成了红色，整个新加坡岛在震颤。当晚10时40分左右，一颗蓝色信号弹在新加坡岛上空升起，一颗红色信号弹随后掠过。这分别是日军25军第5师团、第18师团的登陆信号。一批4000人的日军在新加坡西北角登陆，他们一上岸就像锥子一样直插新加坡城内部。英方守军由于判断失误，很快就撤退了。9日夜，日军近卫师团从北面登陆，以西北角为主攻方向，从三面向岛中央进击。10日早晨，山下的司令部渡过柔佛水道，太阳旗插到了临近岛中央的曼代、布基帖马附近。

2月11日早晨，日军观测飞机向英方投下29份"劝降书"，但英军没有答复。双方在布基帖马高地展开激战。最终日军拿下了这个高地，可第25军将士已经十分疲劳。副参谋长建议暂停攻击。"敌人也很困难！"山下厉声说道，他认为疲劳的将士停止攻击后会更疲劳，因而坚决反对。2月15日下午2时刚过，在进入布基帖马街道的第5师团先锋部队正面，出现了3个扛着大白旗的英国军人，其一为英军司令帕西瓦尔，"也很困难"的英军坚持不下去了。帕西瓦尔还想提一下投降条件，山下蛮横地发话："你现在只需要回答YES或NO。"英国人屈服了，共有11万人当了俘虏，包括刚刚来增援的英军第18师，他们正好赶上投降。这是英国历史上投降人数最多的一次。日军只花了70天，就拿下了马来亚和新加坡，随后将新加坡改名为"昭南岛"，山下奉文从此得到一个绰号"马来之虎"。

新加坡的沦陷是对大英帝国殖民体系的一次沉重打击，丘吉尔战后回忆说，整个二战期间，新加坡失守是他最感痛心也是情绪最低落的时刻。这个号称永不陷落的"远东堡垒"的沦陷，震惊了所有还沉浸在帝国残梦中的英国人。如果说新加坡失陷对于英国来说是一记心理重拳，那么对于生活在这个岛上的数十万华人而言，这则是一场真实的噩梦。

狮城在垂泪

南洋华侨从支持孙中山领导的同盟会开始，就有着深厚的爱国传统，抗战初期直接汇回国内的款项就高达50亿元，而1939年，国民政府全年战费不过18亿，如果不是有深厚的血脉之情，谁又会给战火中遭受蹂躏的国家汇款呢？南洋华侨出钱出人支援祖国抗战，不管是亲共产党的陈嘉庚还是亲国民党的胡文虎，他们都是为了祖国不受日寇蹂躏。抗战中，更有许多华侨回中国投身抗战一线。

但是，敌人怎会容忍这种行为，日军对华侨十分仇视。山下奉文得出过这样的结论：要不是华侨支援中国，日本早就解决中国问题了。新加坡被攻陷后，这里的华人遭到日本的疯狂报复。

山下奉文与参谋长铃木宗作中将、参谋主任杉田大佐等人一起策划了对新加坡华人的"肃清"行动，并规定岛上日军3天内完成这场肃清行动。日军出示一份布告，要求新加坡所有18~50岁华人男子到4个地方集中，以领取"良民证"。但是，华人到了集中地点，发现等待他们的是蒙着面罩的原英国警察、印度警察和马来亚共产党变节分子对所谓"反日分子"的指认。日军屠杀被"指认"的华侨，手段极其残忍，花样百出，令人发指：有将人捆绑至海边，用重机枪扫射；有把人绑成一串装上船，到离海岸10公里左右的地方将人推到海里；有命令他们掘坑服毒自尽。

据回忆，那几天新加坡全城妇孺啼哭，天昏地暗，又是刮大风，又是下大雨，真是血雨腥风，苍天垂泪！战后调查，日军集中屠杀华人的地点多达几十处，东海岸靠近码头的地方都是屠杀场地，后来有大量遗骸被发掘出来。

日本陆军大名鼎鼎的战争狂人、战犯参谋辻政信当时正担任马来方面作战处主任参谋，他也是新加坡大屠杀的主要推动者。2月22日，辻政信巡视了一处负责"肃清"工作的日军部队，听说该部队只指认出70个"反日分子"后，辻政信非常不满，严厉斥责道："你们还在磨蹭什么？我是要全新加坡一半人（的命）！"该部队马上行动，一口气抓了几千人，塞满了几十辆汽车，全部拉去美丽的樟宜海滨集体屠杀。

二战结束后，新加坡人开始有了政治觉醒，这次的沦陷让新加坡人开始相信一定要靠自己保卫这片土地，间接促成新加坡脱离英国的统治、走上独立的道路。

因为这场屠杀没有记录，无法确切统计伤亡人数。但是，日本和新加坡两方都有不同的总数，日本的官方数字是5000人，可新加坡方面给出的数字是10万！

08. 日军作恶于香港

日军占领香港

与新加坡同样遭受蹂躏的还有一个地方，那就是香港。从1941年12月25日英军投降起，至1945年8月15日日本投降止，香港人称这段时期为"三年零八个月"。香港在英国殖民统治下的发展因日军的占领而中断。日军在偷袭珍珠港当天，酒井隆[①]中将指挥日本第23军从深圳进攻香港。

负责防守香港的包括英国、加拿大、印度士兵和香港义勇军。虽然港府多番宣传英军的作战能力，但英国在欧洲战场自顾不暇，驻港军队始终处于非常不利的防守位置。经过多番激战，驻港军队最终选择了投降。1941年12月25

[①] 酒井隆（1887~1946），日本陆军中将，因制造济南惨案，在占领中国香港时宣布日军"大放假"，大肆残害、强奸战俘和平民，被南京军事法庭判处死刑，遭枪决。

日，港督杨慕琦代表英国殖民地官员向日军投降。

恶行累累惹民愤

日军占领香港后，随即成立军政厅，由酒井隆出任最高长官，直至矶谷廉介抵任首位管治香港的日本总督。酒井隆管治香港期间，日军在香港滥杀无辜，还在香港实行皇民教育，除了禁止使用英文，强迫使用日文外，香港的街道、地区名称都被改成了日文。香港市民在经济、民生等方面大受摧残，市民普遍痛恨日军，不时有平民在香港岛山头伏击日军将领。到了日军占领中期，有香港居民参与东江纵队抗日武装，在新界等地方对抗日军。

1945年8月15日，日本宣布投降，英国趁机重掌香港主权。

正所谓"种下孽缘，必结恶果"，二战结束后，下令进行"巴丹死亡行军"（主谋为辻政信）的本间雅晴和制造"新加坡大屠杀"的山下奉文，未等"东京审判"结束就被麦克阿瑟双双枪毙于马尼拉。枪决之前，山下奉文的老婆还亲自向麦克阿瑟求情，结果无济于事。早知今日，何必当初呢？

09. 泰国"生存术"

"失地恢复运动"

在世界近代史上，东亚没有沦为欧洲殖民地的独立国家只有三个，分别是中国、日本、泰国。究其原因，有人说"中国太大，日本太强，泰国太巧"。泰国的方法是充分利用列强间的利害关系，在夹缝中巧妙维持生存。泰国和日本在二战前一直维持着友好关系，特别是因为日本在日俄战争中获胜，在精神上鼓舞了被欧美白人压迫的泰国，双方同为亚洲国家，在对抗欧美白人的立场上一致，因此，泰国对日本在二战前的侵略扩张有着和欧美国家不同的看法，

未等"东京审判"结束，麦克阿瑟就下令枪毙了战犯以雪耻

对日本更多的是同情和容忍。国际联盟因为日本发动侵略中国的"九一八"事变要通过谴责日本的决议时，唯一弃权的国家就是泰国，此举令世界各国吃惊。为在夹缝中求生存，泰国采取依靠日本，排挤欧美势力的做法。

1932年泰国实行宪政革命，确立君主立宪政体，国名由暹罗改为泰国（1939）。立宪后民族主义狂热崛起，军人陆陆续续出现在政治舞台上。炮兵少校出身的銮披汶[1]得到陆军派阀集团支持后，于1938年就任泰国总理。此人在法国留学期间深受德意法西斯和国家社会主义影响，思想上倾向日本的军国主义。而当时泰国陆军及社会有一股抵抗英法的思潮，称作"失地恢复运动"，这股力量的目的就是要收复在19世纪割让给英法的土地，銮披汶与陆军及亲日派主要就是依靠这股力量的支持，维持政权的正当性。当时的泰国陆军相当仰慕日本的军事建制和其在中国的胜利，并且仇视西方国家。

日军的如意算盘

中日战争爆发后，日本因物资不足而苦恼时，当时的銮披汶内阁将泰国生产的橡胶和棉花大量供应给日本，两国关系也就迅速亲密起来，而銮披汶也对蒋介石发出呼吁，同是亚洲人应和日本合作，以对抗白人的压迫，同时鼓动泰国国内印度人和缅甸人的反英情绪。日本方面积极插手泰国事务的是陆军参谋本部，因为泰国地理位置相当重要，如果占领了这一战略要地，就可以利用泰国南部的飞机场和港口进攻英属马来西亚，同时泰国的资源对南方作战和整场大战都是重要的补给。

而且，日军的南方作战还有另外一个重点就是进攻缅甸后，切断中国的重要外援运输线——滇缅公路，这样还可提供缓冲，保护到手的南方油田和

---

[1] 銮披汶（1897~1964），泰国军人政治活动家，曾任内阁总理。1957年，泰国统治集团内部分裂，銮披汶逃亡国外，1964年因心脏病死于东京。

新加坡。所以早在太平洋战争爆发之前，日本就已经制订了占领泰国的军事计划，日本根本没有把泰国看作平等的伙伴。但在外交上，日本人喊着"大东亚共荣圈""大亚细亚"的口号，提出"把黄种人从白人的长期奴役下解放出来"，所以也就必须将争取泰国的同盟作为一种装饰品。

泰法两国在"掐架"

1939年，欧战爆发后銮披汶正式声明泰国政府将严守中立，但在和法国交涉《互不侵犯条约》的过程中，却有国境调整的期待。法国溃败后，銮披汶认为这是"收复"老挝、柬埔寨等"失地"的天赐良机，便要求索回割给法属印度支那的两个省，外交交涉无果后，泰国对法开战，向法属印度支那边界展开攻击。

泰国陆军在1941年1月6日展开攻势，占领了湄公河西岸防御薄弱的地区，但随着法军的反击，泰国陆军在1月16日就被击退。法国毕竟是老牌帝国主义国家，虽然打不过德国，但对付泰国这种三脚猫似的角色还是小菜一碟。海军方面，当时泰国海军有2艘日制2500吨岸防炮舰，装有4门203毫米炮；2艘英造1000吨炮舰，装有2门155毫米炮；另外还有12艘鱼雷艇和4艘潜艇。

1月13日，法属印度支那海军司令率领舰队从西贡出击，舰队中包括1艘轻巡洋舰和4艘岸防炮舰。15日晚上，法国舰队向阁昌岛的泰国海军基地前进，据报那里有1艘日制岸防炮舰和3艘鱼雷艇。17日晨，法国舰队进入攻击位置，巡洋舰上的水上飞机完成了最后侦察，并发现了另一艘日制岸防炮舰。由于发现了法国飞机，泰国海军开始射击，法舰立刻还击，很快将泰国海军1艘炮舰击成重伤，泰国海军的1艘鱼雷艇被击中，随后沉没。另外2艘鱼雷艇也很快起火，泰国人弃舰逃生，两艇先后沉没。激战中，法军发现了泰国另一艘炮舰，双方展开对射，但法军的射术比泰军强得多，泰军炮舰被打哑，航行到小岛的后面躲避炮火。开战一个半小时后，法国舰队停火并进行搜救，然后开始回航。这时候泰国空军开始进行空袭，持续了一个小时，但没有对法军造成值得一提的损失。

阁昌岛海战，法国舰队的损失微不足道，但泰国海军的主力可以说被消灭了。双方空军也进行了交锋，泰国空军损失4架飞机，数名飞行员阵亡；法国空军只损失了一架飞机，飞行员都安然无恙。军事上的失败使泰国亲日派政权发生危机，迫使日本必须抢在英国介入前从中斡旋，在日方的压力下，法国不得不同意泰国的条件。经过此事，泰国在外交上更倾向日本。

泰国是条"变色龙"

1941年12月7日，日本驻泰大使突然向泰国政府发出最后通牒：务必在8日零时前就日军进驻泰国一事做出答复。并威胁说，不管泰方同意与否，日方取道泰国攻打马来亚和缅甸的计划都不会改变。当时銮披汶无力反抗日方提出的苛刻条件，又心有不甘，干脆就玩起了"人间蒸发"，外巡不归。代总理替他拒绝了日本人蛮横无理的要求。

次日凌晨，日军果然大举进攻。第五师团在泰国南部的宋卡和北大年登陆，近卫师团则海陆并进，兵临曼谷城下。由于泰军抵抗不力，曼谷等地相继失守。其实泰军的抵抗只是象征性地做姿态。这样，不管是日本还是英美获胜，泰国都能立于不败之地。直至此时，銮披汶才匆忙赶回曼谷，收拾残局。但日军大兵压境的现实让他没有了回旋的余地，加上他是日本人一直悉心栽培的亲日派，他决定与日本侵略者合作。12月21日，日泰正式签订《攻守同盟条约》。根据该条约，泰国给予日本政治、经济以及军事上全面的支援；日本则支持泰国收复历史上被英法侵占的领土。次年1月25日，銮披汶正式对美英宣战（不过时任泰国驻美大使巴莫反对銮披汶的亲日政策，拒绝向美国政府递交宣战书），他自任陆海空军元帅，并积极派兵参战。

在马来亚战役中，泰国出动坦克部队和战车先遣队配合日军作战。后来日本将四个马来邦划入泰国版图，作为对泰国参战的奖励。缅甸战役期间，銮披汶出动陆军两个师和空军一个联队组成"征缅方面军"，协助日军攻城略地。泰军主要担负东线防御和牵制任务，当面之敌是中国远征军第93师。

1942年5月，泰军在大批战机的掩护下进攻中国远征军第93师的驻地景栋。由于当时日军切断了滇缅公路，泰军即将形成合围93师之势。由于再战无益，中国军队随后撤出景栋，泰国则在日本的默许下吞并了包括景栋在内的两个掸邦。1943年2月，得寸进尺的銮披汶派机械化部队由缅北攻入中国云南省境内，但遭到第93师官兵的迎头痛击，大败而归。

尽管如此，泰国领导阶层最关心的还是保持他们的独立，至于与谁为敌，他们"随机应变"，诚如1942年銮披汶对其参谋长所说的"哪一方在战争中溃败，哪一方就是我们的敌人"。

山姆大叔帮泰国

战争期间日军在泰国的所作所为，等于是把泰国当作一个附属国，地位只比伪满州国和汪伪政权强一点儿。在经济上，日本迫使泰国签订了《日泰经济协议》，规定了日泰间所谓的"经济紧密合作"，日本军方和财阀势力掌控了泰国经济。在文化上，日泰签署了文化条约，其中包括把日语定为泰国第二国语，很显然，日本想在文化上向泰国渗透，达到把泰国变得和伪满一样。在外交上，泰国相继承认了伪满洲国和汪伪政权。

自1943年以后，轴心国集团在各条战线上节节败退，銮披汶眼看大厦将倾，生怕自己葬身其中，开始与日本保持距离。1943年11月，东条英机在东京召开"大东亚会议",与会的有伪南京国民政府主席汪精卫、伪满洲国总理大臣张景惠、缅甸总理巴莫、菲律宾总统劳雷尔、自由印度临时政府领导人鲍斯等傀儡政权首脑。原定出席会议的銮披汶临时变卦,最后只派代表参加。如此不恭的举动自然令东条英机暴跳如雷,东条英机一怒之下曾想武力解决泰国。只因当时日军在太平洋战场上一败涂地,陆上又深陷侵华战争的泥潭中,兵力捉襟见肘,根本腾不出一两个师团来对付泰国,这才不了了之。但从中不难看出,日泰同盟出现了不可弥合的裂缝。

1944年7月,銮披汶迫于国内外压力辞职,亲美英派代表出任总理。泰国新政府一面致力于改善日泰关系,一面秘密与英美取得联系,并暗中保护地下抗日组织。至此,日泰同盟关系已经山穷水尽。1945年8月16日,也就是日本天皇宣布无条件投降的第二天,泰国摄政王发表《和平宣言》,宣布銮披汶当年对美英宣战无效,因为他违背了全体泰国人的意愿;泰国随时准备将战时获得的土地归还英法,同时赔偿两国经济损失。随后又颁布惩办战犯条例,将銮披汶等亲日派投进监狱。

在战后处理泰国的问题上,反法西斯同盟出现较大的分歧。英、法、中、苏等国主张严惩不贷。然而,美国出于战后利益需要,决定放泰国一马。1945年8月20日,美国国务院发表声明,宣称泰国不是一个敌对国家,战争年代中存在强大的抗日运动,战后应作为一个主权国家占据自己以前的位置。在山姆大叔的鼎力支持下,泰国政府先后与英法两国进行了艰苦卓绝的谈判,最终达成和约。泰国除归还非法侵占的土地外,只需要赔偿给英国150万吨大米(实际只赔偿了60万吨),答应不开凿克拉地峡运河等。相比芬兰、匈牙利、罗马尼亚、保加利亚等法西斯仆从国,泰国战后受到的惩罚微不足道。

10. 缅甸被占领

中国远征军入缅

缅甸当时是英国的殖民地，地处东南亚，毗邻中国的西南部，具有重要的战略地位。日军企图占领缅甸，切断美英向中国提供战略物资的交通线滇缅公路，迫使中国屈服；并伺机进军印度，促其脱离英联邦，以保障东南亚地区日军翼侧的安全。当时英国由于受到法西斯德国的攻击，自顾不暇，无力在缅甸投入更多力量以进行有效防备和抵抗日本的进攻。

1942年，日本用于进攻缅甸的军队大约有6万人，大大超过英国在缅甸的防务力量。1942年初，日本占领马来亚后，组成由饭田祥二郎中将任司令官的第15军，指挥4个师团（第18、31、33、56师团）入侵缅甸。

这次战役于1月20日从泰国领土发起。日军第56、33师团由泰国分别向缅甸南部的土瓦和毛淡棉发动进攻，英军曾企图将敌人阻止在萨尔温江、比林和锡当河地区，但未成功。1月31日，日军占领毛淡棉及其以南地区。2月11日日军强渡萨尔温江，随后突破英军比林河防线，2月23日夺占锡当河上唯一的一座桥梁，突破锡当河防线。日军在勃固附近粉碎英第7装甲旅的反击，迫使英印军3000余人撤往同古。应英国政府请求，中国组建远征军（辖第5、第6、第66军，共10万余人）入缅作战。3月6日，中国远征军第5军先遣第200师抵达同古接防。两天后，日军占领仰光。此时，中国战区参谋长、美国陆军中将史迪威奉命入缅指挥中国远征军。

缅甸失陷

3月17日，日军再度发起攻势，分两路进军，一路沿伊洛瓦底江北上，一路沿曼德勒大道推进，迫使英军后撤。中国远征军第200师与日军在缅甸同古展开激战。日军在拥有优势兵力的情况下包围了同古，迫使中国远征军突围。不过，中国远征军在孙立人等将军的指挥下，在缅甸多次击败日军进攻，拖住了日军兵力。孙立人将军以一个师的兵力驰援被围于仁安羌以北的英缅军，救出英军司令亚历山大勋爵以下7000余人。不久，中英两国军队预定在曼德勒筹划会战，但日军夺取了英军控制的仁安羌，并迂回至中国军队背后。英军开始向印度方向逃避，令中国远征军右翼暴露，导致联合作战失利，远征军被迫后退。在日军的不断打击下，英军一路溃败，最后全部逃至印度。4月29日，中国军队与后方联系的要点腊戍被日军占领。5月1日，日军进占缅甸旧都曼德勒。中国远征军被迫兵分三路：一路退往印度，另两路分兵撤回中国境内。

最终缅甸失陷，滇缅公路被切断，原有的作战物资转而通过驼峰航线与中印公路输送。10万中国远征军经血战只有4万余人安全撤离。200师师长戴安澜将军率部突围时牺牲。至5月下旬，日军占领缅甸，并侵占了中国云南省的腾冲、龙陵等城市在内的部分地区。5月底，幸存的英军大部撤至印度境内的英帕尔城区。英军在翻越山岭前，丢弃了所有的武器，饶是这样轻装撤退，最终到达印度的也仅1.2万人，只占参加缅甸战役英军的三分之一左右。与此同时，中国远征军第38师残部也抵达英帕尔。

善意相待侵略者

为了彻底击溃英军，并防止英国海军可能参加作战而影响缅甸战役的结局，日本海军对在锡兰（科伦坡和亭可马里，锡兰即今斯里兰卡）的英国海军基地实施了突击，迫使英国海军退驻马尔代夫群岛海域。

日军之所以能在缅甸速胜，除了采用迂回、包围和果断突入敌后的战术，同时战斗行动比英军远为机动灵活外，还有一个重要原因是，缅甸百姓曾经相信，借助日本人可以结束英国的长期殖民统治。昂山领导的缅甸独立军迅速发展壮大，许多城市为缅甸独立军派出的队伍所占据，这些地方建立的政权机构，对入侵的日军部队均善意相待。但是，缅甸独立军的领导人很快就看清了日本"同盟者"的狡诈和虚伪。不过，要扑灭对昔日殖民者的怒火，尤其要使怒火转向日军，已很困难，这需要时间。

占领缅甸后，日本既封锁了国际援华运输线，又打开了西攻印度的大门。

11. 破译日本电码

挺进西南太平洋

1942年初，短短数月，日军就占领了东南亚广大地区，可谓如日中天。但是，山本五十六并不乐观，他对偷袭珍珠港时没有击沉美国航空母舰感到不安。他清楚地知道，美国巨大的工业生产能力一旦完全纳入战争轨道，日本绝难取胜，因此要在美军恢复实力之前，最大限度地打击美国海空军力量。

因此，日军在占领菲律宾、马来半岛之后，决定向西南太平洋挺进，夺取新几内亚岛的莫尔兹比港和所罗门群岛南部的图拉吉岛，控制所罗门群岛的空军基地及周围海域。今天的莫尔兹比港是巴布亚新几内亚首都，据说治安混乱。当年，此港是盟军在日本与澳大利亚之间的最后一个基地，若被日军攻克，将切断美国通往澳大利亚的海上交通线，因此是美军不能丧失之地。在山本的计划中，这就叫出其所必趋，攻其所必救，迫使美军航空母舰编队加入战局，伺机将其歼灭。

1942年2月初，日军占领了澳大利亚东北俾斯麦群岛的拉包尔基地，3

月初占领新几内亚的莱城、萨拉莫阿。到4月底，日军第5航空战队、第5巡洋舰队从印度洋赶来增援，进攻图拉吉和莫尔兹比港的计划进入倒计时阶段。

3月12日，日本首相东条英机说："澳大林亚和新西兰正受到日本军的威胁，他们应该知道任何反抗都是枉然。如果澳大利亚政府仍坚决不改变对日本的态度，他们将遭受与荷属东印度同样的命运。"

当时，东条的叫嚣绝非虚张声势，这完全是英美军队几个月来屡战屡败的结果。先前，日本政府对美英开战的后果还有顾忌，现在看来是没有顾忌了。

虎视眈眈两相望

这段时间盟军得到的也并不全是坏消息，1942年1月20日，日本潜艇"伊124"号在达尔文港布雷时被击沉，美军随后用潜水作业船从该潜艇上捞出了日军密码本。之后几个月，珍珠港的情报处开始逐渐破译日本电码，并用分散的情报逐渐绘制出联合舰队的进攻矛头。这一天机，是在太平洋战争初期美国海军能够与日军联合舰队周旋的最重要基础。

破译的日军密码显示，日军即将对莫尔兹比港实施登陆，同时其先遣队将先占领图拉吉，日方投入的兵力也已被美军知晓。即便如此，对美军来说，集结必要的兵力对付来犯之敌仍不容易。当时可供使用的只有第8特混舰队"列克星顿"号和第17特混舰队"约克城"号2艘航母，另有8艘巡洋舰和13艘驱逐舰。但是，新上任的美军太平洋舰队司令尼米兹①仍决心阻止日军登陆莫尔兹比港的行动，由弗莱彻少将统一指挥两支舰队。

---

① 尼米兹（1885~1966），美国海军五星上将，二战太平洋战争期间担任美国太平洋舰队总司令及太平洋战区盟军总司令，1945年9月2日代表美国在日本投降书上签字。

1942年4月30日，日军第5航空战队、第5巡洋舰队作为机动部队从特鲁克出发南下，横于夏威夷和新几内亚群岛之间，伺机消灭盟军水面舰只。日军登陆掩护编队由"祥凤"号轻型航母、8艘巡洋舰、6艘驱逐舰组成。作为攻占莫尔兹比港的先头行动，从拉包尔出发的日军先遣登陆部队在"祥凤"号的掩护下，于5月3日在未遇到抵抗的情况下占领了图拉吉。随后，日军登陆部队主力从拉包尔乘14艘运兵船，在6艘驱逐舰和1艘巡洋舰的掩护下，浩浩荡荡驶向莫尔兹比港。完成图拉吉登陆掩护的"祥凤"号及掩护舰只向西航行准备与登陆部队会合，同时机动部队第5航空战队进驻珊瑚海。与之相对，前来迎击的美军第8和第17特混舰队已先于日军机动编队进入珊瑚海，一场大海战在所难免。

12. 珊瑚海海战

夸大的战报

珊瑚海海战第一场战斗在5月3日开始，当弗莱彻带领的舰队接到日军正在图拉吉登陆的消息时，他的"约克城"号航空母舰仍然在巴特卡普角以西100多英里的海面上。"这是我们等了一个月的消息。"他说道。他立即中断加油，命令以26节（1节为1海里每小时）的速度，向北驶往所罗门群岛中部。

5月4日拂晓，"约克城"号航空母舰到达瓜达尔卡纳尔岛西南约100英里的海面，航空母舰上的战斗机向图拉吉附近海面上的日舰发动了一系列袭击，摧毁了其水上飞机，发回了有多艘敌舰被击沉的夸大报告，弗莱彻兴高采烈地向珍珠港报告了胜利喜讯，随后美舰队也向莫尔兹比港进发。

尼米兹后来对夸大的图拉吉战斗进行了评价："从消耗的弹药和取得的战果看，这场战斗肯定是令人失望的。"这次袭击的另一失误是暴露了美军的实力，珊瑚海战役前，美国占有情报先机，袭击图拉吉后，双方的情报拉平了。

"牛刀杀鸡"的感觉

5月6日，在密云的掩护下，弗莱彻同格雷斯海军上将的重巡洋舰和"列克星顿"号会合。珍珠港的最新情报表明，入侵莫尔兹比港的日军部队在2艘航空母舰提供的空中掩护下，将于第二天穿过卢伊西亚德群岛。于是，弗莱彻少将向西直驶珊瑚海，但他并不知道他在那天下午已被一架到处搜索的日本水上飞机发现了。得知2艘美军航空母舰正前往截击入侵莫尔兹比港的日军船队的消息后，在拉包尔的井上成美[①]海军中将的司令部几乎恐慌了起来，紧急命令运输船停止前进。高木武雄少将率领的以"翔鹤"号和"瑞鹤"号为主力的机动部队收到警报时正在加油，等到他准备好将距离缩小到可以发动空袭的时候，舰队碰到了厚厚的云雾。于是，他决定继续加油，待黎明再行动。

5月7日4时许，由于已基本得知美舰队的方位，日机动编队派出12架舰载机，分为6组，在250海里距离内搜索敌人。5时45分，向南搜索的日机报告："发现敌航空母舰、巡洋舰各1艘。" 6时至6时15分，先后从"瑞鹤"号起飞零式战斗机9架、轰炸机17架、鱼雷机11架，从"翔鹤"号起飞零式战斗机9架、轰炸机19架、鱼雷机13架。共78架日机，向发现的目标飞去。但日机到达目标上空后才发现并不是美军航母编队，而是6日下午与弗莱彻的航母主力分

[①] 井上成美（1889~1975），日本海军大将，与米内光政和山本五十六组成铁三角，强烈反对三国同盟和对英美开战，太平洋战争开始任第四舰队司令，因战果不理想，被讥为日本的"赵括"，1945年后以一个教师身份度过余生。

手的"尼奥肖"号油船和"西姆斯"号驱逐舰，两舰在浓雾中各放大一圈，像一艘航母和一艘巡洋舰。

日突击机群于是在附近海面反复搜索，2小时后，仍未找到其他目标。其中的鱼雷机未进行攻击便返航，而36架轰炸机则很不情愿地对最初发现的目标进行了攻击。牛刀杀鸡就是这种感觉，"西姆斯"号被3枚炸弹击中，不到60秒就沉没了；"尼奥肖"号被7枚炸弹击中，载着大火在海上漂了几天后沉没。

"祥凤"号航母被炸沉

这时，弗莱彻的美航母主力舰队正在向西行驶，以期拦截日军的登陆舰队，但美舰队犯了同样的错误：没有发现日军机动部队。黎明之后2个小时，"列克星顿"号上的一架巡逻机发回报告："发现了2艘航母和4艘重巡洋舰。"弗莱彻以为这是日军的航母部队，决定以其全力实施攻击。由"列克星顿"号派出俯冲轰炸机28架、鱼雷机12架、战斗机10架；"约克城"号派出俯冲轰炸机25架、鱼雷机10架、战斗机8架。共计93架舰载机先后飞向目标。

美军机群飞到目标后，才发现是2艘轻巡洋舰和2艘炮艇，这是日军登陆的掩护部队。之后，美军终于发现了被夸大了的舰队中值得攻击的目标："祥凤"号航母。经过93架美国战斗机和轰炸机半个小时的轮番进攻，"祥凤"号中了13枚炸弹和7枚鱼雷，几分钟后就沉没了，海面上只有一团黑烟和一片油污在珊瑚海扩散开来，这标志着日本帝国海军在这里丧失了第一艘大型舰只。

同时发现敌人

5月7日上午，美日双方攻击舰队刚好处于相互攻击范围的边缘，但双方由于技术原因都没发现对方，彼此之间都错过了先发制人的时机。美军犯的错误更为危险，出击的舰载机偏离了其主要目标达90度以上，但美军取得的战果也更大，敲掉了一艘航母。日军犯的错误很可惜，因为他们至少知道主要目标的大致位置，待日军第5航空战队想纠正错误的时候，就面临一个时间的问题：

飞机在14时起飞，18时（日落后2小时）才能返航。这在1942年并不是一个容易做的决定，但第5航空战队司令原忠一中将还是派了12架轰炸机和15架鱼雷机离舰，向预定的目标飞去。黄昏时分，这些飞机实际上是从美舰队上空飞过的，但由于天气原因这些飞机没有发现目标，等到返航时才发现美舰队，但这些战机已抛掉了炸弹，无法轰炸美舰队，反而遭到美野猫战斗机的拦截。在暮色中，几架迷失方向的日机错误地试图在美军"约克城"号上降落。美军识别到信号不对，高炮手马上发现了日机，并将其中一架击落入海，另外几架慌忙逃入黑夜中。这也使弗莱彻意识到，日海军航母就在附近，决定这场海战结果的航空母舰之间的决斗必定在第二天进行。

5月8日，日出前最后一个小时，在珊瑚海200海里内4艘航母上完成着同样的准备工作，唯一不同的或许是美军飞行员发的是巧克力，日本飞行员发的是米糕。双方侦察机都在日出前出发了。命中注定，搜索飞机几乎将同时发现各自的目标。8时15分，美军侦察机发回报告：敌人的航空母舰特遣舰队在"列克星顿"号东北约175英里的海面上以25节的速度向南行驶。仅几分钟后，美国航空母舰的无线电台收到了日本人兴高采烈的报告，显然美国人也被发现了。随后"约克城"号和"列克星顿"号共起飞15架战斗机、46架轰炸机和21架鱼雷机，共82架飞机扑向日本舰队。1小时45分后，美突击机队发现日军"翔鹤"号和"瑞鹤"号正向东南方向行驶，2艘航空母舰之间相距8英里，各由2艘重型巡洋舰和驱逐舰护航。

极为悲壮的对话

正当美国人在团团积云里组织进攻的时候，日军"翔鹤"号趁机出动了更多的战斗机，"瑞鹤"号则躲进下着暴雨的附近海面。这时，向严密防卫的日军航母发起进攻的美国飞行员，有些乱了阵脚。鱼雷机和俯冲轰炸机被零式战斗机冲散，且缺乏配合，鱼雷射进海里，偏离目标太远，轰炸很盲目。只有

2枚炸弹击中日军"翔鹤"号，"翔鹤"号飞行甲板因燃油泄漏起火。10多分钟后，从"列克星顿"号起飞的战机赶来增援，但因云层遮挡没有很快发现目标，浪费了燃油。当15架轰炸机好不容易发现目标时，它们只有6架野猫式战斗机掩护，很快被零式战斗机冲散，鱼雷进攻再次受挫，轰炸机只投中1枚炸弹。

投中这枚炸弹的是从"列克星顿"号起飞的俯冲轰炸机攻击队队长奥尔特海军中校和他的报务员，他们的飞机在攻击"翔鹤"号后受损，并发现自己处于飞行员最危险的境地——在苍茫的大海上迷失了方向，而油位指针在零度上下晃动。

奥尔特用无线电呼叫到了"约克城"号，双方开始了一段悲壮的对话——

"约克城"号：最近的陆地在200英里开外。

奥尔特：我们永远到不了那里。

"约克城"号：靠你们自己了，祝你们顺利。

奥尔特：请向"列克星顿"号转达，我们把一枚1000磅的炸弹丢到一艘军舰上了。我们两人都报告了两三次。敌人战斗机飞来了。我改向北飞行。请告诉我你们是否收听到了我的话。

"约克城"号：收听到了，靠你们自己了，我将转达你们的话，祝你们顺利。

奥尔特：好，再见，我们的一枚1000磅的炸弹击中了一艘军舰！

这是人们最后一次听到奥尔特中校的声音。

"列克星顿"号沉没

这次攻击后，所剩的43架美军飞机在返航时，却发现日本飞机能够发动更有效的进攻。由于有雷达，"列克星顿"号上的战斗机指挥官在敌机仍然在70

多英里外的空中时就知道了它们的到来，并让战机起飞截击。但日军第5航空战队的69架舰载机在尚未受到拦截之前就分成了3个攻击队。

日鱼雷机队首先飞临"约克城"号。由于该舰灵活地进行规避，日机的攻击未见成效。但是，在环形警戒序列中的两艘航空母舰自行规避的结果，使两舰之间的距离迅速拉大，警戒舰只也随之一分为二，从而削弱了对空防御，给了日机可乘之机。日机对"约克城"号左舷投射8枚鱼雷，均被约克城号避开。随后轰炸机队开始对"约克城"号俯冲投弹。有一枚800磅的炸弹击中了"约克城"号舰桥附近的飞行甲板，但"约克城"号仍能继续战斗。

日鱼雷机队攻击"列克星顿"号时，成功地运用了夹击战术，从"列克星顿"号舰首的两舷、15~70米高度、1000~1500米距离投射鱼雷。"列克星顿"号由于吨位较大，转弯不灵活，日机投射的13枚鱼雷中有2枚击中该舰左舷，使锅炉舱3处进水。正当"列克星顿"号正在拼命规避鱼雷时，日轰炸机队又开始对其进行攻击，又有2枚炸弹命中目标。这场遭遇战持续了13分钟，日本人飞走的时候，兴高采烈地报告他们替前一天"祥凤"号的失败报了仇，毫不含糊地击沉了1艘"大型航空母舰"和1艘"中型航空母舰"。

实际上，"列克星顿"号尽管被鱼雷和炸弹击中，产生了7度横倾，但调整燃油后，恢复了平衡，继续接纳返航的飞机着舰，同时为战斗机加油以加强制空。但由于燃油泄漏，"列克星顿"号舰内突然发生爆炸，引起大火，火势迅速蔓延，以致无法控制。下午3时左右，舰长下令全体舰员离舰。下午5时许，"费尔普斯"号驱逐舰奉命对其发射5枚鱼雷，"列克星顿"号沉没。已经降落到该舰的36架飞机也随之沉入大海。美第17特混舰队"约克城"号上虽然尚有轰炸机和鱼雷机27架、战斗机12架，但已入夜，弗莱彻无意再战，遂率队撤离战场。第二天，"瑞鹤"号上的飞行员为追击美舰再次进行侦察巡逻时，发现海上只有"列克星顿"号的残骸了。

日美海军互搏珊瑚海，机群狂炸敌人航母

珊瑚海海战就此结束，这是海战史上第一次航母之间的较量，是第一次双方舰队在视线距离外进行的海战，也是第一次双方战列舰没向敌军战舰开火的海战。这几乎是太平洋战争中最公平的一役，基本反映出了双方的战斗力。它是太平洋战争这部悲壮史诗最恰到好处的一个引子。

尼米兹宣布这是"一个具有决定性深远意义的胜利"。意义究竟有多深远，他在一个月后才会知晓。说得具体一点儿，"翔鹤"号受损、"瑞鹤"号严重减员，日军第5航空战队的这两艘航母原本要参加中途岛战役，但现在无法实现了。从算术角度看，珊瑚海海战对随后太平洋战争进程的直接影响是，美军用一艘航母的沉没换取了两艘日军航母不能参加中途岛战役。否则在中途岛美日航母的比例将是4：6，而不是3：4，从一个月后的中途岛大战看，这非常重要。

13. 轰炸日本本土

罗斯福发出指示

珊瑚海海战之后，仅仅一个月，日本就把中途岛锁定为下一个攻击目标。一方面，日本海军想借机将美国太平洋舰队残余的军舰，尤其是航空母舰，引到中途岛一举歼灭。另一方面，日本急于要报杜立特中队空袭东京的一箭之仇，防止美军从夏威夷方面再次攻击日本本土。

杜立特空袭是怎么来的呢？珍珠港遭袭后，美军在战场上连吃败仗。公众一片哗然，士气低落。1941年12月21日，在美国白宫召开的参谋长联席会议上，总统罗斯福向与会成员指示，军队应尽快组织针对日本的报复性打击。总统任命退役的陆军中校杜立特负责策划方案，并带领行动。杜立特是当时著名的飞行员和航空工程师。

空袭日本

1942年4月18日清晨，杜立特中校率16架陆军航空队的B-25轰炸机从"大黄蜂"号航空母舰起飞，轰炸650海里以外的日本首都东京。为了这一刻，杜立特中校和他手下的小伙子们没少流血流汗，苦练战技。要想在航空母舰短短的跑道上起飞陆航的大家伙，没两下子可真不行。舰队出发前，司令哈尔西[1]将军把他当年获得的日本勋章绑在炸弹尾部，让杜立特还给日本人。正午时分，杜利特中队飞临日本上空，地面上的日本人都友好地向飞机招手，以为是自己的飞机呢。这就跟英国轰炸机炸德国，地面无线电还给英机导航一样。杜立特中队在空袭中没有损失一架飞机，给日本造成的损失也微乎其微。可这毕竟是600多年来，日本本土第一次遭受袭击，上一次还是在忽必烈时代呢。所以，山本五十六诚惶诚恐地向天皇请罪。

这次空袭，大大鼓舞了美国人的士气，并使日本军部在民众心目中的威信产生动摇。遭受打击后，日本不得不从印度洋调回强大的航母编队，用于防卫本土。这次突袭也令山本五十六确信美军太平洋舰队依然具备打击力，他说："威胁一日不除，帝国一日不得安宁。"遂下定决心，集中力量攻击中途岛。

如果日本海军达到占领中途岛的目标，既可将该岛作为日机空中巡逻的前进基地，威逼夏威夷，又可诱出美军舰队决战。更严重的是，美国西海岸将会直接遭到威胁。此时，美国其余的海军军舰已部署到北大西洋，美国在短期内没有能力有效地在太平洋对日本海军做出反击。山本深知美国的军事潜力，所以他希望通过此次打击，尽早逼迫美国坐到谈判桌前，迅速结束对美战争。

---

[1] 哈尔西（1882~1959），美国海军五星上将，因作风勇猛而获绰号"蛮牛"，因为人随和又被称为"水兵的海军上将"。

14. 真实的"密码战"

摸清对手意图

中途岛，面积只有6.2平方公里，岛上建有机场。该岛距美国旧金山和日本横滨都是2800海里，处于亚洲和北美之间太平洋航线的中途，故名中途岛。它距珍珠港1135海里，是美国在中太平洋地区的重要军事基地和交通枢纽，也是美军在夏威夷的门户和前哨阵地。其特殊的地理位置决定了它战略地位的重要性。中途岛一旦失守，美国太平洋舰队的大本营珍珠港将唇亡齿寒，非常危险。

珍珠港事件后，罗斯福总统任命尼米兹出任美太平洋舰队司令的时候，对他说："到珍珠港去收拾败局，然后留在那里，直到战争胜利。"尼米兹年轻时曾去日本访问，邂逅过东乡平八郎，对其风度印象深刻，他对山本五十六的胆识也颇为欣赏。但现在，两国是战场上的仇敌，只能在你死我活的较量中一决高下！临危受命的尼米兹到任后，很快就组织了有4艘航空母舰及其护航舰的舰队。通过珊瑚海海战，尼米兹意识到，对手的意图就是彻底歼灭他的舰队。

绞尽脑汁破密码

1942年4月28日，山本在他的旗舰"大和"号上召开海军高级将领会议，确定了进攻中途岛的具体作战计划：先派遣一支舰队进攻阿留申群岛，在那儿实施登陆，以此为诱饵，将美军舰队的注意力引到北面去，然后以主力舰队趁机夺取中途岛。作战日期初步定在6月初。5月5日，日本海军军令部正式批准中途岛作战计划，将其命名为"米号作战"。

但令山本没想到的是，美国截获了日本高级指挥官之间的密码电报，发现了山本的计划。美军谍报人员对日军要对中太平洋实施攻击的计划确定无疑，但还被一个疑问困扰着，那就是准确的攻击地点。原来日本人留了一手，他们把攻击的地点用代号"AF"表示。这样，即使能破译日本人的密码，但太平洋岛屿众多，美军也不知道AF究竟代表哪里。

为此，尼米兹特意交代情报小组，要尽一切可能尽早弄清楚这个地点。罗彻斯特中校领导的这个小组加班加点工作。很快，情报小组在日本海军军令部发给联合舰队的一系列密电中，发现"AF"这两个字母的频率不断增多，这就意味着日军将要进攻。罗彻斯特中校吩咐下属："不要间断，继续监听！"在持续的监听中，美军情报小组发现"AF"有时似乎是作为一个目标，有时又表示一个舰队集结地点。

一时间，"AF"这一奇妙莫测的电波，简直成了回荡在太平洋上空的幽灵。对这一秘密代号，罗彻斯特和他的情报小组绞尽脑汁，一连几天也没有解开疑团。这时，有一个情报员忽然回忆起来，几个月前日本飞机袭击珍珠港时，通信中也曾使用过"AF"。于是，小组成员分头细心地在堆积如山的电文中查寻，终于发现一个重要信息：当时一架日本飞机在中途岛附近的一个小岛，从潜艇上得到了燃料补充，在电文中提到加油的地点在"AF"附近。"看来，这个AF只能是中途岛！"罗彻斯特肯定地说。

为了进一步证实"AF"是否指的是中途岛，罗彻斯特指示中途岛基地拍发一份明码诱饵电报，电报中用浅显的英语报告说，中途岛淡水供应设备发生故障，饮水告急。第二天，昼夜监听东京当局电讯的战术情报小组，果然收听到接连不断的密码电报，其中多次出现："AF"缺乏淡水，补给舰务必向"AF"登陆部队提供淡水。

简直是石破天惊！就此，尼米兹判定了日军的主攻方向。因此，他决定对阿留申群岛不采取任何行动，而将3艘航空母舰及8艘巡洋舰埋伏在中途岛东北方向，攻击前往中途岛的日本舰队。

15. 惊心动魄中途岛

晚起飞酿厄运

6月2日，山本五十六的战列舰守候在中途岛西北1000公里的海面上，南云率领的突击舰队则在没有雷达的情况下，于浓雾中向中途岛驶去。由于能见度太差，无法派出观测机，整个舰队就是个睁眼瞎。到6月3日黎明，浓雾更浓，有发生碰撞的危险，南云不得已开启无线电，向各舰发布指令。不久，无线电就引来了9架美军"空中堡垒"轰炸机，但这些轰炸机轰炸准确性太差，炸弹白白丢在海里，日军舰队继续前进。尽管运气好，但这还是引起了山本的忧虑，他原本希望舰队在轰炸中途岛之前不被发现，但显然行迹已经败露。

6月3日傍晚，南云的舰队已迅速朝中途岛聚拢，次日拂晓就能抵达距中途岛320公里的攻击地点了。此时，美军两支特混编队，由弗莱彻少将和斯普鲁恩斯少将率领（前者担任指挥），正按计划在中途岛东北方向待命。当晚，弗莱彻率舰队向西南方向驶去，他深信，明天将是"美国海军史上最重要的日子"。

1942年6月4日凌晨，南云舰队第一攻击波机群36架俯冲轰炸机、36架水平轰炸机和36架零式战斗机，共108架飞机从4艘航空母舰上同时起飞，在永友丈市海军大尉的率领下，出发去攻击中途岛。南云命令第二攻击波飞机准备迎击美国舰队。同时，7架水上侦察机起飞搜索东、南两个方向的美军航母。但是重巡洋舰"利根"号的一架侦察机因为弹射器故障，起飞时间耽误了半个小时，本来这架飞机应该正好搜索到美军特混舰队上空，这一耽误，就没有发现美军舰队，给日本舰队带来了意想不到的厄运。

南云中将的判断

6月4日拂晓，中途岛派出的侦察机发回发现日军航母的报告，斯普鲁恩斯少将立即做出反应，准备攻击日军航母。美国舰队因为破译了日本海军的通讯密码，对敌人计划了如指掌。

当天清晨，日本舰载机向中途岛逼近。岛上美军早有准备，尼米兹已经往岛上调集了大批飞机。当日军108架攻击机群离中途岛还有150公里时，岛上飞机便起飞迎战。空战的结果，美军战斗机17架被击落，7架被击伤，日军零式战斗机没有损失。没有了美机拦截，日本攻击机群直扑中途岛，肆意轰炸了20分钟，被美军防空火炮击落了三分之一。领队的永友大尉在袭击结束后巡视，发现岛上的飞机跑道未被彻底摧毁，便给南云发电："突击机群返航，有必要再次袭击。"

就在南云舰队向中途岛发起第一波攻击时，美军也在积极准备对南云舰队发动反击。清晨5时25分，一架美军侦察机在搜索时钻出云层，当飞行员发现一大批灰色战舰时，着实吓了一跳，赶紧向弗莱彻报告。弗莱彻立即组织攻击。

7时06分，由美军战斗机、鱼雷机、俯冲轰炸机组成的117架战机，从斯普鲁恩斯少将率领的第16特混编队"大黄蜂"号及"企业"号升空，奔向200海里外的南云舰队。8时40分，15海里以外的弗莱彻少将率领的第17特混编队"约克城"号上起飞了35架战机，投入进攻。

7时10分，首批到达南云舰队上空的是从中途岛起飞的10架美军鱼雷轰炸机。美军飞机排成单行，扑向日航空母舰。日军20架零式战斗机迎战。在日军战斗机截杀和日舰的猛烈炮火下，美机很快被击落7架，美机所发射的鱼雷全都错过目标。美机对南云舰队的首次空袭，使南云中将相信中途岛的防御力量还很强，于是决定接受永友大尉的报告，把原来准备用于对付美舰的飞机改为对中途岛进行第二次轰炸。此时，他仍然没有发现美军舰队。

模棱两可的报告

为了空袭中途岛，南云下令"赤城"号和"加贺"号两航母舰把飞行甲板上已经装好鱼雷的飞机送下机库，卸下鱼雷，换装对地攻击的高爆炸弹。这个命令是7时15分下达的，当机械兵把这些飞机从甲板上往下降时，航空母舰上气氛紧张而混乱。

7时30分，南云接到"利根"号那架推迟半小时起飞的侦察机发来的电报：距中途岛约200海里处发现10艘美国军舰。如果这10艘美舰中有航母，出动飞机来攻击就麻烦了。南云急令该侦察机继续查明敌人舰队中是否拥有航母。日军实在不走运，如果这架侦察机不是因故障推迟30分钟起飞，它本应在南云下达换弹命令前早就发现美舰。现在说什么都没用了，南云下达的命令是，暂停卸下鱼雷，看看形势再说。

就在南云等待侦察机继续侦查的结果的时候，空中再次响起警报。42架从中途岛起飞的美军B-17轰炸机和俯冲轰炸机扑向南云的舰队。但是，由于美军轰炸机没有战斗机护航，飞行员又都是新手，很快就被南云派出的零式战斗机击退。美军毫无战果，也够点儿背的！

8时09分，南云终于接到了那架侦察机传回的报告：美军编队是5艘巡洋舰和5艘驱逐舰，没有航母。南云终于松了一口气，考虑到中途岛的飞机总来轰炸，就命令继续卸下鱼雷装炸弹，准备攻击中途岛。

没想到过了10分钟，那架侦察机又报告，话说得模棱两可：美军舰队后面似乎跟着一艘航母。尽管不能确定情况，但南云情愿相信这样规模的舰队应该有航母。南云马上下令各舰停止给飞机装炸弹，将飞机再次送回机库重新装鱼雷，这一连串的换炸弹、换鱼雷，把日军机械兵都折腾晕了，日本航母的甲板上和机库里一片混乱，由于时间仓促，卸下的炸弹在甲板上堆得到处都是。

嫉贤妒能害处大

8时30分，空袭中途岛的第一波攻击机群返航，飞抵日本舰队的上空，准备降落。那些保护航空母舰的战斗机也需要降落加油。南云处于进退维谷的境地。"赤城"号和"加贺"号的攻击机正在进行换弹作业，一时无法起飞。虽然"苍龙"号和"飞龙"号航母上的攻击机还没有开始换弹，可以立即起飞，但所有战斗机都因刚才抗击美军飞机，需要加油和补充弹药，无法马上出动为攻击机护航。如果先让甲板上的第二波攻击机起飞，它们在攻击美军航母时，可能会因没有战斗机掩护而损失惨重。如果先清理甲板让第一波飞机降落，又可能失去战机。参谋长草鹿龙之介（山本推荐给南云的参谋）认为应先清理甲板，让第一波飞机降落，再组织攻击。

可是，这还来得及吗？于是"飞龙"号航母上的第二航母舰队司令山口多闻海军少将向南云建议："我认为应立即命令攻击部队起飞。"这一建议是正确的，虽然出击的飞机将失去战斗机护航，但也比等着挨揍强。山口多闻是日本海军中公认的干才，很可能成为山本的继任，南云一直深深嫉恨他，因此不愿听从他的意见。最终，南云听从了草鹿的意见，决定把攻击时间推迟，首先收回空袭中途岛和拦截美军轰炸机的飞机，然后重新组织部队进攻美军特混舰队。

美军点儿真背

8时37分，日舰开始接收飞机着舰，返航的飞机相继降落在4艘航空母舰飞行甲板上。

9时18分，全部飞机降落完毕。50架战斗机加油完毕，立即起飞在舰队上空巡逻。南云命令舰队以30节的航速向北航行，以避开再来攻击的美机，准备全力进攻美军特混舰队。

还没等他进攻呢，美机先来了！9时25分，一队由"大黄蜂"号起飞的15架"复仇者"式鱼雷轰炸机编队发现了南云舰队，立即实施攻击。不幸的是，鱼雷机速度太低，又没有战斗机护航，而且它们的燃油即将耗尽，在这场自杀式攻击中，被日军零式战斗机和高射炮全部击落，30名飞行员除一人生还外全部遇难。

9时30分，从"企业"号、"约克城"号起飞的28架美军战机尾随而来，向"苍龙"号和"飞龙"号展开攻击。在日军战机的凶猛阻拦下，有9架美机还没来得及投下鱼雷就被击落，其余投下鱼雷的也无一命中。美军损失了20架鱼雷轰炸机。这还没完，几分钟后，从"企业"号起飞的美军12架鱼雷机在6架战斗机的掩护下，也飞临日舰上空，发起进攻，经过激烈空战，美军损失15架飞机，仍未获战果。日本军舰上频繁响起日军士兵狂呼"半在"（万岁）的声音，"皇军"真是"武运长久"啊！

16. 决胜中途岛

战局发生大逆转

6月4日从清晨到此时，美军从中途岛和航空母舰上共出动战机99架，损失62架，战果为零。点儿背到了极点。但是，美军没有放弃。从"企业"号航母起飞的第6轰炸机中队没有在预定海域发现日舰编队，但中队长小麦克拉斯少校做出了一个极为重要又明智的决定：向北搜索！终于在10点找到了日军航空母舰编队。日军4艘航母正排成菱形编队向北行驶。令小麦克拉斯惊奇的是，空中没有一架警戒战斗机。原因很简单，日军已经迎战美军战机几波攻击了，空中警戒的战斗机因燃油、弹药耗尽，全部落舰补给。而且此时，日军航母正在掉头转到迎风方向，处于极易受攻击的境地。

10时24分，"赤城"号发出起飞命令，飞行长摇动小白旗，第一架换班的日军警戒战斗机飞离甲板。正在此时，小麦克拉斯率领第6轰炸中队33架轰炸机俯冲下来，分成两队，分别攻击"赤城"号和"加贺"号航母（此时两航母没有做好放飞攻击编队的准备）。这次美国人否极泰来了。"赤城"号直接被两枚450公斤炸弹命中，在正常情况下，这对南云的旗舰不构成威胁，但谁让这时"赤城"号甲板上停满装满燃油的飞机呢，炸弹引爆了飞机，甲板上连续爆炸，"赤城"号的通信完全中断，南云忠一只得弃舰，转移到"长良"号轻巡洋舰上。接着，又有17架从美军"约克城"号航母起飞的俯冲轰炸机来了，"苍龙"号、"加贺"号也被命中！日军3艘航空母舰刹那间变成了3团火球，堆放在机库里的飞机及燃料和弹药引发大爆炸。火光直冲云霄，短短5分钟，日本3艘航空母舰被彻底炸毁了，战局发生大逆转。已经转移到"长良"号上的南云忠一目瞪口呆，不知所措。

有关这段历史，有一个为人熟知的"决定命运的5分钟"的说法，最早是日本人提起的，意思是日军只差5分钟就能让航空母舰上的战斗机起飞迎战，那样的话，结果可能就完全不同了。近年来，日本朝云出版社出版的《中途岛海战》一书，提出了一个新观点：没有所谓的"决定命运的5分钟"。书中通过分析当时参战的日军证词，得出结论：3艘航母在中弹时，苍龙、飞龙攻击队的飞机至少还需要30分钟才能起飞，而"赤城"号、"加贺"号的战斗机起飞则需要更多时间。即便日军还差5分钟就能完成炸弹换鱼雷的工作，但要把一架架飞机，通过升降机提升到甲板上，再把起飞位置排列好，完成试运行，然后起飞，最少需要30分钟。所以，"决定命运的5分钟"很可能是不存在的。这大概是日本人独特的思维方式，说只差"5分钟"就意味着"本来我们能赢"。

"约克城"号沉海底

这时，南云的突击舰队只剩下一艘航空母舰了。那就是山口多闻指挥的"飞龙"号，他已接过空中作战的指挥权。要说日本人也够玩儿命的，山口多闻少将决定孤注一掷发动反击，他告诉"飞龙"号上的飞行员："你们已是突击舰队的最后一批飞行员了。"这些人全都傻了，难以相信。

10时40分，18架99式俯冲轰炸机和6架零式战斗机组成的攻击编队从"飞龙"号航母起飞，扑向美军航母舰队。途中，日机巧妙地跟在一批返航的美军轰炸机后面，成功地找到了"约克城"号，并立即发动攻击。虽然美机起飞迎战，但还是有3枚炸弹命中"约克城"号，炸弹在舰体内爆炸，但在美军船员的奋力抢救下，"约克城"号还能坚持航行，甚至甲板上的飞机还能起飞。

这让日本人很不爽，不久又有10架日军97式鱼雷攻击机和6架零式战斗机从"飞龙"号起飞，对受伤的"约克城"号发起第二轮攻击。"约克城"号这次没那么幸运，被2枚鱼雷击中，左舷附近掀开两个大洞，舰上的全部动力、照明和通信设备损坏，舰舵还给轧住了。弗莱彻少将被迫转移到巡洋舰上，将指挥权移交给斯普鲁恩斯少将。受伤的"约克城"号倾斜摇晃，听任风浪摆布，由一艘扫雷舰拖向珍珠港。但是，途中又被一艘日军潜艇发现，这艘潜艇悄悄向"约克城"号发射了鱼雷，"约克城"号又坚持了一天，最终沉入波涛之中。

海军少将随舰亡

战斗仍在继续，6月4日下午2时45分，美军侦察机发现了日军仅剩的"飞龙"号航母，斯普鲁恩斯立即命令"企业"号、"大黄蜂"号航母的全部30架俯冲轰炸机起飞，前去攻击，为"约克城"号报仇。

下午5时，美军轰炸机编队宛如一条长蛇，飞临"飞龙"号上空，日军

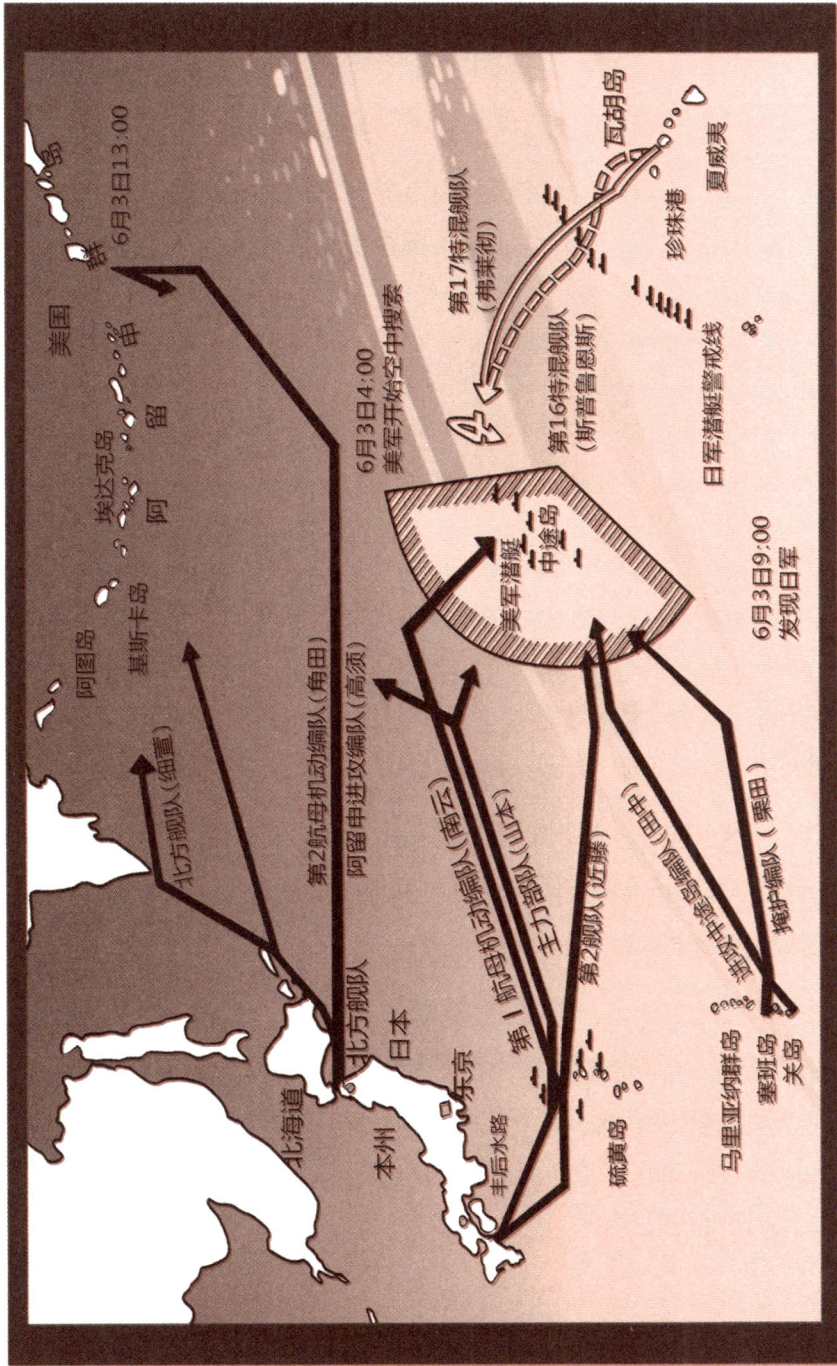

山雨欲来风满楼，美日双方紧密布局中途岛

出动6架零式战斗机迎战，击落了2架美军飞机。但是，日军再没什么好运气了，"飞龙"号最终被4枚重磅炸弹命中，甲板上当即变成一片火海。当"飞龙"号上的日军拼命救火时，美军飞机不断增援，轮番投弹，"飞龙"号已经完了。山口多闻海军少将命令部下离舰，他对部下说："我决心与舰共存亡。我命令你们全体离舰，继续为天皇效忠。"最终，山口多闻和"飞龙"号舰长一起随舰葬身大海。

山口多闻是日本海军中一员出色的战将，山本五十六都很看好他，想让他当接班人，只是他资历浅，妨碍了提升。在"飞龙"号被大火吞没时，山口拒绝离舰，非要与舰同沉。其实，这不完全是日本武士道精神，而是英国皇家海军的传统。但是此时，英国皇家海军已经放弃了这个愚蠢的传统。其实，国力要是强大，几个月就能造一艘军舰，美国后来造自由轮（二战期间美国大量制造的一种货轮）时，工人开玩笑地说，离下班还有俩钟头，再造一艘出来吧。但要培养出一个合格的舰长很难，一名军人从海军军校毕业，授少尉，升到上校起码要20年，很耗时间。而山口多闻都做到少将司令官了，何况他还是不可多得的出色战将。中途岛海战对于日本来讲，最惨重的损失不是航母、巡洋舰，而是几百名经验丰富的飞行员和水兵，还有像山口多闻那样的军官。

丧失战略主动权

6月4日晚，已被摧毁的日军"苍龙"号、"加贺"号航空母舰相继沉没。"赤城"号还在漂着，舰长请求山本五十六允许把"赤城"号炸沉。山本当过"赤城"号舰长，对该舰感情颇深，他无可奈何地下令："那就让驱逐舰向'赤城'号发射鱼雷吧。"舰上221名水兵随即葬身鱼腹。中途岛西北海面，成了日军航母的坟场。

6月5日凌晨，日本联合舰队司令长官山本五十六大将否决了其首席参谋黑岛大佐提出的集中全部舰只在白天轰炸并登陆中途岛的挽回败局方案，下令：

"取消中途岛的占领行动。"并表示"所有责任由我一个人来担当，我回去向天皇陛下请罪"，他把自己关进会客室，一连三天拒绝会见部下。

6月5日夜间，日军两艘重巡洋舰"最上"号和"三隈"号在浓雾中转向时互撞，"最上"号受重创。随后美军发现了这两艘巡洋舰。6月6日天亮，美军飞机一波又一波地轰炸"三隈"号和"最上"号。"三隈"号葬身海底，而被撞伤的"最上"号反而逃过一劫，挣扎着返回特鲁克的基地。攻击结束以后，美军特混舰队随即撤离战场，中途岛之战终于宣告结束。

在这场战役中，美军只损失了1艘航空母舰、1艘驱逐舰和147架飞机，阵亡307人；而日本却损失了4艘大型航空母舰、1艘重巡洋舰、330架飞机，还有几百名经验丰富的飞行员和3700名舰员。日本在太平洋战场从此开始丧失战略主动权，战局出现了有利于盟军的转折。

美国海军首脑事后评价："中途岛海战是日本海军350年来的第一次决定性败仗。它结束了日本的长期攻势，恢复了太平洋海军力量的均势。"同时，此战还给日军高层造成了难以愈合的创伤，使他们再也无法对战局做出清晰的判断。这一痛苦的回忆，日本直到二战结束都挥之不去。开战前，山本就曾说过，日本只能坚持半年。从1941年12月日军偷袭珍珠港到1942年6月中途岛海战，日本果然就半年好运。山本真是没白在美国待那么长时间，比那些没出过国、自认老子天下第一的土包子同僚和爱国贼"愤青"看得准得多。

为了掩盖自己的惨败，避免挫伤部队的士气，6月10日，日本电台居然播放了响亮的海军曲，宣称日本已"成为太平洋上的最强国"。当惨败的舰队疲惫不堪地回到驻地时，东京竟举行提灯游行庆祝胜利！

（《战争就是这么回事儿：袁腾飞讲二战（上）》完，敬请关注下部⋯⋯）